ERDKUNDLICHES WISSEN

SCHRIFTENFOLGE FÜR FORSCHUNG UND PRAXIS

HERAUSGEGEBEN VON EMIL MEYNEN UND ERNST PLEWE

HEFT 44

GEOGRAPHISCHE ZEITSCHRIFT · BEIHEFTE

FRANZ STEINER VERLAG GMBH · WIESBADEN

1976

VILLA UND VILLEGIATURA
IN DER TOSKANA

EINE ITALIENISCHE INSTITUTION UND IHRE
GESELLSCHAFTSGEOGRAPHISCHE BEDEUTUNG

VON

FRITZ DÖRRENHAUS

MIT EINER EINLEITENDEN SCHILDERUNG
TOSKANISCHE LANDSCHAFT

VON

HERBERT LEHMANN

MIT 5 KARTEN, 1 ABBILDUNG, 1 SCHEMA, 24 BILDERN,
14 ZEICHNUNGEN VON GINO CANESSA, FLORENZ
UND 2 STICHEN

FRANZ STEINER VERLAG GMBH · WIESBADEN

1976

Zuschriften, die die Schriftenreihe „Erdkundliches Wissen" betreffen, erbeten an:

Prof. Dr. E. Meynen, 532 Bad Godesberg-Mehlem, Langenbergweg 82

oder

Prof. Dr. E. Plewe, 69 Heidelberg, Roonstraße 16

CIP-Kurztitelaufnahme der Deutschen Bibliothek

Dörrenhaus, Fritz
Villa und Villegiatura in der Toskana: e. italien. Institution
und ihre gesellschaftsgeograph. Bedeutung / von Fritz Dörrenhaus. Mit e. einl. Schilderung „Toskanische Landschaft" /
von Herbert Lehmann.

(Erdkundliches Wissen; H. 44) (Geographische Zeitschrift: Beih.)

ISBN 3-515-02400-X

IN MEMORIAM
THEODOR KRAUS

VORWORT

Im Vorwort zu seinem Werk „Kultur und Macht — Verwandlung der Wünsche" (Wien 1973) schreibt Wolfgang Kraus: „Keiner Institution, keiner Stiftung, keiner Foundation und keiner staatlichen Stelle habe ich für Arbeitshilfe zu danken. Keine wissenschaftliche Assistenz stand mir zur Verfügung, kein akademisches Forschungsprogramm gab Zuschuß oder erleichterte Vorstudien. Mein Buch ist in alter Weise nur dem eigenen Beobachten, manchen Büchern und den Gesprächen mit Freunden in vielen Ländern verpflichtet." Ich glaube, ich kann diese Sätze übernehmen, wenn ich jetzt diesen gesellschaftsgeographischen — nicht kunstgeschichtlichen — Versuch einer Monographie der Villa in der Toskana vorlege. Zu den oben genannten „manchen Büchern" gehören zwei Werke, die zwar hier nicht weiter zitiert werden, aber fast auf jeder Seite irgendwie gegenwärtig sind, auch wenn in ihnen von der Villa nicht die Rede ist. Das erste ist der umfangreiche nun schon 90 Jahre alte Aufsatz von H. Dietzel „Über Wesen und Bedeutung des Theilbaues (Mezzadria) in Italien" (1884/85, Zeitschrift für die gesamte Staatswissenschaft Bd. 40/41), weil Dietzel sogar in einer solchen sozial- und siedlungsgeographischen Teilfrage landschaftlicher Erforschung einmal den Anschluß an die Universalhistorie klarstellte, ohne den auch die Villa immer unverstanden bleiben müßte. „Das poderi-System Toscanas mit seinen Mezzaiuoli ist der agricole Reflex jenes welthistorischen Kampfes zwischen Rittern und Bürgern, des städtischen mit dem feudalen, des italienisch-nationalen mit dem langobardisch-fränkischen Element." So wie hier Dietzel die uns bei unserem Thema berührenden „agricolen" Erscheinungen, zu denen auch die Villa gehört, in den welthistorischen Raum hineinsieht, so lehrt das zweite Werk, das meines Lehrers Alfred Philippson, „Das Mittelmeergebiet" (1904), diesen „agricolen Reflex" räumlich im Verbund der mediterranen Regionen zu sehen, die, — „eine wohlcharakterisierte von ihrer Umgebung sich abhebende Einheit — fremdartig und abweichend von unserer alltäglichen Umgebung, unsere Phantasie anregt". Er meinte damit die formende und integrierende Macht des Mediterranraumes, die sich uns als kulturelles Syndrom darstellt; das ist ein weitreichender Komplex von Symptomen, die einen gemeinsamen Grund haben — hier die mediterran geprägte Menschlichkeit. Auf ihm steht eine wichtige kulturelle, Länder und Völker umfassende Einheit von Verhaltensweisen, — „das Gemeingut des mediterranen Wesens" (Herbert Lehmann, u.S. 1), die dem weiten Raum von Mesopotamien bis zum Atlantik zahlreiche gemeinsame landschaftliche Züge verleiht. Zu den „Gesprächen mit Freunden" gehören vor allem die mit den Reisegefährten der Gesellschaft für Erdkunde zu Köln, denen ich zu danken habe, weil sie mich forderten und zugleich erkennen ließen, was der Bildung Suchende unserer Zeit und seine längst nicht überständig gewordene Bildungsreise von der Geographie zu erwarten den legitimen Anspruch hat. Und dem „eigenen Beobachten" und dem Nachdenken darüber stand manches Jahrzehnt zur Verfügung, während derer ich fast jährlich in vielen Monaten in Italien das Land erwandern und die Leute „erfahren" konnte. Es brachte einen Fundus ein, aus dem ich hier schöpfen konnte.

Ein besonderer persönlicher Dank gebührt Nob. Signorina Maria Christina Poccianti
in Florenz, der unermüdlichen Führerin zu den „ville e fattorie di Firenze", die

mir mit zahlreichen Fahrten — einige Male auch mit unserer Gesellschaft — im
Dienste des „Agrartourismus" — Einblick in so viele Villen gegeben hat, die mir
ansonsten unzugänglich geblieben wären.

Besonderer Dank gilt auch dem Autor der 14 schönen Zeichnungen, Gino Canessa
in Florenz. Seine Zeichnungen sind nicht nur ein besonderer Schmuck dieses Buches. Sie erfassen besser als irgendein Photo es könnte, das Atmosphärische dieser
Landschaft, ihre Horizonte, Villen und Poderi, stammen sie doch von einem Künstler, der sich auch zugleich durch sein Buch „Guida del Chianti" (3 Bde), dem die
Zeichnungen auch entnommen sind, als intimer Kenner der Toskana erweist.

Dank schulde ich dem Herausgeber und Verleger für die Übernahme des Aufsatzes
von Herbert Lehmann, ein Beitrag, der bisher in der Geographie fast unbekannt
geblieben ist. Als ich ihn zum ersten Male las, da wußte ich: „Das ist die Toskana!". Wie ich aus Gesprächen mit Herbert Lehmann weiß, ist er durchaus als vor-
wissenschaftliche Beschreibung von ihm gedacht gewesen. Ich fand hier das primäre
subjektive Landschaftserlebnis vor, an dessen Darstellung man die weitergehende,
einfühlende Erfahrung und Erkenntnis verspürt. Weil ich weiß, daß es mir selbst
versagt ist, diesem fesselnden Primärerlebnis der toskanischen Landschaft auch nur
annähernd in solch vollendeter Weise Ausdruck geben zu können, habe ich mir
gewünscht, daß diese letzte Arbeit von Herbert Lehmann meine Beschreibung der
toskanischen Villa begleite. Das einzigartige Flair des Landes, das in den Aufsatz
eingegangen ist, möge der Leser gleich zu Anfang erfahren, so wie er den Besucher
auf Reisen und Wanderungen durch das Land umgibt. Ohne ihre Witterung und
ohne ihren Zauber dargestellt, wäre die Toskana nicht die Toskana.

Abschluß des Manuskriptes 15. September 1975
Köln-Lindenthal, im April 1976

Fritz Dörrenhaus

INHALTSVERZEICHNIS

TOSKANISCHE LANDSCHAFT

von Herbert Lehmann

Wer ganz allgemein von der italienischen Landschaft spricht, dem schwebt zumeist eine bestimmte Szenerie vor Augen, deren Elemente aus mancherlei Quellen des Unterbewußtseins stammen. An diesem Idealbild gemessen, glaubt er das Wesen Italiens in mancher seiner realen Landschaften besser verkörpert zu sehen als in anderen. Das ahnende Gefühl hat seine eigene Geographie und wählt seine Sinnbilder nach den Erwartungen, die es an die neutrale Wirklichkeit heranträgt. Zeitströmungen, die sich an literarischen Vorbildern oder an der bildenden Kunst orientieren, spielen dabei heute eine wesentlich geringere Rolle als zu Zeiten Winckelmanns, Goethes oder Viktor Hehns. Dennoch wirken einstige, zum Klischee herabgesunkene Leitbilder der Vergangenheit mit, und niemand kann sich ihnen ganz entziehen. Wer ein heroisches Italien sucht, wird es immer noch in der von ernsten Ruinen und einsamen Pinien charaktervoll betonten Weite der römischen Campagna finden, obwohl von der einstigen Öde kaum mehr etwas übriggeblieben ist. Für andere ist der Begriff Italien gleichbedeutend mit dem der südlichen Landschaft schlechthin. Er wird sein Italien in den immergrünen Gärten, den Palmen und dunklen Zypressen vor der tiefen Bläue der oberitalienischen Seen wiederfinden, in den engen Fischerdörfern am apfelgrünen Hafenwasser oder in den meerwindumspielten Klippen Capris, der erträumten Einsamkeit winziger Strandbuchten in den sonnendurchglühten Felswänden der Halbinsel Sorrent.

Wer das Geheimnis opernhafter Fremde, das Abenteuer des Ungewohnten sucht, der setzt Italien gleich Venedig mit seinen raunenden Kanälen, seinen lautlosen Gondeln, seiner steingewordenen Geschichte unter glitzernden Lichtschleiern und bunten Wasserreflexen.

Nichts von alledem ist wirklich repräsentativ, nichts kann für das ganze Italien stehen, seinem geographischen Wesen und seiner geistigen Landschaft adäquaten Ausdruck geben. Es ist entweder Ausnahme oder Gemeingut südlicher Halbinseln.

Anders die Toskana! Dort, wo der etrurische Apennin, dieses „seltsame Gewebe von Bergrücken gegeneinander" (Goethe), sich vom ligurischen Gestade abhebt und im weiten Bogen nach Osten zurückweicht, entfaltet das alte Etrurien, aus dem der Volksmund das klangvollere Toskana gemacht hat, seine Landschaftsmotive, in denen der Begriff Italien wohl seinen reinsten Ausdruck gefunden zu haben scheint. Es ist gewiß nicht abwegig, zu behaupten, die Toskana sei das italienischste Italien. Was auch immer an der toskanischen Landschaftsszenerie Gemeingut des mediterranen Südens sein mag, es erscheint ins unvertauschbar Italienische abgewandelt. Es beschwort zugleich eine geistige Landschaft herauf, in der etruskisches Erbe, Mittelalter und Renaissance auf geheimnisvolle Weise gleichzeitig lebendig sind — als Landschaft lebendig sind. In der Toskana reichen die großen Jahrhunderte Italiens so selbstverständlich in die Gegenwart herüber, daß man die Kon-

stanz kulturlandschaftlicher Prägung deutlich zu spüren vermeint, auch wo es sich
nicht um archäologische und architektonische Zeugen der Siedlungskonstanz handelt, die im übrigen keiner toskanischen Stadt fehlen.

Die Toskana gehört nicht zu den vergessenen Landschaften, die nach kurzer
Glanzzeit in den Winkel geschichtloser Gegenwart zurückgesunken sind, sondern
ist dank ihrer natürlichen Ausstattung und ihrer Lage einer der Kernräume der
Halbinsel geblieben. Florenz gäbe noch heute eine günstiger gelegene Hauptstadt
ab als Rom, bei dem der ältere Name und die päpstliche Tradition den Ausschlag
gegeben haben — eine jener geschichtlichen Ungerechtigkeiten, denen wir nachträglich eine raumpolitische Begründung unterzuschieben pflegen. Der politischen Pflichten ledig, kann es sich Toskana gestatten, noch immer vorwiegend ländlich zu
leben. Toskana besteht, wie jede andere Raumeinheit, die sich im Laufe der Geschichte aus dem Fließenden des von Ort zu Ort wechselnden Erdbildes heraus-
kristallisiwert hat, aus einer Summe von Einzellandschaften, deren jede ihr persön-
liches Gesicht bewahrt. Das „Toskanische" an ihnen eint sie in aller Vielfalt.

Eines der Grundthemen der toskanischen Landschaft, das sich zwischen dem
Arno und den vulkanischen Landschaften Latiums in mannigfaltigen Varianten entfaltet, heißt: Bewegung, fließende Bewegung aller Linien in einem großzügigen, ausgewogenen Rhythmus, der das Auge unentwegt beschäftigt und es doch nirgends
haften läßt, der die Empfindung zum Mitschwingen bringt und den Geist zu einer
seltsamen Wachheit anregt. Keine Kontur steht für sich, sie wird sogleich in ihrem
Schwung von einer neuen aufgenommen und abgewandelt. Toskana ist die Landschaft der bewegten Mittelgründe, deren Weite darin besteht, daß sie eigentlich gar
keinen Horizont hat, sondern hinter der letzten Welle immer noch eine weitere
ahnen läßt. Bezeichnend ist die schmiegsame Weichheit aller Formen zwischen
härter konturierten, fast insular herausgehobenen Wellenkämmen. Man sieht es der
Landschaft an, daß sie noch in erdgeschichtlich junger Vergangenheit ein Archipel
war, jede Insel ummantelt von lockeren Meeresablagerungen, die, Festland geworden, leicht der Abtragung anheimfielen. Es fehlen durchaus die starren Umrisse,
wie sie den mediterranen Kalkgebirgen eigentümlich sind. Recht eigentlich toska-
nisch wird all das erst durch die Vermählung der reinen Natur mit dem Werk des
Menschen, dessen Hand überall sichtbar wird, ohne störend zu wirken. Toskana ist
durch und durch Kulturland, und doch erweckt dies nirgends den Eindruck einer
nüchternen Nutzlandschaft. Auch das rein Zweckmäßige in der toskanischen Landschaft erscheint als Kunst, die keinen Gegensatz zur Natur, sondern nur deren
Fortsetzung bedeutet. [Zeichn. 4]

Am reinsten ist dies landschaftliche Gesetz Toskanas in seinem Herzstück, dem
Chianti-Gebiet zwischen Florenz und Siena, erfüllt. Hier klingt das Grundthema
einfach und klar in bukolischer Heiterkeit, zugleich aber in seltsam kühner Art
auf. Man weiß nicht recht, ob man es noch Hügelland oder schon Mittelgebirge
nennen soll, dieses Gewoge der Formen, das jede Orientierung aufzulösen scheint.
Um für Hügel genommen zu werden, sind die Wellen zu hoch, ist ihre gegenseitige
Überschneidung zu stark. Für ein Mittelgebirge sind die Lehnen fast zu weich in
den Schwüngen, zu sehr in Kulturland aufgegangen, ist die ganze Landschaft zu
anmutig. Wohl zieht sich hier und da ein höherer Rücken hin, der noch Wald
trägt, Eichen oder breitschirmige Pinien, zwischen denen mediterrane Baumheide,
Wacholdergebüsche, Zistrosen und struppiger Ginster dem lichten Waldboden fast
den Reiz eines verwilderten Parkes verleihen, sonst aber herrscht der Ölbaum, die
Weinrebe, die den Namen der Landschaft berühmt gemacht hat, der braune Acker,

hügelauf, hügelab. Dazwischen sparsam verteilt kleine Baumgruppen und, wie geschickt gesetzte Akzente, hohe Zypressen, doppelt wirksam in der Säulenschlankheit ihrer Vereinzelung. Hier und da bildet ihr Dunkel eine Allee, die schon von weither sichtbar den ländlichen Rebhang heraufführt an ein altes Portal oder ein Herrenhaus — eines jener toskanischen Landhäuser, die hinter ihrer schmucklosen Fassade Säle mit kostbaren Fresken ahnen lassen, die, weniger um gesehen zu werden, als selbst zu sehen, von ihrer Hügelkuppe über weites Land schauen. In der Selbstbescheidung dieser toskanischen Adelssitze, in dem Verzicht auf Prunk liegt Würde, und etwas davon geht auch auf die Pachthöfe der Teilbauern, die Podere, über, die ohne Regel über die Hügel hingestreut sind. Mit erdfarbenem Gemäuer, mit dem behäbigen Taubenturm, um den die weißen Taubenschwärme kreisen, sind sie ganz eingefügt in die Landschaft, so versteckt in dem Faltenwurf des bewegten Geländes, daß man bei flüchtigem Hinsehen nicht bemerken würde, wie dicht bewohnt das Land ist, wenn nicht der sorgfältige Anbau des Bodens allenthalben von bäuerlichem Fleiß und wohlgesicherten Erträgen spräche. Davon zeugen auch die vielen kleinen ummauerten Städte, die weithin sichtbar in herrischer Silhouette aus dem Aufschwung der Kuppen und Wellen herauswachsen, vom Strahl der Morgensonne als erste angeleuchtet, umglüht noch vom Goldschimmer des Abends, wenn um den Hügelfuß schon die Schatten streichen. Sie sind ganz Landschaft, fassen aber zugleich deren stumme Formensprache in einem kühnen Signum zusammen, dem Zeichen bewußten Aufschwungs des einzelnen in dem fließenden Gewoge ringsum. Das Auge empfindet eine solche Krönung der Wellenlinie als eine erregende Steigerung, besonders wenn sich ein fernes Ziel in der tief gestaffelten Weite dergestalt gegen den Horizont abzeichnet. Wie sich diese Bergstädte hoch aus dem Hügelmeer herausheben, bedeuten sie zugleich Sammlung des Zerstreuten, Mittelpunkt, Bändigung. Sie werden nicht von der Natur überragt, sondern überragen diese in gesicherter Herrschaft, die freilich den Wettstreit, den Kampf nicht ausschließt. Das gibt ihnen etwas Trotziges bei allem In-die-Ferne-Träumen. Sie enthüllen die geheimen Spannungen, die dieser Landschaft bei aller Anmut innewohnen. Siena, San Gimignano, Volterra, Montepulciano — sie sind bei aller Wehrhaftigkeit doch innig verbunden mit dem umgebenden Land, sind ein Teil von ihm. Ihre Tore, in denen die Serpentinen der Straße münden wie in ein endgültiges Ziel lassen auf besondere Weise Landschaft einströmen in die engen Gassen, die den schmalen Raum der Hügelkuppe in ihren Windungen, ihrem Steigen und Fallen gleichsam abzutasten scheinen. Selbst ihre Plätze sind der steten Wölbung des Bodens angepaßt, die keine Horizontale, keine rechteckigen Grundrisse aufkommen läßt. In klassischer Weise verkörpert der geschlossenste Platz, den Italien aufzuweisen hat, der Campo von Siena, das Gesetz der Kurve mit der theatralischen Muschelkonkave seines ziegelgepflasterten Bodens, den im Halbkreis die terrakottroten, in sich sanft gebogenen Fassaden der hohen Häuser umgeben. Nur an seiner hügelabgewandten Schauseite setzt der wohl in weiser Absicht etwas aus der Mittelachse gerückte, fast überzüchtet schlanke Turm des Palazzo Pubblico die starre Senkrechte als Kontrapunkt gegen das fließende Schwingen aller anderen Linien. Hier wird noch einmal deutlich, wie gut die betonte Senkrechte der alles Architektonische auflösenden Regellosigkeit der Hügelschwünge das Gegengewicht hält. Ihre Häufung auf engem Raum vermag diese Wirkung noch zu erhöhen. Wenn man aus der Ferne hoch über alles hinragend San Gimignanos schlanke Türme dicht beieinander aufragen sieht, die doch nichts anderes sind als die Turmhäuser der einzelnen, in ehrgeiziger Feindschaft miteinander wetteifernden Geschlechter, möchte

man sie als ein Sinnbild der gefährlichen und doch so fruchtbaren Spannung nehmen, die das ausgehende Mittelalter noch in den eigenen Mauerkranz seiner Städte
hineingetragen hat.

Die Sprache der Formen, in der hier die toskanische Landschaft ihr Wesen
offenbart, wird glücklich ergänzt durch ihr eigentümliches „toskanisches" Kolorit,
das, durchgängig zu weicher Tonigkeit gedämpft, dem eines alten Gobelin gleicht.
Wohl mischt das Jahr in den Zeiten der aufkommenden Saat, des jungen Wein-
laubs frischere Farben, aber der Gesamteindruck ist niemals bunt. Denn immer gibt
der Ölbaum den dämpfenden Grundton an. Kein anderer Baum fügt sich farblich
der südlichen Landschaft so vollkommen ein wie die Olive. Ihr unscheinbares Grau-
grün ist unerhört modulationsfähig je nach der Beleuchtung, wirkt jedoch zumeist
wie ein brokatenes Silber, das unter seinem matten Glanz zarte violette und sepia-
braune Tönungen durchschimmern läßt. Auch verzichtet der Baum, gleichsam als
Gegenprinzip der Zypresse, auf jede kompakte Form. Denn das lichte Blattwerk,
das aus der Nähe betrachtet ein zartes und doch bestimmtes Filigran bildet, löst
sich in der Landschaft ohne feste Umrisse wie Rauch auf, wodurch zugleich die
eindeutige Farbigkeit des Gesamtbildes gebrochen wird wie bei einem silberdurch-
wirkten Gewebe. Das Silber des Ölbaumes ist das Bleibende im Farbklang der
Jahreszeiten: Silber und irdenes Braun im Winter, der sich trotz seiner rauhen
Winde und vereinzelter Schneefälle kaum als solcher gibt; Silber und lichtes Grün,
verschimmernd im Dunsthauch des zeitigen Frühlings; Silber und reifes Getreide-
gold, unterbrochen nur von dem staubgedämpften Mattgrün der Weinstöcke und
dem Dunkel der Baumgruppen auf der Höhe des Jahres, wenn flimmernde Licht-
schleier über dem heißen Land liegen; Silber und sattes Braun wiederum im Herbst,
Toskanas erfülltester Zeit, wenn zwischen den schwer behangenen Rebreihen die
Gespanne frische Furchen dunkelkräftiger Erde hinter dem Pflug lassen, wenn die
großen Holzbütten, randvoll gehäuft mit blauen Chiantitrauben, hinter den weißen
Ochsengespannen die steilen Wege zu den Ortschaften heraufschwanken und die
hohen Wolken wie Berge mit schimmernden Rändern wartend stehen vor der küh-
ler lockenden Frische des Himmels bis zu weitesten Horizonten.

In tausendfältigem Wechsel sich dennoch gleichend, ist das Antlitz dieser fest-
lich bewegten Landschaft niemals eintönig. Folgt man den weit ausschwingenden
Windungen der Straße in stetem Auf und Ab von Florenz nach Siena oder wählt
einen der stilleren Wege, die unablässig kurvend durch das Chianti-Gebiet führen
immer scheint sich die ganze Hügelwelt mit den Fluchtlinien der Ölbäume und
Rebreihen, den dunklen Zypressen, den eingestreuten Baumgruppen und Gehöften,
den krönenden Bergstädten und Türmen zu drehen wie ein großes Kaleidoskop,
das aus wenigen gedämpft-bunten Steinen immer neue Bilder, immer neue überraschende Muster und Konstellationen gebiert. Immer wieder wird man hinaufge-
tragen auf die Höhe einer Welle, von wo sich endlos gestaffelte Fernen auftun,
Fernen von so erregendem Blau, wie es nur Lionardo zu malen vermocht hat. Sie
sind Toskanas bestes Geheimnis, diese Fernen. Keine andere Landschaft vermag sie
so auszuspielen wie das toskanische Hügelland mit seinen reichen, bewegten Mittel-
gründen, die Schritt für Schritt dem erdkräftigen Braun und mattsilbernen Oliv
immer neue Stufungen zum Blau entgegensetzen bis zum durchsichtigen Eisvogel-
blau der letzten zarten Kontur.

Vor dieser gleichen Ferne ist es nur ein kleiner Schritt vom Anmutigen zum getragenen Ernst wie auch zum Bizarren. Wo sich das Hügelland allmählich höher
hinaushebt, in den Chiantibergen oder im toskanischen Erzgebirge, wird es ein-

samer, und die gepflegte Kulturlandschaft mit ihrem geschäftigen Leben weicht an den steinigen Hängen und Rücken einer fast panischen Wildnis. Das zottige Buschwerk zwischen den hochstämmigen Eichen, die wie mißtrauische Einzelgänger die gegenseitige Fühlung zu meiden scheinen, wird nur von dem Gesumme der Bienen und von dem Rupfen langgehörnter Ziegen belebt. An den meerwärts gelegenen Hügeln bilden Pistazie, Wildlorbeer und Myrthe ein immergrünes, dämmriges Dickicht; schweres Arom würziger Kräuter liegt über den sonnendurchglühten Gründen. Kühner und großartiger schwingt hier der Rhythmus der Linien, tiefer sinken die Mittelgründe zurück unter das weite Rund des Horizontes, und stolzer liegen die wenigen Ortschaften auf steilen Bergspornen. Ein entrücktes Toskana, das Toskana großer einsamer Träume, gleichsam die elegisch-heroische Variation des Hügelthemas.

Bei Siena kündet sich eine andere Variante des toskanischen Hügelthemas an. Wer diese Stadt durch die Porta Romana nach Süden verläßt, steht überraschend vor einer ganz anderen Landschaft, als durch die er von Florenz gekommen: Weithin dehnen sich baumlose Felder über die Hügel und Bodenwellen hin, offener und freier wird es um ihn her. Noch herrscht das gleiche Schwingen der Linien wie im Chianti-Gebiet, verschwunden aber sind die Oliven, die Rebreihen, die Baumgruppen und Zypressen, die ganze anmutige Vielfalt, die den Wanderer bisher begleitete, und nur die kubischen Formen der weitverstreuten Bauerngehöfte mit ihren Loggien und den hohen konischen Strohmieten, die wie überdimensionierte Hütten afrikanischer Eingeborener aussehen, heben sich als sparsam verteiltes geometrisches Muster scharf von den kahlen Kuppen und Mulden ab. Doch geht gerade von dieser übersichtlichen Schlichtheit der einfachen Feldhügel eine starke Wirkung aus, besonders wenn der frisch umbrochene Boden in allen Modulationen von reinem Braun durchgängig den Ton angibt oder das helle Saatgrün einen weiten welligen Teppich einheitlich über das ganze Land legt. Selten entfaltet sich die volle Plastik des Geländes greifbarer und körperlicher als in den Landschaften, in denen ein einziger satter Farbton mit seinen Schatten und Lichtern vorherrscht und nicht noch der Wechsel der Kulturen sein verwirrendes Liniennetz in die natürlichen Flächen und Rundungen hineinzeichnet. Auch der große Zweiklang zwischen Erde und Himmel tritt dann reiner hervor; ungestört von ablenkendem Beiwerk vermag das Auge bei dem klaren Akkord zu verweilen, was den Eindruck einer großen, erhabenen Stille bei aller Bewegung der Formen hervorruft.

Aber diese Stille geht unvermittelt in eine grotesk-bizarre, ja infernalische Abwandlung des Hügelthemas über, jene wüstenhaft sterile, tausendfach zerfurchte Landschaft im Bereich der Tone der Sienenser Crete, über der seit ihrer Entwaldung der Fluch einer rasch fortschreitenden Zerstörung lastet. Ein scharfkantiges Netzwerk von kahlen Spülrinnen, das sich nach jedem Gewitterguß in die kaum noch zusammenhängende Feldfläche zurückfrißt, brandet gierig aus den zerrissenen Talgründen gegen die Kuppen an, auf die sich hier und da noch ein einsames Gehöft geflüchtet hat wie auf eine Hallig, und aus den dürren Feldern wirbelt der Wind den Staubboden zwischen den armseligen Halmen fort und führt ihn in großen Tromben über das Land. Hier ragt noch eine einzelne dunkle Zypresse wie anklagend in den flimmernden Himmel und dort eine dürftige Strohmiete, die Verlassenheit des Ganzen eher betonend als mildernd, aber weithin herrscht gebieterisch das bizarre, wirr geäderte Furchen- und Rippenwerk des nackten grauen Bodens, eine Schrift des Todes, die das Auge nicht zu entziffern vermag und die es ermüdet durch eine blasse Farblosigkeit, die im Gegenlicht geradezu quälend werden kann. Tröstlich ist allein die Ferne, die das Wirre wieder zusammenfließen läßt, die sich gerade hier in großartiger Weise einend um die skurrile Unruhe des zerwühlten Vordergrundes legt. Besonders an den großen Abenden, wenn die violetten Schatten aus den Tälern heraufrücken und die Formen zu voller Körperlichkeit erwecken, wenn vor dem verklärenden Gold des tief herabtauchenden Westhimmels der kühne Schattenriß der Burg von Radicofani hochsteigt, und der beruhigende Schwung des Monte Amiata, der mit seiner klaren Kegelgestalt schon das vulkanische Gesetz Latiums vorwegnimmt, die ineinanderfließende Hügelwelt still und groß überragt, klingt in dieser unruhigen Landschaft das toskanische Grundmotiv, das Thema der unendlich bewegten Kontur, nicht mehr verworren, sondern klar und gesammelt, wenn auch in leiser Schwermut auf.

Das andere Toskana, das den nach Osten zurückweichenden Apennin unterlaufende Land nördlich des Arno, scheint einem völlig anderen Landschaftsgesetz zu gehorchen. Es herrscht hier ein anderer, viel weiter gespannter Rhythmus, der in den breit mit klaren Linien hingelagerten Kulissen des etruskischen Apennin und den zwischen sie eingeschalteten Landschaftsbecken des Mugello, des Casentino, Valdarno, den Becken von Pistoja und Lucca schwingt. Goethe hat den etruskischen Apennin mit Böhmen vergleichen wollen, aber doch vermerkt er, „daß die Bergrücken auf alle Weise einen anderen Charakter haben". Die Formen sind gerundeter, wenn auch die Bodenabtragung hier und da häßliche Wunden gerissen hat. Mehr als das Gebirge sind es die sub-apenninischen Becken, die als kleine Teillandschaften von eigener Individualität in das „seltsame Gewebe von Bergrücken gegen einander" (Goethe) Ziel und Mitte tragen. Das Motiv der geschlossenen Landschaftskammer zwischen Mittelgebirgskulissen ist neben dem Hügelthema das zweite Grundmotiv Toskanas. Es setzt der bewegten Weite, die kein Ende und keine rechte Ordnung zu kennen scheint, die innere Sammlung des wohlbegrenzten Raumes entgegen.

Diese kleine Landschaftskammern scheinen wie nach einem wohlerwogenen Plan aneinandergereiht und aufeinander bezogen, sie verkörpern deutlich das gleiche Grundgesetz, ohne daß sich das Schema der einen Beckenlandschaft in der nächsten wiederholt. Das einende Band ist der Arno; er verknüpft das Getrennte, wendet das Einzelthema in das fortlaufend Epische der Flußlandschaft, wie er in stetem Wechsel durch enge Hügeltäler von einem Becken zum anderen zieht, von denen jedes eine neue überraschende Variante desselben landschaftlichen Motivs darstellt.

Da ist das Casentino, jenes etwas entlegene Becken zwischen der mächtigen Kulisse des breit hingelagerten Pratomagno und der wasserscheidenden Apenninkette, in dem der Arno sich zum erstenmal seiner Rolle als Fluß Toskanas inne wird. Kommt man von Florenz und von Pontassieve her über den Paß von Consuma herab, von dem das Auge noch einmal über die großen Wellen des toskanischen Landes hinging, wird man gebannt vom Zauber der sich plötzlich auftuenden weiten Wiesenmulde, zu deren Mitte die Berglehnen tief herabgleiten. Dort unten tritt auf ihrem gesonderten steilen Hügel die kleine Burgstadt Poppi mit dem Turm des Schlosses gegen das Silberband des Arno vor. Eichen und lichte Kastanienhaine gehen von den zottigen Buschhängen des Pratomagno tief herab und quellen im Wechsel mit Feldern und Weingärten aus den verdeckten Bergschluchten heraus bis fast zum Fluß, der sich in freundlicher Wiesenaue, von Silberpappeln begleitet, hier noch verspielt und ohne sonderliche Eile hinwindet. Drüben von den Flanken der Falterona schauen dunkle Waldungen herab, und auch der Monte della Verna, der „Felsenklotz, der Arno trennt und Tiber" (Dante, Par. XI, 106), hebt sich mit seiner trotzigen Kontur, die im Südosten das Becken abschließt, aus einem geschlossenen Waldkleid heraus. Waldluft, köstlicher Atem reiner Bergeshöhen, durchweht die Landschaft, die viel von dem Zauber eines noch kaum berührten Italien vergangener Zeiten bewahrt hat. Freilich, die sanfter auslaufenden Hänge sind längst unter Kultur genommen. Hier blicken die kleinen Städte Pratovecchio, Poppi, Bibbiena auf niedrige Rebhügel, heitere Wiesengründe, auf wogenden Acker, wechselnd mit grauer Schafweide und schattenden Baumgruppen. Damit diesem seit Jahrhunderten unveränderten Bild die Patina nicht fehle, ist auch der Ölbaum zur Stelle, der sparsam mit seinem staubigen Silber die Frische des jahreszeitlichen Grüns dämpft und zu dem gebrochenen Farbenspiel der alternden Mauern und südlichen Hohlziegeldächer vermittelt. Gerade dieses Nebeneinander südlicher Elemente, die sich bescheiden und erdverwandt geben, und dem saftigeren Hochwuchs, der fülligeren Gestalt von Bäumen unserer Breiten, von Pappeln, Eichen, Ulmen, dem Wiesengrün am Uferrand und dem tonigen Halbschatten der Edelkastanien erzeugt eine fast arkadische Stimmung, wie man sie in anderen Gegenden Italiens nicht so leicht wiederfindet. Nicht umsonst ist das Casentino durch Dante, der, aus seiner Vaterstadt Florenz verbannt, hier als Gastfreund der Guidi lebte, in das Reich der unsterblichen Landschaften erhoben worden. Dem glänzenderen Toskana entrückt in das wache Träumen einer wohltätigen Stille hinter den Bergen, meint man dennoch die geistige Nähe von Florenz zu spüren, und zu den Manen Dantes gesellt sich die Erinnerung an die platonische Akademie der Mediceer, die während der heißen Sommermonate in Camaldoli inmitten der kühlenden Wälder der Falterona zu tagen pflegte.

Der Arno, der im Casentino noch nach Süden strebt wie sein Nachbar, der Tiber, besinnt sich noch vor Arezzo seiner toskanischen Geburt und schwenkt, anstatt die sich ihm anbietende Chiana-Senke zu benutzen, nach Norden zum Valdarno ein. Das Valdarno, das den Namen eines Tales durch seine langgestreckte Gestalt rechtfertigen mag, vertritt das Capriccio unter den Varianten des toskanischen Beckenthemas. Wohl eignen dem Bergrahmen die gleichen schlichten Linien, denen auch das Casentino seine innere Geschlossenheit verdankt, aber die einfach und groß gegliederten Bergflanken laufen nicht in stetiger Kurve zum Beckenboden aus, sondern gehen plötzlich in ein Miniaturgebirge über, das mit wirren Linien, aufgerissenen gelblich-braunen Erdwunden, grotesken Lehmtürmen, Zacken und Zinnen sich aufgeregt gebärdet, ehe es der eigentlichen Tal-Aue des glatt dahinströmenden Arno Raum gewährt. Das Auge sucht unwillkürlich nach einer Erklärung des überraschenden Phänomens, es verbindet die am Rand des höheren Gebirges noch erhaltenen Terrassenflächen miteinander und erkennt so eine ehemalige Seebeckenfüllung erdiger Natur, die der Arno mit seinen Nebenbächen zu so bizarren Restgebilden zernagt hat. So gewinnt es erst den rechten Maßstab für die abenteuerlichen Lehmgebirge, die ohne den größeren Rahmen gesehen an die phantastische Hintergrundlandschaft von Lionardos Mona Lisa erinnern mögen. Im Blick vom Kloster Vallombrosa, das hoch am Pratomagno im Schatten der schönsten Wälder liegt, ordnet sich freilich diese ganze Formenwelt den größten Berglinien unter, und das Valdarno gewinnt seine vollendete Beckengestalt zurück. Bald aber tritt der Fluß Toskanas durch Felsengen in ein geschwungenes Hügeltal, das mit seinen Rebhängen, dem buschigen Wald auf den Höhen und mit dem betriebsamen Verkehrsstrang zu Seiten des Flusses an das Tal der Mosel oder der Saar erinnern könnte, wenn nicht die markanten Formen der Pinien und Zypressen, die eingestreuten Ölbäume, das mattviolette Farbenspiel der flachen Hohlziegeldächer ihm den Stempel Italiens aufdrückten.

Mit der Annäherung an Florenz wird der südländische Charakter des Tales immer betonter, denn nun finden sich die freundlichen Landsitze ein, die hingestaffelt an den Tallehnen mit den streng zugeschnittenen Zypressen- und Taxushecken ihrer alttoskanischen Gärten aus dem weichen silbernen Gewoge der Oliven lugen, und endlich, mit dem Eintritt in die freieren Weiten des Florentiner Beckens, sind die vom Fluß zurückweichenden Hänge bis hoch hinauf über und über geschmückt mit dem Glanz zahlloser Villen. Die Hügel von Fiesole, stolz und steil bei aller Lieblichkeit und verschwenderischen Fülle ihrer Gärten, schwingen hoch auf zu dem krönenden Städtchen mit seinem romanischen Dom und den hellen Klosterbauten, die von der Stätte der etruskischen und römischen Siedlung weit über das Arnoland hinschauen. Und drüben die Hügel von Florenz: Belvedere, Bellosguardo, Monte Oliveto, Sanminiato, gleichfalls übersät mit Bauten und gezeichnet mit Zypressengruppen, ein einziger Park, durch den sich die anmutigste Hügelstraße der Welt, die Viale dei colli, heraufwindet zum Piazzale Michelangiolo, von dem aus Florenz zu Füßen liegt mit der mütterlich breit und tief herabgezogenen Domkuppel des Brunelleschi, dem schlanken, wie aus Elfenbein geschnitzten Campanile und dem graugelben Wehrturm des Palazzo Vecchio. Die Metropole Toskanas, in deren Mauern eine solche Fülle großer Geister und schöpferischer Genien gewirkt hat, daß ihr Glanz selbst das alte Rom zu überstrahlen begann, verzichtet auf die schützende Akropolis-Lage, die ihr die Hügel am Arno hätten bieten können. Am flachen Ufer des Arno liegt sie, als Brückenkopf gegründet und im Wettstreit mit dem älteren Fiesole schon früh sicherer Sieger, und dehnt sich frei über die längst geschleiften Festungswälle in die Ebene aus. Nur der Stadtteil südlich des Arno schmiegt sich im Zuge der Ponte vecchio und der Straße nach Siena mit den Boboli-Gärten keilförmig in das Hügeltal ein. Der Ebene aber, die sich acht Wegstunden weit bis nach Pistoja erstreckt, fehlt bei diesen noch bescheidenen Ausmaßen die Horizontweite der echten Flachlandschaft, so daß Florenz von Hügeln und Berghöhen rings umstellt scheint, wenn man den Blick vom Campanile in die Runde gehen läßt. Das Beckenthema Nordtoskanas findet in dieser maßvollen, wohlbegrenzten Ebene seine reinste Ausprägung. Der Apennin steigt hinter Pistoja so rasch zum wasserscheidenden Poretta-Paß auf, daß man von ihm wie aus der Vogelschau auf die reiche Beckenebene mit ihren Weinfeldern und Maulbeerbäumen, ihren exotisch anmutenden Baumschulen, durch die Pistoja nächst seinen Kunstschätzen berühmt ist, den schnurgeraden Bändern der hellen breiten Autobahnen nach Nord und Süd und nach Westen bis zum Meer und den von hohen Mauern eingefaßten Betten der Torrenten herabsieht. Die dunklen Kulissen des Apennin schieben sich mit den einfachen Linien, die dem Macigno-Sandstein eigen sind, zu beiden Seiten des Beckens nach Süden vor. An ihrem großfaltigen Berggewand bildet der Olivengürtel einen breiten silbernen Saum, in den die Einzelsiedlungen in lockerem Wurf eingestreut sind, während die Städte Pistoja, Prato und Sesto sich an dem Bergfuß halten, wo man vor den Überschwemmungen der einst noch nicht gefaßten Wildbäche sicher war, zugleich aber die große Straße beherrschte.

Erst am Südrand der Ebene zeigen die unruhigen Hügelformen den reicheren Wechsel der Gesteine an, darunter der dunkelgrüne Serpentin von Prato, der bei den Marmorinkrustationen toskanischer Bauten eine so große Rolle gespielt hat, nicht zuletzt auch die bildsamen Töpfertone von Impruneta, die der Reliefkunst eines Luca della Robbia gefügig waren und die noch heute, wo sie zu profanen Krügen, Röhren und Dachziegeln verarbeitet werden, immer wieder die versuchende Hand eines Töpfermeisters zu spielerischen Terrakotten oder kunstvollen Verzierungen an den tönernen Palmen- und Orangekübeln verlockt, die in dieser an Gartenkünsten so reichen Gegend guten Absatz finden.

Der Arno hält sich an diesem Hügelrand, läßt die Ebene wie eine tief ins Apenninland eindringende Bucht zur Rechten und tritt selbst wieder in ein gewundenes Engtal ein, die malerische Golfolina, in der die lichten Pinienwaldungen, hier und da von graubraunem Fels unterbrochen, bis auf das schilfbekränzte Ufer des eiligen Stromes heruntergehen. Bald aber öffnen sich die Talhänge zum Becken von Lucca und Empoli. In diesem letzten der großen Toskanischen Becken, die der Arno miteinander verknüpft, beginnt das Motiv der geschlossenen Landschaftskammer sich aufzulösen und in das Hügelthema überzugehen. Denn inmitten des weiten Beckens hebt sich über sumpfiges Flachland das Hügelland der Cerbaie heraus, die dem Arno ihren von Siedlungen verzierten Steilrand zuwendet, so daß der Fluß, den auch drüben ein bewegtes Hügelland begleitet, im größeren Rahmen des Beckens teilweise wie in einem anmutig-offenen Tale dahingeht. Auch sind dem Rücken des Monte Albano, der trennenden Schwelle zwischen dem Becken von Pistoia-Florenz und dem von Lucca, reiche Hügel stufenweise vorgelagert, und vom Gebirgsrand lösen sich hier und da wie bei Montecatini einzelne Kegelberge zu eigener Gestalt, so daß sich dieses Landschaftsbecken abwechslungsreicher darbietet, ohne doch das landschaftliche Grundgesetz zu leugnen. Sein eigener Reiz beruht in dem Wechselspiel zwischen Ruhe und Bewegung, zwischen den stillgrünen, von Kanälen und offenen Wasserflächen schimmernden Sumpfweiten und der belebten Hügelanmut, in dem Farbenspiel des Bodens von leuchtendem Fuchsrot zum sanften Rehbraun und matten Ocker. Auch scheint die Meeresnähe sich schon in den zarten Dünsten der Atmosphäre anzudeuten, oder ist es der Hauch der Sümpfe: Jedenfalls bietet sich die Landschaft für den Betrachter, der vom Geburtsort des größten Toskaners, Lionardo da Vinci, von Vinci aus oder vom Monte Albano zwischen den formstrengen Pinien und dem immergrünen Buschwerk des Unterholzes hindurch auf sie herabblickt, in ungewissen Lichtschleiern dar, die etwas von den Geheimnissen der Landschaften eines Claude Lorrain heraufbeschwören — jene ahnungsvoll hintergründige Glanzferne, die sich aus der Raumtiefe heraus noch um die nahen Dinge legt. Das Auge sucht in den lichtumsprühten Umrissen der fern abschließenden Pisaner Berge die beiden Meerespforten des Arno und des Serchio, die das Becken an das Unbegrenzte schließen, und ahnt dort im hellen Lichtstreif den blinkenden Spiegel der Tyrrhenischen See.

Dorthinaus trägt es breit und sicher den Arno zur Küstenebene von Pisa, Toskanas einstiger Hafenstadt, die heute durch das rasch wachsende Delta des Flusses weit vom Meer abgedrängt ist. Die Strömung vor der Küste hat die Sände in flachem Bogen weit hingezogen, und dahinter bewahrt das junge Land noch ein wenig den Charakter der Maremmen, wenn auch das Beklemmende, das dieser Name auslöst — die Vorstellung von Fieberhauch mit tödlicher Verödung — gebannt ist; die Strandseen sind bis auf wenige trockengelegt, und zwischen hohen Deichen ziehen die drohenden Hochfluten der Flüsse und Bäche durch das Marschland zum Meer. Doch vor dem fruchtbaren Kulturland, das Schritt für Schritt von der Niederung Besitz ergriffen hat, liegt gegen den niedrigen Dünenstrand hin, den das Meer mit breitem Brandungsgürtel und blendend hellen Muschelsanden säumt, noch immer ein Stück Wildnis, einsamste Erde im Schatten mächtiger Steineichen, verworrene Dickichte der weiten Pinienwaldungen an den Ufern träger Altwässer, die von Schlingpflanzen und Röhricht gesäumt werden. Doch wenn der Blick aus dem Geröhr herausfindet, das so betörend warm nach Minze und stehendem Wasser duftet, hat er nah vor sich den Bergsaum mit dem ganzen eifrigbelebten Reichtum der Hangkulturen und Dörfer. Noch einmal klingt hier das toskanische Bewegungsthema auf, kühn übersetzt in die Ausmaße des Gebirges: Die Apuanischen Alpen zeichnen ihre überraschend schroffe Gipfellinie hoch und fast drohend über den flachen Strand, an den die Florentiner aus der sommerheißen Stadt in ihr Seebad Viareggio fliehen. Ein ungeheures Nebeneinander, diese glatte, zahme Sandküste mit ihrer ungebrochenen horizontalen Linie, an der die Weite des Meeres in parallelen Gischtstreifen unablässig anläuft, und das jähe hohe Gezack, das Aufhüpfende, Herausfordernde dieser Gipfel, die von den höchsten Alpenkämmen hier herab an die Küste versetzt scheinen. Ihre Masse ist durch die tiefen Täler bis zur Wurzel gespalten, so daß ihr Eindruck gewaltiger ist, als ihn irgendwo die Riviera zu geben vermag. Die Täler erleichtern auch den Zugang zu dem Schatz des Gebirges, den Carrarischen Marmoren, und ihre Gründe sind erfüllt von dem Kreischen der Marmorsägen und dem Hämmern der Steinmetze. Auch ziehen sich die blendendweißen Schutthalden der hoch unter den Gipfeln klaffenden Marmorbrüche wie Gletscher in den Runsen und schroffen Talschlüssen bis in die Haine der Edelkastanien herab. Das ganze Gebirge hallt bis in seine tiefsten Winkel hinein von der Arbeit an dem edlen Stein; die Seilbahnen knirschen und singen unter dem Gewicht der gewaltigen Blöcke, die aus schwindelnder Höhe über die Schluchten hinschweben, und wo es wegsamer wird, knarren und rompeln die urtümlichen dickberäderten Holzwagen unter den gigantischen Marmorquadern, die von sechs oder acht Paar weißen breithörnigen Ochsen wie im Zug einer feierlichen Prozession Schritt vor Schritt zum nahen Verladehafen gezogen werden.

Die Kühnheit des Gebirges, der Reiz der alten, tief in die Talkessel geschmiegten Städte Seravezza und Carrara und der erstaunliche Anblick des Marmors, der in hundert Spielarten vor den zahllosen Werkstätten der Steinmetze bereit liegt, wiegt das weniger harmonische Bild auf, das eine rasch emporschießende Industrie mit ihren Zweckbauten und qualmenden Schornsteinen in dem vorgelagerten Küstenstreif bietet. Dem ländlichen Toskana tritt hier ein waches, modernes Toskana gegenüber, das Beton und Stahl nicht verachtet. Aber noch hat es keine Macht über den Zauber, den die stillere Natur über das ganze toskanische Land breitet, über das Ewige, das anklingt, wenn dieser Name fällt: Toskana.

VILLA, VILLEGIATURA UND TOSKANISCHE LANDSCHAFT

von Fritz Dörrenhaus

I

EINE ITALIENISCHE INSTITUTION UND IHRE GESELLSCHAFTS-GEOGRAPHISCHE BEDEUTUNG

Was ist eine Villa? Die vorstehende Schilderung der toskanischen Landschaft von Herbert Lehmann, die letzte zu seinen Lebzeiten veröffentlichte Arbeit, ist zugleich eine überzeugende Schilderung der Umwelt des Gebildes, das wir Villa nennen müssen [1]. So vortrefflich hat seit Viktor Hehn vor hundert Jahren niemand mehr italienische Landschaft dargestellt. Wenn Lehmann zu Recht betont, daß das „alte Etrurien, aus dem der Volksmund das klangvollere Toscana gemacht hat", ein Landschaftsbild entfaltet, in dem der Begriff Italien wohl seinen reinsten Ausdruck gefunden hat, so sind wir wohl berechtigt, die vorstehende Darstellung auch als Erfassung einer gesamtitalienischen Institution in ihrer Umwelt, eben als die Darstellung dieser Villenwelt anzunehmen. Sie gibt uns eine genaue Sicht auf das Problem, das uns hier beschäftigen soll: Was ist denn nun eigentlich eine Villa? Eindrucksvoll ist in diesem literarischen Bild intuitiv erfaßt, wie die Villa in ihre Umgebung eingepaßt ist. Sie ist mit erstaunlicher Sicherheit in der Spannung gesehen zwischen den Podere, den Pachthöfen der Bauern und der Stadt, welche die andern Bezugspunkte birgt: die Palazzi und die vielstöckigen Arbeiterhäuser schon des 14. Jahrhunderts. Dabei hat Lehmann diese Spannung noch nicht einmal wissenschaftlich artikuliert, wollte es gar nicht, weil er sich nur der Lust des Schilderns und Beschreibens hingab. Ja, noch nicht einmal das Wort Villa erscheint überalll da, wo es am Platze wäre. Was Lehmann als Landhäuser, als Adelssitze, Herrensitze bezeichnet, ist genau das, was man im Lande ganz allgemein als Villa bezeichnet.

So nahe auch Herbert Lehmann mit seiner noblen Schilderung der Toskana dem Kern der Sache gekommen ist, so erstaunlich ist es doch, daß er, wie auch die Geographie insgesamt, die landschaftliche Eigenständigkeit der Villa nicht erkannte; ihre hohe wirtschaftliche und gesellschaftsgeographische Bedeutung für bestimmte Regionen Italiens ist bis heute verkannt worden. Die Villa wurde bisher von der Kunstgeschichte beansprucht. Es wird aber in diesem Versuch noch zu zeigen sein, daß die Geographie hier ein Wort mitzureden hat. Die Einordnung dessen, was bei Lehmann als Adelssitz, Ansitz, Landhaus, Herrenhaus erscheint, — Begriffe, die oft

---

1 Herbert Lehmann, „Toskanische Landschaft", zuerst erschienen in Neue Deutsche Hefte, Berlin 1970, Jahrgang 17, Heft 4, S. 66—82

ganz anderen Erscheinungen der italienischen Landschaft oder ihr überhaupt nicht zuzuordnen sind, – in den eindeutig zu definierenden Begriff „Villa" ist bis heute nicht vollzogen.

Vielleicht wird am deutlichsten, was eine Villa ist, wenn man das ausscheidet an ländlichen, über das Bauernhaus hinausgehenden Bauten, was die Villa nicht ist: Sie ist weder Burg noch ein irgendwie gearteter Feudal- oder sonstiger Adelssitz; denn zum Wesen der Villa gehört, daß sie und die ihr zugehörenden Grundstücke keine Bindungen zu irgendeiner Feudalordnung haben oder gehabt haben. Sie ist auch kein Herrenhaus im Sinne etwa eines deutschen Großgrundbesitzers: denn die Villa ist im Gegensatz zum Herrenhaus weder der einzige oder hauptsächliche Wohnsitz des Besitzers, noch von ihm ganzjährig bewohnt. Bei der urbanen Lebensweise, dem Absentismus, der grundbesitzenden Aristokratie kann man sagen, daß es das Herrenhaus in den Idealtypen italienischer Landschaften nicht gibt. Der Besitzer der Villa, aus den signorilen Schichten der Städte stammend, wechselt den Wohnsitz zwischen städtischem Palazzo im Winterhalbjahr und der sogenannten „villegiatura" von vier bis fünf Monaten im Sommer. Als nichtfeudales, von allem Anfang an privates Besitztum städtischer Eigentümer, zu dem ein nicht unbeträchtliches agrarisch intensiv genutztes Grundeigentum mit vielen Pachthöfen gehört, als eine durchaus private Habe bildet die Villa auch nicht einen eigenen Gutsbezirk, sondern sie war mit ihrer Fattoria, dem wirtschaftlichen koordinierenden Zentrum des aus vielen einzelnen kleinen und mittleren Gütern bestehenden Eigentums, von Anfang an in die Comunal- und Wirtschaftsverfassung der auch das Land umfassenden Stadt integriert. Sie unterstand immer der politischen Gewalt der Gemeinde, in der sie liegt. Die Villa ist auch kein Edelsitz, wie wir ihn in Tirol finden; denn zum Edelsitz gehört kein ihm zuzuordnendes agrarisches Sozialsystem. Er lag ziemlich beziehungslos zwischen Dörfern und Einzelhöfen von freien tiroler Bauern oder feudal anderweitig gebundenen Höfen eines Sozialsystems, dem der Edelsitz hier nicht angehört. Er war der Alterssitz des landesfürstlichen oder kaiserlichen Beamtenadels und war auch hierin bald funktionslos geworden und ist heute meist zum Bauernhof geworden. Die Villa ist auch kein Schloß, so sehr oft die prächtigsten der Villen (Zeichn. 3), und darum für geographische Sicht übermäßig beachteten, dies nahe legen möchte; denn in den manchmal sehr aufwendigen Bauten des Barock, des Rokoko, der Renaissance und des Manierismus, die wir als Villa hinnehmen müssen und die in ihren Dimensionen unseren Schlössern oft kaum nachstehen, wohnt kein Souverän, wie in den Schlössern und Lustschlössern jenseits der Alpen, sondern ein Bürger der Comune, der Stadt. Er ist im wirtschaftlichen, gesellschaftlichen Verhalten Bürger und gehört einer durchaus unfeudalen Gesellschaft an. Die Villa gehört zur urbanen Sphäre unserer Kultur, das Schloß zur gentilen Lebensform [2] und zwar in deren spätfeudaler Ausbildung. Auch da, wo – nicht selten – altadelige Namen aus der fränkischen Feudalität auftreten, sind deren Träger längst aus dem gentilem Personalverband der Feudalhierarchie ausgeschieden und in den Territorialverband der toskanischen Stadt eingetreten. Es ist deshalb nicht zulässig in der Toskana bei dieser Schicht, nur weil sie reich ist und Grundbesitz hat, von feudal zu sprechen. Nicht jeder Aristokrat ist ein Feudaler. Wie wir sehen werden, haben diese Exfeudalen sehr bald die Lebensform und die Wirtschaftsgesinnung des Bürgertums und seines Patriziates angenommen.

2   Fritz Dörrenhaus, „Urbanität und gentile Lebensform" Erdkundliches Wissen, Heft 25, Wiesbaden 1971. Hier vor allem die Erläuterungen der Begriffe „urban" und „gentil", auch weitere hier nicht wieder angeführte Literatur.

Es sei hier zu Anfang mit aller Eindringlichkeit darauf hingewiesen, daß in unserer Darstellung mit Feudalität immer nur jene Gesellschaftsform gemeint ist, welche aus der Heeresreform Karl Martells hervorgegangen und in die Verwaltungsorganisation des fränkischen Reiches und seiner Nachfolgestaaten eingegangen ist. Daß bei ganz bestimmten historischen Situationen ähnliche Gesellschaftsformen auftreten können, die zu recht auch den Namen Feudalität verdienen, darauf kann hier nur hingewiesen werden [3]. So besaßen Russen und Osmanen eine echte Feudalordnung. Zu diesen gehören aber auf keinen Fall die mediterranen von der Stadt getragenen Sozial- und Wirtschaftsordnungen. Die echte Feudalität lebt auf dem Lande und ist aus der Gentilität viehzüchtender Nomaden hervorgegangen. Steckt im feudum doch das Wort Vieh! Die großgrundbesitzende Aristokratie des Mittelmeeres sitzt in der Stadt und beherrscht politisch und wirtschaftlich das Umland der Feudale lebt auf seiner Burg und ist durchaus inurban. Ist die Feudalität aus viehzüchtenden, lange nomadisierenden Gesellschaften hervorgegangen, so die mediterrane Aristokratie aus Ackerbau treibenden städtischen Bevölkerungen. Der intensive Ackerbau ist geradezu eine städtische Erfindung. Bevölkerungen, die unter feudaler Herrschaft standen, übernahmen ihn erst sehr spät und sehr unvollkommen.

Pastorale, gentile, also feudale Gesellschaftsformen haben andere Verhaltensweisen, Leitbilder, als urbane und unter städtischer Herrschaft lebende landbebauende Bevölkerungen. Sie haben jeweils andere Prägungen mitbekommen, die bis in die Gegenwart fortwirken.

Es ist eine unerträgliche Versimpelung sehr wirksamer Sozialformen, wenn der heutige politische Sprachgebrauch, beide Lebensformen und andere ähnlich scheinende in einen Topf zu werfen, auch in wissenschaftliche Arbeiten übernommen wird. Dem ein gesellschaftliches Feindbild suchenden Marxisten mag es für den politischen Gebrauch genügen. Ein Geograph sollte solche Begriffsbestimmungen nicht übernehmen. Ist doch zum Beispiel der tiefe Riß, der durch Italien geht, eine Hinterlassenschaft einerseits der Feudalität des Reiches im Norden, und andererseits einer mediterranen archaischen, aber herrschenden städtischen Aristokratie im Süden. Wer je mit Bewußtsein die scharfe Grenze sieht, die den Norden Italiens vom Mezzogiorno trennt und um die ursächliche Verknüpfung mit jeweils der einen oder andern Gesellschaftsform weiß, wird sich vor der liederlichen Vermischung der beiden Begriffe in Zukunft hüten. Feudalwirtschaft, feudal zersplitterte Ordnung einer Hierarchie von Grafen, Rittern und Ministerialen ist etwas völlig anderes als die in Besitz- und Machtblöcken auftretende mediterrane, baronale Aristokratie [4].

Ein anderes Moment, das neben der bisher fehlenden eindeutigen Definition der Villa mit dazu beigetragen haben mag, daß man die Villen in ihrer weiteren landschaftlichen Bedeutung nicht erkannt hat, ist wohl Fachdenken und seine Begrenztheit. Den meisten Beschauern drängt sich die Villa zunächst als Objekt der Aesthetik auf, da die künstlerisch aufwendigeren am meisten beachtet und die schlichten, welche die große Zahl ausmachen, oft gar nicht als Villen erkannt werden. Die Villa gehört zur Kunstwissenschaft! Ergo! Sie bedeutet „Tourismus", „Sightseeing", auch in der Sicht so vieler Geographen, Wirtschaftswissenschaftler.

Wie sehr eine solche Villa auch Produktionszentrum modernster Prägung sein kann, spürt der Besucher oft erst, wenn er Gelegenheit bekommt, sie einmal zu besichtigen. Dann sieht er, in welch weitreichendem wirtschaftlichen, sozialen und

---

3   Otto Hintze, „Feudalismus, Kapitalismus", Stuttgart 1970, S. 17f.
4   F. Dörrenhaus, 1971, S. 49f.

nicht nur kulturellen Wirkungszusammenhang die Villa steht. Er sieht die ein- und ausgehenden Mezzadri und Landarbeiter, die engräumig mit der Villa verknüpften Wirtschaftsräume, die dort oder auch unter der unterkellerten Villa oder Fattoria befindlichen Keltern und Oelpressen, die Oellager, in denen heute noch wie in der Antike das Oel in großen Amphoren lagert. Ganz tief, manchmal in mehreren Stockwerken untereinander, sieht er die Keller, in denen die guten Jahrgänge des Weines sich jahrelang zur Vollreife entwickeln sollen; er wird auch neue mechanische Apparaturen (mit Fließband) zur Abfüllung und Etikettierung der Flaschen mit Erstaunen bemerken.

Unser Besucher kam, verzaubert von der Schönheit des Einsseins der Villa mit einer überaus humanisierten, d. i. urbanen Landschaft, die verstanden sein will mit allem, was mitschwingt, wenn in uns das Wort Toskana auftaucht. Worte sind wie klingende Saiten mit ihren Ober- und Untertönen, sie können mehr aussagen als dem direkten Inhalt der Vokabel entspricht, auch sie bedürfen der wissenschaftlichen Beachtung. Hier konnte dann unser Besucher, zunächst von ganz andern Motiven angezogen und für das Land engagiert, den Faden der Erkenntnis auffinden, der ihn dann am schnellsten zur wissenschaftlichen Erkenntnis des landschaftlichen Gewebes der Toskana führt; denn der Faden liegt in den Stoffen, die der Wissenschaft von der Erde konventionell als Objekt zugewiesen sind, manchmal, wie auch hier, zu sehr versteckt. Nehmen wir aber die Villa in dieses Ganze hinein, in das sie zwingend gehört, so finden wir den Faden, kaum verborgen, der mitten in das Gewebe der Gesellschaftsgeographie der Toskana führt. Der suchende Beobachter, der sich so der Villa nähert, wird entdecken: „Hier ist der Schlüssel zu allem!"

Gewiß hat Kant recht: „Ästhetische Urteile tragen zur Erkenntnis eines Gegenstandes nicht bei". Aber sie können uns auf ihn aufmerksam machen. Und wo uns ein Gegenstand ergreift, sei es nun aus ästhetischen, sozialen, ethnischen oder historischen Gründen, da stellt sich der Wunsch nach Erkenntnis ein. Auf das Ergreifen folgt das Begreifen. Wie anders sollte denn auch bei der Unausschöpfbarkeit des Stoffes aller Geisteswissenschaften, so auch der Geographie, der Stoff gewählt werden, wenn nicht aus einem gewissen kontrollierten Engagement.

Schon die starke, wirtschaftliche Komponente im Leben der Villa läßt eine Verwechselung mit dem Schloß nicht zu. Es überwiegt die schlichte Bauart, die Lehmann meinte, der „Verzicht auf Prunk, der Würde verleiht" (s.v.S. 3). Die große Zahl dieser Villen lebt im kunstwissenschaftlich unbeachteten toten Winkel und formt doch einen der wichtigsten Idealtypen italienischer Landschaft entscheidend mit. Deshalb schon kann Kunstwissenschaft nicht zu einem Gesamtbild der Erscheinung Villa kommen. Manche Villen sind sogar ehemalige Feudalbürgen, die lediglich einen Funktionswandel durchgemacht haben und nun zur Institution Villa gehören. Für den Kunstwissenschaftler nicht in die Kategorie Villa passend, gehören sie doch zu den wichtigsten Gliedern der sozialgeographischen Erscheinung Villa und führen sie zur Erkenntnis ihres Wesens: Es „entwickelt sich das Kastell des Magnaten allmählich und organisch zur befestigten Farm und zur wehrlosen, milden Villa, von der aus Enkel, Erben und Rechtsnachfolger des Gewaltigen von einst Wirtschaft und Herrschaft weiter führen" [5].

5   Rudolf Borchardt, „Villa" Gesammelte Werke Bd. III „Prosa" S. 38–70, Stuttgart 1960
      (1908) S. 51

Was uns vor Augen liegt . . .

Die Architektur der Villa zeigt keinen allgemein gültigen Bautyp. Von der Herkunft des städtischen Grundbesitzes aus der feudalen Ordnung, die noch zu schildern sein wird, aus der Urbanisierung des Feudalherren zum signorilen Bürger ergibt sich, daß noch lange die Formen des Wehrbaues, des „castello", der Burg, zu nächst noch in die äußere Erscheinung der Villenarchitektur eingehen (Zeichn. 1).

Zeichn. 1.   Chioccíola und Castagnolí (Gem. Monteriggioni)

Viele Burgen blieben bis zum heutigen Tag erhalten, lediglich verbürgerlicht und sozial und wirtschaftlich umfunktioniert zur Villa. Noch lange bleibt auch in den Neubauten der wehrhafte Stil auch in den Formen der Frührenaissance erhalten: So die Villen la Trebbia und Caffagiolo im oberen Mugello. Sie ließ Cosimo (Medici) der Ältere (+1464), der immer noch Bürger unter Bürgern war, am Platz der Herkunft seiner Familie errichten. Sie bieten mit Bollwehren, Dachtraufen, mit Pechnasen, Türmen und Toren den Anblick einer Burg. Der alte Cosimo, in seiner Würde und Zurückhaltung, fand hier in Michelozzo den ihm gemäßen Baumeister. Dieser hatte ihm auch den Palazzo Medici unweit San Lorenzo in der Via Larga zu Florenz gebaut: Ein Vorgang, der sich oft wiederholen sollte, daß der Baumeister der Familie außer dem Palazzo in der Stadt auch die Villa draußen auf dem Lande erbaute. Waren doch auch die Paläste in der Stadt ähnlich den Villen aus Wehrbauten, den in allen alten toskanischen Städten noch viel erhaltenen Wehrtürmen, hervorgegangen. Die älteren der Palazzi verbergen den Wehrcharakter nur selten.

Erst mit dem Fortschreiten der Befriedung des Landes konnte man sich erlauben, — nunmehr befreit von der Notwendigkeit, sich gegen Räuber und marodierende Soldaten der Condottiere verteidigen zu müssen — , zu freieren Formen der Architektur überzugehen, konnte jene „milde Villa" bauen, von der Rudolf Borchardt sprach, und die dem Sinn der Villa näher kam. Wohl ging man von der bis dahin gebauten Palazzoarchitektur aus. Aber bei der Villa draußen auf dem Lande war man freier als in der Stadt. Die enge nachbarliche Begrenzung des in die Straßenzeilen gefügten Palazzo fiel fort. Hier in den Hügeln um Florenz, Siena, Cortona oder Lucca war Platz, hier konnte der Baumeister frei nach seinem Gefallen rundum bauen: die Fenster, die Portici, die Loggien, die Terrassen. So übertreffen die Villen, ob aufwendige oder bescheidene, an Unmittelbarkeit und Lebhaftigkeit die würdigeren monumentaleren Palazzi in der Stadt. Gerade auch die kleineren, bescheideneren haben teil an diesem Vorzug. Sie können es sich oft leisten, den Schmuck des wilden Weines zusätzlich einzusetzen, oder gar Wistarien, Tecoma und andere Lianen, weil hier keine großen architektonischen Ideen offen zu halten sind. Manchmal sind sie sogar ihre einzige Dekoration.

Sehen wir von der Villa Guinigi unmittelbar vor den mittelalterlichen Toren Lucca's ab, die 1418 gotisch erbaut worden war, aber ohne weitere Folgen, so war die Villa Poggio a Caiano (Bild 1), die erste der Villen, die frei von allen Wehrformen errichtet wurde, 1485 von Sangallo für Lorenzo il Magnifico (Medici) vollendet. Ohne Zinnen und Turm, ohne ausdrückliche Betonung eines Herrschaftsanspruches folgte sie allein den Wohn- und Wirtschaftsabsichten des Bauherren: Eine klare, weiße Fassade, deren Ausdruck Fläche und Fenster in ausgewogenen Verhältnissen sind. Das kann gesagt werden, weil wir uns späterer Eingriffe bewußt sind: Das einmalige Meisterwerk des Portikus vor dem großen Saal fügt sich schlecht zwischen die großen Fenster und nimmt dem Bau die architektonische Einheitlichkeit zugunsten des Malerischen und Originellen; die beiden elegant geschwungenen Treppen bringen wesensfremde Unruhe in den Anblick der Fassade — ursprünglich waren hier zwei gerade Rampen, über die der Pferdenarr und Hausherr Lorenzo Medici zum Haupteingang hinaufritt; des weiteren stand die Villa — wie heute noch „I Collazzi" bei Galluzzo und „I Lami" (Bild 5) bei Romola in Val Pesa — hinter einem Wiesenplan und die malerischen, romantischen Zedern erschwerten nicht wie heute den Anblick des Baues. So wie sie ursprünglich war, war sie Vorbild für viele andere Bauvorhaben der signorilen Kaufmanns- und Bankiersfamilien im Contado. Mit Poggio a Caiano begann die Errichtung der eigenständigen, nach eigenem Gesetz lebenden Villen, welche in großer Zahl der Toskana urbana — d. i. die Toskana soweit sie im Mittelalter von den freien Stadtstaaten in Besitz genommen wurde (Kt. 1) — den Charakter geben. Die maßvolle Sprache von Poggio a Caiano war auch geeignet, für jene einfachen verputzten Backsteinbauten Vorbild zu sein, mit vier bis fünf Zimmern in zwei Stockwerken, verbunden durch eine steile raumsparende Treppe, mit einem Turm, nur wenig höher als der Dachfirst. Weißer Putz, die Hauswände an den Ecken mit Bruchsteinquadern umrahmt, steingefaßte Renaissancefenster, innen Ziegel- oder Steinplatten-Fußböden statt Parkett, ockerfarbene Wände, sparsam mit Fresken versehen, Wandschränke, wenig Möbel, ein Backofen in der Küche, im Saal ein großer Kamin, ein schwerer Holztisch mit Schemeln und Bänken, rustikale Sessel ringsum — das ist die Villa der meisten signorilen und bürgerlichen Familien, überall Schlichtheit, in der Feierlichkeit und Prunk fehlen — die Villa rustica! Darum strahlte sie jene ländliche Ruhe aus, die der Absicht des einst mindestens in zwei Wirtschaftszweigen tätigen Besitzers entsprach: Es sind Bauten,

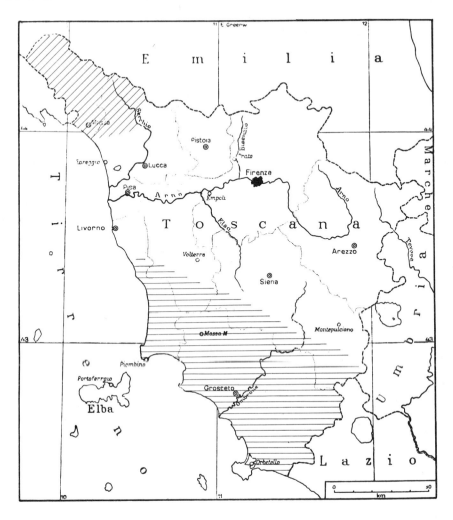

Karte 1. Die drei Soziallandschaften der Toskana.
Die Maremma im Südwesten, die Toskana urbana von den Stadtstaaten geformt, und im Nordwesten das Restgebiet der einstigen Feudalorganisation. Die Grenzen können insofern nicht ganz scharf gezogen werden, weil Enklaven an den Rändern dieser Gebiete möglich sind, so liegen Suvereto, und Massa Marittima, obwohl sie beide einst freie Comunen waren, in der Maremma.

die in der Reinheit elementarer Notwendigkeit leben. Die Zurückhaltung im Dekor, das Maß in den Dimensionen, in den Linien und Flächen ist der toskanischen Villa immer eigen geblieben. Auch später blieb der Manierismus, unter der architektonischen Fuhrung des Bernardo Buontalenti und seiner „unaufdringlichen Raffinesse" (Acton) der Rücksicht auf den Sinn der Villa, auf Gebrauch durch den Besitzer treu und bewahrte sich im Gegensatz zu Villen Venedigs, Liguriens und Latiums die Einfachheit und Gelassenheit ihres Ursprungs (Bild 5, Zeichn. 2). Die schlichte Villa

der Toskana war nicht wie viele jener anderen Landschaften eher am Fürstenschloß
orientiert, vielmehr an den Erholungsabsichten eines städtischen Bürgers, die zugleich mit landwirtschaftlichen Interessen verbunden waren. Das gilt für die Mehrzahl der Villen von Florenz und Siena sowie der ganzen Toskana urbana. Lediglich
im Bereich von Lucca ist die aufwendigere, imposante Villa um einiges zahlreicher
als sonst in der Toskana, und wird hier wie dort am meisten vorgezeigt (Bild 6).
    Bei aller Vielfalt im Grundriß und Aufriß, welche die toskanische Villa auszeich-
net, ist eins von zwei Elementen immer vorhanden, auch bei der schlichten Land-

Zeichn. 2.   Villa di Fonti

villa: der Saal oder der Innenhof, „la sala" oder „il cortile". Es sind manchmal
auch beide zugleich da. Den Innenhof beschreibt schon Boccaccio in der Rahmenerzählung des Decamerone, als die von der Pest vertriebenen jungen Leute auf dem
Lande die beiden Villen aufsuchen, die heute noch — wenn auch völlig verändert —
bestehen: Villa Palmieri und Poggio Gherardo bei Florenz. Ob der „cortile" nun
viereckig geschlossen ist, wie heute noch in der Gamberaia und in der völlig umge-
stalteten Villa Palmieri oder zur vierten Seite hin offen, wie bei „i Collazzi", zwischen Galluzzo und Montespertoli gelegen, fast immer ist es ein von Arkaden unten
und Loggien oben umgebener Hof, möglichst mit Brunnen, oder wie bei „i Collazzi" Zisterne in der Mitte. Zum Hof mit seinen Arkaden öffnen sich auch die
Türen der Kammern des Erd- und des oberen Geschosses. Wo kein Cortile das
Zentrum der Villa bezeichnet, da ist die „sala" der beherrschende Raum. Der Saal
liegt zentral in der Villa. Er wird auch „salone", großer Saal, genannt. Er kann
immer gleich ohne Vorraum vom Garten oder der Terrasse her betreten werden.
In Poggio a Caiano, das keinen Cortile hat, geht der Saal durch zwei Stockwerke.

In größeren Villen liegt oft unter dem Saal die „entrata", ein Raum, der in der Größe dem Saal entspricht, aber schon zur Fattoria gehört. Mit seinen langen Tischen und vielen Bänken und Schemeln dient er der Beköstigung zahlreicher Arbeitskräfte, etwa bei Weinlese und Olivenernte oder auch bei der Bewirtschaftung der direkt dem Fattore unterstehenden Gründe minderer Qualität. Das sind die „campi nudi", die Getreideäcker ohne „coltura mista" und die Weiden, die Wälder.

Es war die Aufgabe der Architekten, Saal oder Cortile so zu gestalten, daß sie die kühlsten Räume der ganzen Villa sind. Auch in der erbarmungslosen Wut der Hundstage muß der Saal ein wohnlicher Raum bleiben, der Cortile, womöglich mit irgendeinem tropfenden Wässerlein und kühlenden Blattpflanzen, eine erfrischende Zuflucht bieten. Von der Treppe, die unmittelbar vom Saal ins Obergeschoß führen kann, war schon die Rede. Wo der Cortile der zentrale Raum der Villa ist, da führt vom Laubenumgang die Treppe ins Obergeschoß, das sich ebenfalls zum Innenhof mit einem Arkadenumgang öffnet. Ob wir in beiden die Überlieferung von Burghof und Rittersaal sehen oder im Hause mit dem Innenhof die Urform des mediterranen Hauses erkennen wollen – des Atriumhauses, das die Römer von den Etruskern übernahmen, wie es auch in Pompeji erscheint (Haus der Vettier, Haus des Fauns) – darf offen bleiben.

Zum Idealbild der Villa gehört auch die Hauskapelle entweder im Gartenbereich oder im Hause selbst, gehört der repräsentative Vorplatz.

Der Begriff Villa schließt den Garten ein. Ohne Garten oder Park ist kein Landhaus Villa. Er gehört genau so zur Villa wie der in der Regel beträchtliche agrarische Grundbesitz. So sehr ist die Villa mit dem Garten verbunden, daß der Italiener eher einen Park ohne Landhaus als Villa hinnimmt, als eine Villa ohne Park. Der öffentliche Garten heißt oft genug statt „giardino pubblico" auch „villa comunale", wie z. B. auch in Neapel.

Selbst für Viktor Hehn, dessen Italienbuch [6] vor hundert Jahren erschien und das heute noch im Kern gültig ist, weil es geographische Wesenserfassung zum Inhalt hat, die auch unter dem oberflächlichen Zahlenwirbel der sich ständig verändernden Statistiken das Bleibende ist, auch für diesen Viktor Hehn ist die Villa nur das Ganze, der Garten eigentlich mehr noch als das Landhaus selbst: „Wie diese südliche Steinbaukunst . . . . . von den Holzbauten des Nordens sich unterscheidet, so die italienische Villa vom frei komponierten Park. Letzterer kann Landschaftsphantasie genannt werden, erstere ist durchweg architektonisch gedacht. Die Villa führt, sozusagen, nur künstlerisch aus, was ohne sie in der südländischen Vegetation vorgebildet liegt. Geradlinig, mathematisch gezeichnet, mit schwarzen Laubwänden, in stillen reinen Umrissen umgibt sie den Besitzer wie eine humanisierte ideale Natur, die das Säulengebäude in der Mitte harmonisch fortsetzt und in der die marmornen Bilder auf grünem Hintergrunde den schönsten Platz finden. Die Villa verhält sich zum Walde, wie der Tempelbau zu den Bergen". Die hohen Laubwände der immergrünen Hecken umschließen streng rechteckige grüne Räume. Die Villa, flankiert von architektonisch streng gebauten Pinien und Zypressen, ist im hügeligen toskanischen Lande in sanfte Hänge hineinkomponiert, die Höhe der Burg wurde aufgegeben, wenn der Abhang zu steil war. Hier ist dann die Gelegenheit zu Terrassierungen mit Stützmauern, dekorativen Treppen, Terrassen mit Balustraden für die „giardini pensili", die hängenden Gärten (Bild 3). Es ist ein konstruierter

6   Viktor Hehn, Italien, „Ansichten und Streiflichter", Berlin 1900, 6. Auflage, S. 57

Garten, der die Unordnung der Natur bewältigt und ihr menschliches Maß und menschliche Ordnung verleihen will. Er ist „natura educata". Mensch und Natur, das ist ja ein Hauptthema der Renaissance. So wird der Villengarten ein wichtiger kulturgeographischer Bestandteil der künstlerischen Selbstdarstellung des italienischen Renaissancemenschen. Im Grunde war der Garten der altrömischen Villa auch nicht anders gedacht. Wir kennen ihn aus den lateinischen Schriftstellern; so wurde er in Pompeji ausgegraben.

Incisione del XVIII Secolo

Fattorie dei Marchesi   *Lodovico e Piero Antinori*
Firenze   *Italy*

VILLA ANTINORI
Chianti Classico

Vino a gradi 12,5   Cont. Litri 0,720
                    Si raccomanda di servire chambrè

Zeichn. 3   Villa Antinori

Der Garten ist die Fortsetzung des Hauses in die Natur hinein. Mit hohen Wandhecken werden Räume um oft gar nicht kleine Rasenflächen geschaffen, die wie „camere" im Freien wirken und deren Boden lediglich die grüne, im Spätsommer braune, Grasfläche ist:

„Vor grünen Wänden Sammetmatten,
Schnurwege, kunstgerechte Schatten..." (Goethe, ein Garten zur Lust)

Niedrig geschnittene Hecken zaubern eine zierliche ornamentale Mathematik auf den Boden, streng geradlinig in der Renaissance; im Manierismus und im Barock geraten sie in kapriziöse gewundene Bewegung (Zeichn. 3). Auch sie fügen sich in die kleine beschränkte Perspektive des vom Hause her geplanten Villengartens. Er zeigt Durchsichten, Aussichten, Kulissen, Hintergründe. Er mußte geradezu zum Freilichttheater verführen. Man bringt mit Baumschnitt Ordnung in die wuchernde Natur, unterwirft sie so dem menschlichen Gedanken und imitiert mit Bäumen und Sträuchern Architektur als Teil von gebauter Natur. „Hecken simulieren Paläste, der Buchs wird zu Statuen geschnitten, die Wege zwischen ihnen behandelt der urbane Besitzer wie Straßen einer Stadt" [7].

Nichts wird dem Zufall überlassen, dem Überfluß und dem unheimlichen, wuchernden Reichtum der Pflanzenwelt. Der Gartenarchitekt domestiziert, urbanisiert die Natur. Der Lorbeer, der Buchs, die Eibe (Taxus), die Steineiche werden bevorzugt, ob ihrer Geduld gegenüber Verstümmelung mit Messer und Schere. Sie sind wie wenige andere Bäume bereit, sich dem Willen des Architekten zu unterwerfen und werden zu Lauben, Tonnenpergeln, Standbildern. Aber auch hier hält sich diese Gartenkunst zurück, bleibt, wie beim Landhaus selbst, alles in verhältnismäßig begrenzten Dimensionen – bis auf wenige Ausnahmen, die das Maß überschreiten. Das ist „die altitalienische Gartenkunst, die französisch heißt, seit sie Versailles schuf, und gipfelt in der das Unmögliche ruhig erzwingenden Einbeziehung der überwältigten Landschaft in die Architektur des künstlichen Gartens um das Haus" [8]. In der Tat haben italienische Gärtner, welche Franz I. nach Frankreich rief, die wundervollen Gärten von Fontainebleau, Boulogne und St. Germain geschaffen, und der an italienischen Vorbildern geschulte Claude Mollet schuf die Parks der Tuilerien, der Schlösser von St. Cloud und Luxembourg.

Wie sehr reduziert aber auch diese Gartenkunst sein kann in der großen Bandbreite der Erscheinung Villa, die von fast schloßartiger Erscheinung bis zur umgebauten „casa colonica" (Zeichn. 8) reichen kann, zeigt ein anderes Zitat von Rudolf Borchardt: „Große augenscheinlich recht geräumige und bequeme Wohnhäuser, in grobem Rasen stehend und nicht zum besten gehalten, mit Ökonomiegebäuden, Nutzanbauten, recht gelb, Stockflecken auf der Tünche, die Steinfassungen verwitternd, der Bewurf rissig, Moos auf den Wegen, nirgends Teppichbeete und überhaupt Farbe, schmucklos nach Art deutscher Gutshöfe. Ist das die Villa? Ja, sie ist es!" Das gilt sicher für die große Überzahl jener Bauten, die für das gesellschaftliche Bild der Villa maßgebend sind. Vor allem die Bemerkung, „nirgends Teppichbeete und überhaupt Farbe", entspricht sicher dem alten Erscheinungsbild der Villa. Selbst Villen, die etwas mehr auf ihren Garten wenden, fallen auf durch Mangel an Blumen, an Farbe. Man hätte sie eigentlich von der Villa des Südens erwartet. Aber der Garten der Villa ist nur grün. Es ist ein Garten für alle Jahreszeiten, der jenseits der Umfriedung in weich abfallende Olivengärten mit Wein und grünen Saaten übergeht.

Für Blumenbeete fehlt in dieser sommertrockenen Landschaft den meisten Villen das Bewässerungswasser. Es ist immer kostbar gewesen und wird für Nutzkulturen verwandt, wenn auch immer in das Idealbild der Villa, aber selten erreicht, „ein laufender Brunnen als Spender der Fröhlichkeit" gehört, wie es ein Humanist des 14. Jahrhunderts schon forderte. Wo einmal Überfluß vorhanden war und der Villenherr – sich tief verschuldend, wie der Herr der Gamberaia – eine Quelle kau-

7   Giulio Carlo Argan e Maurizio Fagiolo, „Premessa all'arte italiana" in Storia d'Italia, Bd. I, Torino 1972 (Einaudi), S. 777
8   R. Borchardt, S. 64

fen konnte und sie in seinen Garten leitete, da war und ist der Ruhm dieser Villa
bei Settignano groß, wegen der Pracht der Blumen und der hübschen Komposition
von steingefaßten Seerosenbecken.

Finden wir in den Villengärten einmal Blumen, so sind sie der Wasserersparnis
wegen in mächtige, reichdekorierte, rote Terracotta-Kübel angepflanzt, welche die
traditionsreiche Keramikindustrie der Toskana seit eh und je liefern konnte. In moderner Zeit hat man sich in der Umgebung von Florenz mit reichem Blumen-
schmuck in den Gärten versucht, den Namen der Stadt, „die Blühende" als Blumen-
stadt mißdeutend. Aber der trockene Sommer des Mittelmeerraumes macht dem in
den Hügellagen um Florenz oft schon im Juni ein Ende. Die 6 000 Rosenstöcke
der Villa Roseto bei Florenz boten jedenfalls im Frühsommer 1973 einen erbar-
menswürdigen Eindruck: Die Blumen verwelkt, die Knospen hängend; so machte
sich die alte Konzeption eines immergrünen Gartens mit Heckenwänden und form-
gerecht geschnittenen Zwergheckchen, grobem Rasen und vielen Kieswegen verständlich.

Im Seicento begann der Brauch der Anpflanzung langer Alleen mit Zypressen
an beiden Flanken, welche schnurgerade hügelab zu den Straßen führen, welche die
Villa noch eindrucksvoller in das Landschaftsbild der Toskana einfügen. Sie enden
vor einem repräsentativen Tor in der Mauer (Bild 2, 20).

Das Casino hat hier im Verband mit Palazzo, Villa und Garten seinen Platz. Das
Casino ist keinesfalls Villa, sondern lediglich Bau der Geselligkeit in den Gärten,
die es noch länger innerhalb der Stadtmauern gab, ehe dieser Raum völlig mit
Wohnbauten ausgefüllt wurde. So sind die meisten verloren gegangen, nur der Name
hat sich in Spielcasino, Offizierscasino und anderen Verbindungen erhalten, allerdings meist mit mehr Recht auf das Objekt als der Name Villa für das moderne
Vorstadthaus. Erhalten ist das Casino des Palazzo Pitti in Florenz, im Boboligarten,
der ja einen der letzten solcher Gärten im Mauerring darstellt.

Diese unmittelbare Verbindung von Palazzo und Casino war nicht die Regel. Die
„orti Oricellari" in Florenz und ihr Casino sind nur noch in Resten erhalten, zeigen aber die räumliche Trennung des Pallazzo Rucellai in der Via Vigna Nuova
von den Gärten, die zum größten Teil der Umbauung des Hauptbahnhofes von Florenz weichen mußten. Das Gebäude dieses Casinos nahm nach dem Tode Lorenzos
(1492) unter der Ägide des Bernardo Rucellai die Platonische Akademie auf, hier
sammelte dieser einen beträchtlichen Teil der in den Wirren um Savonarola geplün-
derten und zerstreuten Kunstwerke aus den Palazzi und Gärten der Medici. Hier
im Casino der Familie Rucellai las Macchiavelli den versammelten Humanisten sein
Werk über die Kriegskunst vor. Auch das Casino Medici an der Piazza San Marco
lag erheblich vom Palast der Medici entfernt. Das Casino entsprach wohl einem
Naturbedürfnis, das draußen im Leben in der Villa neu geweckt worden war. Man
suchte es auch innerhalb der Mauern der Stadt zu befriedigen.

Villa und Garten haben zusammen mit Casino entscheidend das nördlich der
Alpen gültige Bild Italiens geformt, als europäische Adelige seit dem 17. Jahrhundert auf ihren Kavaliersreisen auch Italien besuchten, als die Dichterreisen des 18.
Jahrhunderts und die der Maler im 19. Jahrhundert Teil unserer Kulturgeschichte
wurden. Eichendorffs Novelle „Das Marmorbild" zeugt davon. Aber „das Italien
unserer Ahnen ist, wie man weiß, seit die Eisenbahnen es für den Verkehr erschlossen haben, eines der unbekanntesten Länder Europa's geworden", so beginnt
Rudolf Borchardt seinen berühmten Essay „Villa". Man könnte hinzufügen: erst

recht seitdem es Autobahnen gibt. Der Reisende, einst zu Fuß wie Gottfried Seu-
me, wie Wilhelm Waiblinger, oder im „Vetturin", in der Postkutsche, wie Goethe
ist zum Tourist geworden, der möglichst schnell, „klassisch" rund um Italien will
oder in den „pauschal" eingehandelten Platz, in dem nicht nur sein Auto, sondern auch er selbst mit Vollpension geparkt wird. Wie das Land, so ist auch die
Villa nahezu unbekannt geblieben. Selbst der faszinierende Essay Borchardt's hat
daran nichts ändern können. Ihrer hat sich die Kunstgeschichte angenommen, —
aber nur ihrer Spitzen. Die Länderkunde hat sie bisher übersehen.

Die „coltura mista" gehört zu den Idealtyp prägenden Elementen der Agrarwirtschaft, die von der Villa ausgehen. Sie ist eine in strenge traditionelle Formen ge-
bundene Mischkultur und grundsätzlich von anderen loseren Erscheinungen der
Mischung von Kulturarten zu unterscheiden. Reihen von Bäumen, 10 — 12 m aus-
einander, meist Oliven, aber auch von Maulbeerbäumen, Obstbäumen oder auch
Brennholz liefernden Ulmen, Ahornbäumen und anderen begrenzen schmale Ar-
beitsparzellen für die einjährigen Bodenkulturen, die sogenannten „mescoli". In
einem mittleren Stockwerk schlingt sich der Wein von Baum zu Baum (Bild 8, 9).
   „Durch die geradlinige Ausrichtung der Baum-, Rebenreihen, ihre regel-
   mäßigen Abstände voneinander und das trotz aller Vielfalt sehr geordnete
   Nebeneinander von Holzgewächsen und Ackerfrüchten auf einer Parzelle
   erweckt diese Kulturart auch äußerlich den Eindruck eines planvollen
   Musters der Landnutzung. Damit unterscheidet sich die „coltura mista"
   in der Regel sehr eindrucksvoll von anderen Formen eines vermischten
   Anbaues oder anderer Kombinationen von Holzgewächsen und Ackerfruch-
   ten (z.B. Streuobstkulturen im Ackerland oder ausgesprochenen Gartenkul-
   turen)." [8a]
Die Beanspruchung fast jeden brauchbaren Bodens durch Intensivkulturen führte
zu einem immer beklagten Mangel an Futterpflanzen, an Dauerwiesen und Weiden.
Im Fruchtwechsel der „mescoli": Weizen, Mais, Hackfrüchte, Hülsenfrüchte, Gemüse war für ausreichende Viehnahrung nur wenig Platz. Immer schon war der Fou-
ragebedarf ein Problem. Aber hier sagt der toskanische Bauer: „Tenendo i prati su
gli alberi!" (Ich spanne die Wiesen über die Bäume). In der Tat gibt schon der
häufige Schnitt der Rebe ausgiebig Grünfutter her, und der Weinstock ist in der
Sprache des Landes „una vite maritata". „Verehelicht" mit dem Tragebaum, wird
die Rebe linienhaft von ihm gehalten. Der Rebschnitt gibt immer einen guten Ertrag aus der „Wiese über den Bäumen" für Ziegen und Schafe, wie auch der Schnitt
der Tragebäume, die zugleich auch dem Brenn- und Werkholzbedarf dienen. Aber:
„Chi lo beve, non lo mangia!", („Wer da trinkt, ißt nicht") sagt ein toskanisches
Sprichwort, weil es in Rebmischkultur nur bescheidenen Körnerertrag gibt.
Die „coltura mista" ist eine uralt überlieferte Agrarform:
   „Quid faciat laetas segetes, quo sidere terram vertere Maecenas, ulmisque
   adiungere vites . . ."
   (Was zum Gedeihen der Saat beiträgt, bei welchen Gestirnen umzupflügen
   das Land, wann an Ulmen zu binden die Rebe richtig sei, Maecenas . . .) [9]

8a   Hans Becker, „Das Land zwischen Etsch und Piave als Begegnungsraum von Deutschen,
     Ladinern und Italienern in den Ostalpen." Kölner Geograph. Arbeiten, Köln, 1974, S. 115
9   Vergii, „Georgica", vom Landbau, lateinisch und deutsch, München 1970, S. 31

Von Tradition und Geschlechterfolgen klingt auch das Wort des italienischen Bauern „Den Ölbaum hast Du vom Großvater, den Maulbeerbaum vom Vater, den Weinstock pflanze selbst." Der Ölbaum trägt erst nach zwanzig, dreißig Jahren nennenswerte Ernten; der Maulbeerbaum, einst von großer Bedeutung in der Toskana, ist jetzt allerdings der Konkurrenz ausländischer Seide erlegen, anders als in Venezien, wo die Seidenraupenzucht in der Nachkriegszeit wieder auflebte; der Weinstock kommt schnell in Ertrag und muß nach drei Jahrzehnten wieder gerodet werden.

So entstand in viel tausendfacher systematischer Wiederholung ein agrarisches Landschaftsbild von äußerster Intensität der Bewirtschaftung, straffer Ordnung und zierlich stilisiert erscheinender Künstlichkeit (Bild 20, 21). Es mag wesentlich zur Vorstellung der „geistreichen Landschaft" der Toskana Karl Scheffler's [10] beigetragen haben. Die Schriftsteller haben nach Worten gesucht, die einzigartige Landschaft zu beschreiben. Man nannte sie eine humanisierte oder eine intellectuelle Landschaft. Nun, insofern in der Polarität von Stadt und Land die Stadt den Geist, den Intellekt vertritt und das Land für Natur und Leben steht, insofern meinen diese oft hilflosen Versuche, der einzigartigen Erfahrungen mittel- und norditalienischer Landschaften durch das Wort Herr zu werden, das Richtige. Die Stadt ergriff restlos Besitz von ihrem bäuerlichen Umland. Die Polarität der beiden ist aufgehoben. Hinter beiden steht das landschaftliche Gesetz, das Lehmann im vorstehenden Aufsatz sah: „das rein Zweckmäßige erscheint als Kunst, die keinen Gegensatz zur Natur, sondern deren Fortsetzung bedeutet." [11]

Viele Einzelhöfe, „case sparse", sind die dritte Gruppe der sehr augenfälligen Elemente des Idealtyps toskanischer Landschaft. Ob man vom Gartenbalkon der Villa Gamberaia bei Settignano aus ins obere Arnotal sieht oder vom römischen Theater in Fiesole nach Norden ins Mugnone Tal, vom Kastell von Arezzo (Bild 19, 20) gegen die Catenaia oder den Prato Magno und in das obere Arnotal, von Montalcino hinaus in die Crete oder von Volterra über die Balze hinweg, – so weit auch unser Auge reicht, – immer antworten auf die über Kuppen und sanften Hängen zerstreuten Villen mit ihren Baumgruppen und Kunstgärten die derb rustikalen, steinernen Einzelhöfe der Landbevölkerung (Kt. 2). Es gibt Gemeinden, die bestehen zu 100 % aus Einzelhöfen: Wie etwa Capannori, das in späterer Zeit aus der Gemeinde Lucca, herausgelöst wurde. Sie hat deshalb keinen dicht besiedelten Kern, und ihr Gemeindeamt liegt in der Stadt Lucca, der „Città" der einstigen freien Comune.

Im Jahre 1910 in noch nahezu ungestörten Verhältnissen von Tradition und Wirtschaft, lange vor der dann folgenden Industrialisierung, lebten in Einzelhöfen: 57,9 % der Gesamtbevölkerung der Provinz Florenz, 65,9 % der Provinz Arezzo, 54,1 % der Provinz Siena, 61,2 % der Provinz Lucca und 38,9 % der Provinz Pisa. Das sind Zahlen zur Verbreitung des Einzelhofes, wie sie in keinem deutschen Einzelsiedlungsgebiet erreicht werden, besonders wenn man bedenkt, daß diese hier aus der Toskana die Bewohner der Städte einschließen. Selbst in Gemeinden von 40 000 – 100 000 Einwohnern mit ausgesprochen städtischem Kern lebten damals

---

10   Karl Scheffler, „Italien, Tagebuch einer Reise" Leipzig 1913, S. 214
11   Herbert Lehmann, „Toskanische Landschaft" s.o. Ähnlich Karl Scheffler (Anm. 10) „Ein
      ganzer Komplex von Kräften hat an dieser Natur gearbeitet" so „harmonisch, daß Gottes-
      und Menschenwerk vollkommen zusammengewachsen sind."

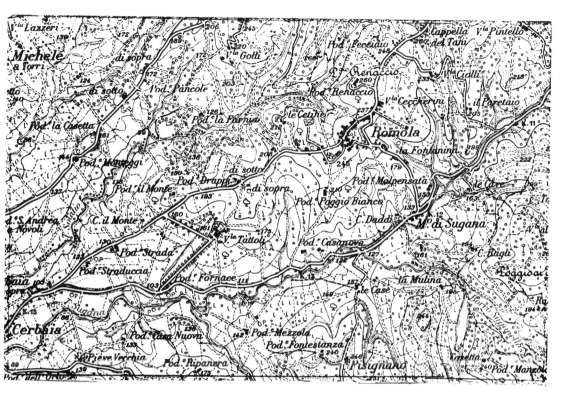

Karte 2. Ausschnitt aus der Carta d'Italia 1 : 25 000, Blatt Romola.
Der Ausschnitt umfaßt etwa 9 qkm, seine Nordostecke ist etwa 10 km vom Zentrum von Florenz (Ponte Vecchio) entfernt. In der Mitte Villa Tattoli, mit der Hauptstraße durch eine Zypressenallee verbunden. Die Karte zeigt den Schwarm von Poderi, Halbpachtbetrieben in Einzelhoflage, welche die Villa umgeben, einen Idealtyp toskanischer, urbanisierter Landschaft.

45 – 55 % der Einwohner in Einzelhöfen (Abb. 1, S. 34). [12] Das ist erstaunlich bei einem in seiner Gesamtheit sonst so urbanen Volke, wie es die Italiener sind. [13]

   Die zum Villenbesitz gehörende „casa colonica" ist fast immer ein sehr großes Haus, der Größe der Arbeitsfamilie entsprechend, welche hier die Regel ist. Aus dem Jahre 1770 gibt es eine Beschreibung „delle case dei contadini" von Ferdinando Morozzo, einem angesehenen Mitglied der Accademia dei Georgofili zu Florenz, einer der ersten Landwirtschaftsakademien Europas.

   „Ein Podere im Gebirge, welches dem Padrone in Weizen, Wein, Öl, Kastanien, an Kühen, Schafen und Schweinen Ertrag bringen soll, braucht

12   F. Dörrenhaus, Wo der Norden dem Süden begegnet: Südtirol, Bozen 1959, Diagramm
     S. 251
13   Storia d'Italia, Turin 1972. Der erste Band mit dem Titel „I caratteri originale" ist dem, was
     immer war und bleibt, gewidmet. Er zeigt, wie sehr sich Italiener der Urbanität ihres Wesens
     bewußt sind. Er betont in allen Möglichkeiten, daß der Charakter von Volk und Land urban
     sei. Urbanität ist hier der Hintergrund, vor dem sich alle italienische Geschichte abspielt, der
     Boden aller geographischen Erscheinungen. Ohne Stadt keine Kultur in Italien.

für die Viehhaltung und das zu bearbeitende Land eine Familie von etwa 12 – 14 Personen im Ganzen. Es braucht ein Haus, welches alle Requisiten aufnehmen kann, welche die vorgenannten Personen benötigen.
Das heißt zu ebener Erde:
Gute Treppen, bequem und hell. Es braucht eine weite Umzäunung oder einen ummauerten Hof ringsum. Einen Brunnen oder eine Zisterne mit reichlich gutem und frischen Wasser. Einen Backofen für Brot aus drei Scheffel Mehl. Einen Raum für den Webstuhl der Frauen, einen für die Werkzeuge der Männer, einen für die Körbe und Kiepen, Horden zum Trocknen, Sättel und anderes Gerät des Bauern. Viele Ställe für die verschiedenen Viehhaltungen. Mehrere Keller. Eine Miete, einen Weinkeller, einen Faßkeller. Einen Käsekeller und einen Raum zur Butterbereitung.· Einen Trockenraum für die Kastanien und einen Aufbewahrungsraum für die Eicheln. Einen Schuppen, einen Heuboden. Eine Überdachung für die Karren und Schleifen, eine andere für die Lohe. Einen Hühnerstall, eine Dreschtenne.
Im ersten und obersten Stock:
Eine große Küche zum Einnehmen der Mahlzeiten für die ganze Familie, welche man gewöhnlich das Haus nennt. Viele Zimmer mit zwei Betten, je nach der Zahl der Familienmitglieder. Einen Getreidespeicher für den Ernteanteil des Bauern. Einen Raum über der Küche zum Ausbreiten der Oliven mit einer einfachen Stellage. Einen Söller oder eine Loggia oder eine gedeckte Terrasse für alle Arbeiten, welche man während des Regens ausführt. Einen Raum oben oder zu ebener Erde für den Padrone nach Art eines Lagerraumes. Einen Taubenschlag. Das sind die wichtigsten Erfordernisse, die in einem Podere im Gebirge erfüllt werden müssen." [14]

Das Haus, die „casa colonica", ist immer ein Steinbau aus Bruchstein, oder in den Beckenlandschaften und in den Crete und Balze aus Ziegeln, oft mit vielen nachträglichen Zubauten, die sich scheinbar regellos, wie die Kristalle einer Druse, an allen Flächen des zentralen Baues kubisch ansetzen. Es entstehen so abenteuerliche, malerische Formen (Bild 14, Zeichn. 15), die den alten Haustyp durchaus nicht immer sofort erkennen lassen: ein rechteckiges, zweistöckiges Haus mit flachem Satteldach, mit Tonziegeln (Mönch und Nonne) gedeckt, Wirtschaftsräume, Ställe unten, Freitreppe oft außen in die Wohnräume des ersten Stockes führend (Bild 15). Sehr oft kommen auch mächtige quadratische Bauten, zwei oder dreistöckig, vor, ebenfalls Einhäuser, mit Außentreppe zum oberen Stockwerk mit den Wohnräumen. [14a]

In der Toskana urbana fällt jedoch ein besonderer Typ von „casa colonica" auf. Er ist, das erkennt man sofort, ein intelligent geplanter Bau, dessen Entwurf auch ästhetische Ansprüche stellte. Er rührt auch unmittelbar unser Schönheitsempfinden an und unsere Menschlichkeit, wie etwa ein Schwarzwald- oder Niedersachsenhaus. Diese Bauernhäuser sind mächtige zweistöckige Kuben, innen hinter dem prächtigen Bogeneingang, -- die Mitte einer Seite des Würfels ausfüllend, — ein weiter großer Raum, in Niederdeutschland würde man sagen „die Tenne". Aus dem nicht sehr

14   Gino Canessa, „Guida del Chianti" Florenz 1969, Bd. 3, S. 97
14a   Renato Biasutti, La casa rurale nella Toscana, Bologna 1938

steilen Kegeldach steigt ein gedrungener Taubenturm, der in der Mitte dann das Kegeldach zur Spitze fortführt (Zeichn. 4, Bild 16–18). Auch hier liegen Wirtschaftsräume, Ställe um den Saal unten.

Zeichn. 4.   Poderi Marangole, Poggiarino und Mondeggi

Von hier her, seltener von außen, führt die Treppe zur Loggia. (Letztere ist heute leider meist zugebaut, um einen zusätzlichen Raum zu gewinnen, wie die meisten Loggien in der Stadt, selbst am Palazzo Medici-Riccardi in Florenz). Wieder leiten dort oben schöne Bögen zur Wohnung. „Man kann sagen, daß die Bauart, welche solide und praktisch ist und einem bemerkenswerten Sinn für Harmonie und Ästhetik entspricht, als Modell die Mediceischen Villen habe, auch wenn diese viel reicher und vielfältiger waren. Es ist der Stil Buontalentis." [15] In der Tat hat man in seiner Nachfolge und von ihm selbst, der das Wesen des Landes so sehr erfaßte wie sonst keiner, Villen in großen Ausmaßen wie Artimino auf dem Monte Albano, – eher Schloß zu nennen, da der Bauherr ein Großherzog war – aber auch viele kleine in jener maßvoll stillen, schlicht toskanischen Art, die Buontalenti so sehr lag. Unter ihnen manche, welche rein baulich betrachtet mit ihrem Taubenturm, die Grenze zwischen Villa und „casa colonica" nicht gerade leicht erkennbar machen (Bild 7).

Vielleicht waren schon immer solche „case coloniche" vorhanden, in denen das Urbild einer Buontalenti'schen Villa verborgen war. Aber als Peter Leopold von Habsburg-Lothringen (1765–92), der spätere Kaiser Leopold II, reformfreudig gleich zu Beginn seiner Regierung an die Hebung des Bauernstandes ging, wurde diese im Grunde von Buontalenti stammende Bauidee zu einem Bauernhaustyp der Toskana, der uns die enge Verbindung von Agrarwirtschaft, Villa und Stadt vor Augen führt.

15   G. Canessa 1969, S. 98

Die enge Verbindung von Stadt und Land spricht sich auch darin aus, wie wir die Vokabel „Bauer" ins Italienische übersetzen müssen: „contadino". Der Bauer wird als Bewohner des ländlichen Areals des Stadtstaates eben des „contado" so genannt. Wie denn auch in der Tat der Mezzadro, der sozial tonangebende Landwirt im Stadtstaat, der Vorstellung dessen, was wir Bauer nennen, am nächsten kommt. Diese Bezeichnung des Bauern als Bürger der Stadt, macht zugleich auch eine Aussage über das idealtypische Wesen der Comune aus. Darum ist in unserer Darstellung auch die italienische Schreibweise, also statt Kommune „Comune" angewandt. Die italienischen und deutschen Begriffe und Vorstellungen von Gemeinde und Comune decken sich nicht völlig.

Auffallend ist die große Verbreitung des Taubenturmes in Villa und Casa colonica (Bild 4, 5, Zeichn. 4, 5, 6). Gewiß ist die Taubenhaltung als zusätzliche Lieferantin von Fleischnahrung wichtig, wichtiger die „Ernte" von sehr stickstoffreichem Dünger. Doch erst die Verwendung des Taubenmistes als wertvolles Beizmittel in der Gerberei erklärt die so starke Verbreitung der Taubentürme, deren sich auch die Villen nicht schämen. Die Herstellung feiner Lederwaren ist in fast allen toskanischen Städten ein wichtiges Glied der Wirtschaft. (Welcher Besucher von Florenz hätte sich nicht schon auf dem Mercato Nuovo, vor San Lorenzo, in Sta. Croce ein Paar Handschuhe, eine Brieftasche oder eine Handtasche eingehandelt!) So ist verständlich, daß die Tauben, die „torraioli", früher dem Padrone allein gehörten.

Was uns ergriff, begreifen!

Der übereinstimmende Landschaftsstil, der Einklang, die Symmetrie von Land, Villa und Stadt, Palazzo, im Raum der ehemals freien Comunen imponiert, ergreift unseren Schönheitssinn, fordert unsern Geist heraus, nun auch zu begreifen und dann zu erklären, was wir sehen. Dieser Stil ist auch dort bestimmend, wo nach üblichen geographischen Vorstellungen jenes städtische Leitbild von Villen, Halbpächtern, Einzelhöfen, Mischkultur und eigenständiger Sozialordnung seine Schwierigkeiten in der Überwindung der natürlichen Bedingungen haben müßte.

Aber dieser Landschaftsstil ist ganz und gar nicht labil. Er ist stabil auch unter völlig andern Verhältnissen naturgeographischer Art. Das beginnt etwa dort, wo in Beckenlandschaften ebene, schwere Böden Pfluggespanne von 4 Ochsen erfordern und deshalb der Abstand zwischen den Baumreihen zu eng ist, weil die Bodenbearbeitung mehr Platz braucht als dort, wo man mit Maultieren oder einem Ochsen in „dry farming" den Hakenpflug durch den Boden ritzt, oder der Bauer gar nur mit der Hacke arbeitet. Hier paßt sich die Mischkultur an und die Arbeitsparzelle ist nicht 10 oder 12 m breit, sondern 80 bis 100 m (Bild 9). Entscheidendes über die Macht des Idealtyps von Soziallandschaft der Toskana urbana sagt das Agrarbild in den schweren rutschigen Tonböden der Crete Senese oder der Balze von Volterra aus. Diese rutschigen Tonböden erlauben keine Baumkultur. Hier gibt es reine Getreide-, vorwiegend Weizenbaubetriebe. Für kleine und mittlere Höfe ist das eine einmalige Erscheinung in Italien, das den reinen Weizenbau in solchen in Italien nicht seltenen Tonböden nur im Latifundium kennt, das auf Tagelöhner oder den Quotallohnarbeiter (Teilpacht) angewiesen ist. In der Toskana urbana im Bereich der Städte Siena, Volterra bleibt auch unter solchen erschwerenden Grundbedingungen die Verfassung der toskanischen Landschaft gewahrt: Villa, Halbpacht und Einzelhof. Lediglich ein Element des komplexen Wirkungszusammenhanges —

die Mischkultur – mußte gegen Spezialkultur ausgetauscht werden. Die im historischen Raum erworbenen sozialen Prägungen siegten über die naturräumlich bedingten Erschwerungen.

Es sei unbeschritten: vom Ausgang allen geographischen Suchens her, von der direkten Beobachtung des Sichtbaren erscheinen die Crete als völlig anderes Land, ausgezeichnet durch weite baumlose Weizen-, Gerste-, Haferfelder, auffallend durch kahle runde, in vielen Einrissen weißgrau leuchtende, tonige Kuppen. (Die weiße

Zeichn. 5.   Villa Francesca

Farbe verleitet Reiseführer, Schriftsteller, Bildbände immer wieder, Crete mit Kreide zu übersetzen. (Crete ist auf deutsch Ton!) Die Crete Senese und die Balze di Volterra sind ein nahezu baumloses Land mit auffallend wenig Bevölkerung. Einer nur vom Sichtbaren, von den natürlichen und morphologischen Bedingungen ausgehenden, sozusagen materialistischen Geographieauffassung erscheint das als neue, als andere Landschaft. (Lehmann o.S. 5)

Dem Kulturgeographen dagegen, welcher einem Lande in die Eingeweide zu sehen gewohnt ist und um den Widerpart dieser materiellen Kräfte weiß zum Humanen, zum Geist und Willen, zur ethnischen Psyche und ihrer Differenziertheit, zur Macht der Geschichte des Sozialen, sieht auch hier dieselbe Verfassung einer urbanisierten Landschaft: Villen im Besitz von Städtern, die in Siena, Montepulciano, Volterra oder Montalcino wohnen mögen. Er erkennt, wie auch in den Crete und Balze sich dieselbe Sozialstruktur der einstigen Stadtstaaten durchgesetzt hat. Daß ein einziges fehlendes Element, hier die Mischkultur mit ihren Bäumen und Rebstöcken, nicht schon den Idealtyp solcher Soziallandschaft aufheben kann, besagt schon die Definition des Idealtypes, wie sie uns Max Weber gab [16]. Die Zugehörigkeit der Crete Senese zur Toskana urbana ist unbestreitbar. Das reiche Vorkommen von Villen selbst in dieser Teillandschaft, die uns aufs erste so wenig ein-

16   Max Weber „Die Objektivität sozialwissenschaftlicher und sozialpolitischer Erkenntnis" in
       Gesammelte Aufsätze zur Wissenschaftslehre. Tübingen 1922, S. 191f.

ladend erscheint, weist zugleich auch auf die Vorhand des Wirtschaftlichen im Wesen der Villa. Auch hier gibt also die Villa die städtischen Leitbilder zu den Poderi und zur Agrarlandschaft weiter. Die Naturgegebenheiten bedingen eine interessante Variante der Toskana urbana aber nicht die Aufhebung ihrer inneren Ordnung.

Eine übereinstimmende politische, soziale und wirtschaftliche Ordnung im Innern entspricht konsequent dieser landschaftlichen Stilisierung und zwar über den ganzen Raum der ehemaligen freien Comunen. Das gilt abermals auch für die Crete Senese und die Balze di Volterra. Mit ihr stimmen überein die seit eh großen Gemeinden und vieles an andern immer wiederkehrenden Lösungen. Zum Verständnis der Einheitlichkeit aller politischen, auch gesellschaftlichen Lebensformen und landschaftlichen Erscheinungen über viele naturlandschaftlich andersartige Räume hinweg bei politischer Vielfalt muß eine einzigartige Institution in allen Stadtstaaten herangezogen werden: Das Amt des Podestà. Zur Überwindung innerer Schwierigkeiten, der wilden Kämpfe, wie sie sich im Mittelalter oft in den Straßen der Städte zwischen den Parteien, Familien abspielten und die Wirtschaft bis an den Rand des Ruins bringen konnten – noch heute stehen die Zeugen dieser Bürgerkämpfe: die Wehrtürme – wählten der „popolo grasso" und der „popolo minuto" in einem komplizierten Wahlverfahren den Podestà, wie man im alten Rom den Diktator in Notzeiten wählte. In Florenz erscheint 1189 zum ersten Mal ein Podestà. „Der Podestat wird 1207 die Form der Verfassung" [17]. Der Podestà hatte sozusagen die ausübende Gewalt. Das Mißtrauen unter den herrschenden mächtigen Familien und ihrer Klientel unter der Bürgerschaft gestattete nicht, eine Persönlichkeit aus der Stadt zu nehmen. So wählte man denn einen Auswärtigen, der mit niemandem in der Stadt befreundet oder verwandt sein durfte. Mißtrauisch, wie man war, wählte man ihn nur auf kurze Zeit, meist auf ein Jahr, selten auf drei oder fünf Jahre. Podestà wurde ein Beruf für den sonst wirtschaftlich und politisch so sehr entmachteten Adel. Angehörige der früheren Feudalität zogen mit einem Notar, zwei Schreibern, einigen Bewaffneten von Stadt zu Stadt, um dort jeweils für einige Zeit dieses hohe, souveräne Amt zu übernehmen. Sie brachten aber nicht nur ihre juristischen Kenntnisse und im Laufe der Zeit erworbene verwaltungsrechnische Erfahrungen mit. Sie lernten in jedem Amt, das sie übernahmen, Neues dazu und brachten es in der nächsten Stadt zur Geltung. Von ihnen lernten die Bürger der Stadt die großen und kleinen Vorzüge und Nachteile des jeweils örtlichen Brauches kennen, übertrugen, kombinierten und paßten an. So glichen sich die Gepflogenheiten aneinander an. Es kommt zu dieser erstaunlichen Stilisierung der Landschaft, zur tiefgehenden Künstlichkeit der geographischen Erscheinung aus dem städtischen Intellekt. Die großen Familien der Stadt, die Villenbesitzer, saßen im Rat in der Verwaltung und erfuhren aus erster Hand von den Neuerungen, die sie dann über ihre Villen aufs Land übertrugen.

„Die Umwandlung des Kastells des Magnaten in die milde wehrlose Villa" ist der landschaftliche Niederschlag des universalhistorischen Vorganges, als im Kampf zwischen den Städten und dem Kaiser mit seinen Rittern (u. a. auch um die roncalischen Beschlüsse, um die Regalien) die Feudalorganisation des Reiches zerschlagen wurde (12.–13. Jhdt). Der Feudaladel, von den Bürgern unter Verlust seiner feudalen und territorialen Rechtstitel in die Stadt gezwungen, wurde aus der gen-

---

17   Edith Ennen, „Die europäische Stadt des Mittelalters" Göttingen 1972, S. 185

tilen Personalverfassung des Reiches ausgegliedert und in die Territorialverfassung
der Polis-ähnlichen Comunen integriert. Hier verschmolz der Adel mit dem Patriziat zu den nun in den Städten führenden signorilen Familien. Aus allen Stadien
dieser Entwicklung sind Villen erhalten: umfunktionierte Burgen und Kastelle,
durch den Umbau jener entstandene Villen (z. B. Villa Bibbiani in der Gola Golfolina), Neubauten von der Gotik an bis ins 17. und 18. Jahrhundert hinein. Das
Erscheinungsbild der Villa ist breit aufgefächert.

Zeichn. 6.   Casa colonica

   Das Ergebnis des Kampfes der Städte mit Kaiser und Reich im 12. und 13.
Jahrhundert war die Inbesitznahme des Territoriums der Feudalität durch die Comunen und deren Befreiung aus der Grafschaftsordnung, welche die Franken dem
Lande auferlegt hatten und die bis dahin gültig geblieben war. An die Stelle der
zersplitterten Herrschaftsbereiche der Vertreter der Reichsfeudalität traten nun die
großen Contadi, die Gemeindeareale der Städte. Ihr Name „contado" verrät ihre
Herkunft aus den Grafschaften des ehemals fränkischen Feudalreiches. Die Städte
mit ihren großen Gemeindegebieten wurden Staaten, unabhängig, und fühlten sich
kaum noch von der kaiserlichen Oberhoheit gebunden. Die Territorien wurden nicht
nur politisch Besitz der Comunen, sondern gerieten auch privatrechtlich unter Auflösung aller öffentlich-rechtlichen Feudalbindungen in den Besitz der Bürger hinter
den Mauern. So gehörten zum Beispiel schon zu Beginn des 14. Jahrhunderts 84 %
des Gemeindeareals von San Gimignano zum Privatbesitz der Bürger [18]. Das bedeutet, daß es damals schon keinen ländlichen Eigentümer von landwirtschaftlich
genutztem Grund gab; denn der Rest war Allmende, Kirchenbesitz und dergleichen.
Die Stadtstaaten und die aus ihnen hervorgegangenen oder von ihren Leitbildern
her organisierten heutigen Gemeinden haben immer Territorien oft bis zur Größenordnung preußischer Landkreise gehabt und haben sie heute noch.
   Die Einfügung des Adels vollzog sich eigentlich ziemlich schnell. Besonders die
innere Zerrissenheit der Feudalität in eine große Gruppe von Kleinadel und eine

18   Daniel Wayley, „Die Italienischen Stadtstaaten" München 1969, S. 28

mächtige der Magnaten war dem Vorhaben der Städte günstig. Die Aufsplitterung des Adels und seines Besitzes schritt schnell fort. Darum wuchs die Zahl der Feudalburgen auf ein und demselben Territorium sehr rasch. So gab es deren auf dem Gebiet zwischen Florenz und Fiesole im 11. Jahrhundert 52, in dem darauffolgenden 130, die Zahl wuchs auf 205 im 13. Jahrhundert [19]. Zwischen ihre Besitzungen schoben sich schon die ersten Güter des Patriziates der Stadt. Ohnehin im Widerstand gegen den großen Adel stehend, waren die Interessen des Kleinadels mehr denen der Bürger in der Stadt konform als denen der Herren auf den höheren Stufen der Feudalhierarchie. Dieser Kleinadel fügte sich daher ziemlich widerstandslos in die soziale und wirtschaftliche Struktur der Städte. Auch er baute seine Palazzi in der Stadt, trieb Gewerbe, Handel wie die Mitglieder der bürgerlichen Oberschicht, und wie sie intensivierte er seine landwirtschaftlichen Betriebe baute er seine Villen in den Contadi oder machte aus seinen Burgen Villen. Sicher die für die Zukunft wichtigste Folge der Herauslösung des Contado der Städte aus dem Feudalsystem war die Befreiung seiner landwirtschaftlichen Gründe von allen Feudallasten, Servituten. Sie machte die Wege frei zur Anlage der Villa und ihrer Fattoria, zur Intensivierung der Agrarwirtschaft, zur Ausbreitung der Baumkulturen.

Bis dahin gab nur „campi aperti", offene Felder, die mit Weiderechten belastet waren. Diese hinderten jede Fortentwicklung. Diese Weiderechte sind verständlich, wenn wir uns erinnern, was ein Feudum, das an einen Gefolgsmann nach fränkischem Lehnsrecht übertragen wurde, nun eigentlich ist. Das Wort „feudum" (fehu = Vieh, od = Gut) heißt Viehbesitz [20]. Otto Hintze, der in diesen Fragen maßgebliche deutsche Historiker, sagt dazu: „Er (der Name feudum) weist in eine Zeit zurück, wo die Hauptnutzung eines Grundstückes noch in der Viehzucht bestand, nicht zugleich auch im Ackerbau". „Dem Inhaber steht nur das Eigentum an dem darauf gehaltenen Vieh zu, nicht aber an dem Grundstück selbst" [21]. Erst die Abschaffung dieser Weiderechte durch die Comunen machte das volle Eigentum an Grund und Boden möglich und führte zu den „campi chiusi", den geschlossenen Feldern, ohne Belastung durch Weiderechte, die eingezäunt werden konnten und mit Bäumen und Reben bepflanzt wurden. So wurde der Weg frei zu der wertvollen, intensiven „coltura mista". Diese Weiderechte waren und sind noch zum Teil in Süditalien, wo die Landaristokratie normannischer oder spanischer Herkunft ähnliches dem Lande auferlegt hatte, die schwersten Hindernisse zu einer besseren Nutzung des Bodens. In der Maremma, eine toskanische Landschaft, die spät in den Besitz der freien Comunen kam und die historisch, sozial und wirtschaftlich, noch fast alle Züge des Mezzogiorno im Landschaftsbild hat, wurden erst von Peter Leopold, dem habsburgisch-lothringischen Großherzog (1765–1792), das Verbot Bäume zu pflanzen und Zäune um die Grundstücke zu ziehen, aufgehoben [22].

Die comunale Bewegung des 12. und 13. Jahrhunderts hatte die Städte in den Besitz weiter Ländereien gebracht. Die großen Familienfirmen der Metall-, Woll-, Leder-, Seiden- und Baumwollindustrie und des Handels hatten nunmehr auch einen starken landwirtschaftlichen Zweig. Von der Villa aus nahmen diese Unternehmen ihre landwirtschaftlichen Interessen wahr. „Quantitative Problematik bot auch die mittelalterliche Stadt: die Versorgung einer Agglomeration von mehr als 30 000

19   Emilio Sereni „Storia del paessaggio agrario italiano", Bari 1962, S. 86
20   François Louis Ganshof, „Was ist das Lehnswesen?" Darmstadt 1961, S. XIII
21   Otto Hintze 1970, S. 17f.
22   Alfred von Reumont, „Geschichte der Toskana", 2 Bde, Gotha 1877, Bd. 2, S. 127

Menschen mit lebensnotwendigen Gütern war damals offensichtlich ein Problem"
[23]. Seiner Lösung waren die Stadtstaaten mit dem Erwerb des Contado ein er-
hebliches Stück näher gekommen.

Die Rationalisierung von Wirtschaftsform und Siedlungsart im Umland, das nunmehr in Privatbesitz war, war der zweite entscheidende Schritt. Zusammen mit der
Mezzadria, der sogenannten Halbpacht, wurde die „coltura mista" nach und nach
eingeführt, weil sie eine Vielzahl von Produkten erzeugt, so wie es städtischen Selbst-
versorgungsbedürfnissen entsprach [24]. Sie war zugleich auch eine Versicherung
gegen Mißernten in einer Anbaufrucht. Dem entsprach weiterhin eine Rationalisierung der Siedlungsweise: Einzelhöfe statt Dörfer. Letztere wurden weitgehend ausgezehrt, aufgelöst. So bekam man auch Arbeitskräfte frei, deren man in den städtischen Gewerben und Industrien bedurfte.

Die Einzelhöfe der Toskana haben einen anderen Sinn als die meisten unserer
Einzelhoflandschaften. Unsere sind – vor allem die fast gleichzeitigen im Gebirge –
Ausbaulandschaften; von weiter bestehenden Dörfern ausgehend, wurde gerodet und
bisher unbesiedelter Raum mit Einzelhöfen besetzt, wurden neue Weidegründe und
neues Ackerland gewonnen. Die toskanische Landschaft der „case sparse" dagegen
ist eine Umbaulandschaft, das heißt die alten Dörfer wurden ausgezehrt durch den
Auszug der Bauern in die Stadt, den diese auslöste und förderte. Die restlichen
Bauern gingen in die Einzelhöfe. Im ehemaligen Dorf blieben Handwerker und
Landarbeiter. Der Bestand an landwirtschaftlich genutztem Land blieb im wesentlichen zunächst unverändert; er wurde später bis ins 19. Jahrhundert kontinuierlich
ausgedehnt. Die Toskana urbana ist eine Einzelhoflandschaft ohne Dorf, ohne Landgemeinde (Abb. 1). Der Siedlungsumbau hatte eine Bevölkerungsverminderung auf
dem Lande zur Folge. Von ihr ist manchmal die Rede. Sie wird jedoch meist falsch
gedeutet.

Wenn zum Beispiel Florenz 1198 auf einer Fläche von 105 ha 20 000 Einwohner hatte und 1280 über 50 000 [25], so ist die kurzfristige Steigerung der Bevöl-
kerungszahl auf das Zweieinhalbfache der geplanten Zuwanderung vom Lande und
der Verringerung seiner Bevölkerungsdichte auf das von der Rationalisierung geforderte Maß zuzuschreiben, keinesfalls dem natürlichen Zuwachs der Stadtbewohner.
Anders ist die alpine Einzelhofsiedlung. Sie trug der Vermehrung des Landvolkes
Rechnung.

Die Grundstücke der neuen Einzelhöfe lagen rund um die „case coloniche". Die
Gemenglage der Grundstücke bisher, welche dem Besitzer viele Probleme aufgab,
u. a. viele und weite Arbeitswege, Flurzwang und anderes, wurde ersetzt durch den
geschlossenen Besitzblock um die „casa colonica". Beide zusammen bilden das
„podere". In einem großzügigen und radikalen Umlegungsverfahren wurde im 12.
bis 14. Jahrhundert die ganze Toskana urbana in einem Umfang rationalisiert, wie
er bei uns vielfach heute noch nicht erreicht ist.

Es wäre sicher falsch zu glauben, daß hinter dieser Vereinödung der Bauernfa-
milien immer ein gewisser Zwang und Druck gestanden habe. Das was dem „con-

23   E. Ennen 1972, S. 236
24   E. Sabelberg, „Der Zerfall der Mezzadria in der Toskana urbana, Entstehen, Bedeutung und
      Folgen der gegenwärtigen Aufgabe eines agraren Betriebssystems in Mittelitalien." Diss.,
      Köln 1975, S. 61f
25   Ploetz, Kirsten, Buchholz, Köllmann, „Raum und Bevölkerung in der Weltgeschichte",
      3 Bde., Würzburg 1966, Bd. 3, S. 35

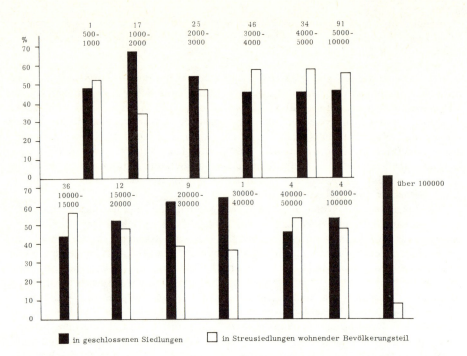

Abb. 1   Siedlungs- und Verwaltungsstruktur der Toskana, Volkszählung 1910.
Einmal wird deutlich, wie in diesem für Italien so besonders charakteristischen Land die
kleine Landgemeinde fast gar nicht vertreten ist. Nur 18 der 280 toskanischen Gemeinden sind mit einer Einwohnerzahl von weniger als 2000 als ländlich anzusehen, mit einer
Bewohnerschaft, die kaum 0,8 % der Gesamteinwohnerschaft ausmacht. Weitaus die
Mehrzahl aller Gemeinden liegt in der Größenordnung zwischen 4000 und 15.000
Einwohnern. Man sieht, wie in allen Größenordnungen die Bewohner des Landes,
die in Einzelhöfen wohnen, eine um die Hälfte der Einwohnerschaft pendelnde Zahl
ausmacht. Selbst in den acht Gemeinden der Größenordnung 40.000 bis 100.000
lebt die Hälfte der Einwohner in Einzelhöfen auf dem Lande. Man sieht in diesen
Zahlen die Einbeziehung des Landes in die Stadt, die ebenso wie die Einzelhofsiedlung ein Ergebnis der umwälzenden Vorgänge des 11. bis 13. Jahrhunderts ist. Eine
kommunale Ordnung, die der deutschen Landschaft völlig fremd ist.

tadino" hier vom „cittadino" geboten wurde, war sehr verlockend, unvergleichbar
mit der meist gedrückten Lage des Bauern sonst in Europa. Das Haus in einer
Ecke oder inmitten des Grundstückes bot der Familie eine gewisse Autonomie. Das
feste Haus und das von Anfang an gestellte Arbeitsvieh erlaubten eine gute und ra-
tionelle Führung des Podere, bedeuteten bessere Möglichkeiten für die Viehhaltung,
bessere Möglichkeiten der Düngung als die Wohnlage im eng gebauten Stadtdorf;
der um den Hof gezogene weite Zaun ermöglichte mehr Kleinviehhaltung, die Lage
im Podere ersparte weite Arbeitswege. Schon die gestellten Ochsen bedeuteten Ar-
beitskapital; weiteres Kapital wurde beim Ausbau der Poderi vom Padrone einge-
schossen; städtisches Kapital sollte von nun an in immer vermehrten Maße die Poderi stützen, etwas einmaliges, das den Mezzadro über alle seine Standesgenossen er-
hob. Ähnliches hatte die Feudalität nicht zu bieten. Heute aber zeigt sich dennoch,
daß die alten mediterranen Prägungen, die urbanen Leitbilder der Romanität nie ver-

loren gegangen sind. Als in unseren Jahrzehnten der industriellen Revolution Arbeitsplätze in der Industrie Italiens und Europas angeboten wurden, verließen die Mezzadri explosionsartig ihre Poderi.

Das mediterran-städtische Leitbild war nicht untergegangen. Das ist verständlich bei dem engen Kontakt, in dem in den letzten 800 Jahren Stadt und Land miteinander hier in der Toskana standen. Durch die häufige, oft monatelange Berührung des Contadino mit dem Padrone wurden alte Leitvorstellungen, denen der Raum mit der Auflösung der einst stadtartigen Dörfer entzogen worden war, immer wieder bekräftigt. Diese hatten immerhin noch lange die für alle Mediterranen so unentbehrliche „vita in foro" gestattet. Sie ging den Bauern nun mit der Umsiedlung in Einzelhöfe verloren. Jeder Blick auf die abendliche „piazza" solcher in Italien weit verbreiteten Siedlungen, von denen man nie weiß, sind es Städte oder Dörfer, bezeugt heute noch die Unentbehrlichkeit dieses Lebens auf dem Dorfplatz, der ländlichen Agora. Bei dieser beinahe totalen Landflucht innerhalb eines Jahrzehnts waren keine Landab- oder Aufgabeprämien am Werk wie bei uns in der Bundesrepublik. Auch ist ja die Sprache unserer Bauernverbände durchaus nicht die der Resignation. Landflucht gibt es in unseren Landen seit vielen Jahrzehnten. Aber von diesem zähen, bedauernden Zurückweichen, in dem sie sich nördlich der Alpen vollzieht, ist in den Mezzadria Gebieten nichts zu spüren, obwohl die Regierung mit sehr weitgehenden Pachtreformgesetzen, die schließlich bis zum Verbot des Abschlusses neuer Halbpachtverträge ging, alles tat, um den Einzelhofbauern der Mezzadria bessere Bedingungen zu schaffen, als es die veralteten, einstmals günstigen waren.

Man könnte daran denken, daß die Verwendung des Einzelhofsystems bei der Agrarreform des hohen Mittelalters auf Anregungen des urbanisierten Feudaladels zurückgeht, dessen ehemaligen Standesgenossen, zu denen ja immer Kontakt bestand, zur selben Zeit in seinem Herkunftsland das durch Rodung gewonnene Land mit Hilfe der Einzelhöfe organisierten. Andere formale Übereinstimmungen: Vererbbarkeit bei gleichzeitiger Unteilbarkeit des Podere, Beschränkung der Zahl der Familienmitglieder als Ausgleich für den fehlenden Brauch der weichenden Erben sowie die zu allen Zeiten selbstbewußte Haltung des Mezzadro können solcher Vermutung Nahrung geben. Es ist das nur eine Spekulation. Aber der Einödhof, die „casa sparsa" wäre nicht die einzige Erbschaft aus der gentil-feudalen Lebensform. Ist man sich doch ziemlich einig darin, daß wir die Geschlechterfehden, welche die mittelalterliche Geschichte der Mittel- und oberitalienischen Städte so sehr bestimmen „als einen Zug altgermanischen Wesens sehen, den die Langobarden und Franken ins Land gebracht, der sich dort eingebürgert und die grellsten Farben angenommen hat" [25a]. Andererseits waren auch die Lebensideale des großen Renaissancebürgertums der Städte „gentilezza, cortesia, liberalità" durchaus der ritterlichen Welt des Feudalismus entlehnt.

Diese erstaunlich frühe Umorganisierung der ehemals feudalen Landschaft setzt einen energischen Wirtschaftswillen und eine intelligente Planung voraus, die damals nur ein kapitalistisch denkendes und kalkulierendes Bürgertum entwickeln konnte. Diese wirtschaftliche Energie der Städte macht verständlich, daß hier einer romanisch mediterranen Bevölkerung eine Siedlungs- und Lebensform auferlegt werden konnte, die ganz und gar nicht deren Leitbildern entsprach. Die hohe Zahl der bis in die Gegenwart hinein in Einzelhöfen lebenden Bevölkerung legt Zeugnis ab von

25a   Johannes Haller „Dantë", Basel 1954, S. 18

Zeichn. 7   Villa La Cerna

der tatkräftigen agrarischen Kulturarbeit des Bürgertums toskanischer Städte, die
von Gewerbetreibenden, Händlern sozusagen nur mit der linken Hand betrieben
werden konnte (Kt. 3).

Spuren der durch den Umsiedlungsprozeß der Reform des 13. Jahrhunderts aus-
gezehrten Dörfer sind zu finden. So war die heutige Villa Montegufoni der befestigte Kern eines Dorfes, in dem sieben Höfe lagen. Die Überlieferung der Villa sagt,
daß ihr Innenhof der alte Dorfplatz sei, aus dem Dorf wären dann die meisten der
einst dort ansässigen Bauern ausgesiedelt worden. Zwei oder drei in der Nähe verbliebene „case coloniche", Pachthöfe, lassen in ihnen einen Rest des Dorfes vermuten, dessen übrige Familien nunmehr schon seit Jahrhunderten draußen in Einzelsiedlungen leben. Die nahegelegene Kirche mag in der Tradition der einstigen
Dorfkirche stehen. Ähnliches beobachtete E. Sabelberg in Locardo in den Colli Val
d'Elsa und Albola in den Chiantibergen [26].

Die Urbanisierung des Umlandes, seine Einbeziehung in die Interessen der Stadt,
mit den Villen im Rückhalt, stellte das Agrarland noch in einem weiteren Sinn in
den Dienst der Stadt. Der aller feudalen Bindungen ledige ländliche Grundbesitz
konnte kapitalisiert werden durch hypothekarische Belastung, Verpfändung und
jede andere Art von Beleihung: Er machte den kaufmännischen und industriellen
Unternehmer kreditwürdig. Und schon damals war „Kreditwürdigkeit eine unabding-
bare Voraussetzung einer erfolgreichen kaufmännischen Berufstätigkeit" [27]. Der
Grundbesitz wurde dazu die Grundlage eines blühenden Bankwesens. Von allem Anfang an befaßten sich die großen Handelsfirmen auch mit Bankgeschäften. „In der
kirchlichen Besteuerung liegt der vornehmste Grund zur Entstehung des Geldver-
kehrs in größerem Maßstab" [28]. Schon im 13. Jahrhundert übernahmen toskanische Firmen den Transfer der kirchlichen Einnahmen aus dem übrigen Europa
nach Rom. Sie bekamen damit Gelder zinslos in die Hand, die gleich in ihre Handelsunternehmungen, z. B. in den Einkauf der Rohstoffe, geleitet werden konnten.
Aber erst im 15. Jahrhundert sind erste Anfänge reiner Geldinstitute erkennbar.

26   E. Sabelberg, Köln 1975
27   E. Ennen, 1972, S. 207
28   Georg Schneider, „Die finanziellen Beziehungen der florentinischen Bankiers zur Kirche von
      1285–1304", Leipzig 1899, S. 1

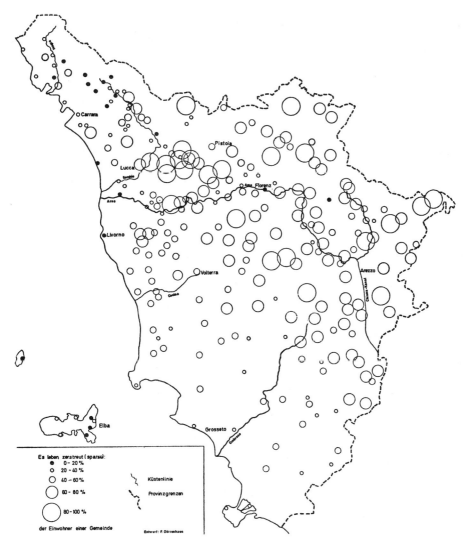

Karte 3   Die Streusiedlungen in den Gemeinden der Region Toskana (Stand 1911).
Die Karte zeigt deutlich das Ausmaß der Umgestaltung der Landschaft für die comunale Bewegung des hohen und ausgehenden Mittelalters. Die Gemeinden mit mehr als
40 Prozent Einzelhofbewohnern (einschl. der Städte!) sind bei weitem in der Überzahl. Im Nordwesten macht sich ein kleiner Rest von solchem Land bemerkbar, das
von der Urbanisierung durch die freien Comunen nicht erfaßt wurde, mit einer An-
häufung von Gemeinden, deren Bewohnerschaft zu 20 Prozent und weniger in Einzelhöfen wohnt: das bis zum Ende des 18. Jahrhunderts feudal verbliebene Herrschafts-
gebiet der Malaspina ließ keine Urbanisierung zu. Ein anderer Raum, in dem eine
erhaltengebliebene Vorlandschaft sich abzeichnet, ist der Südwesten. Er zeichnet sich
aus durch eine geringe Zahl von Gemeinden, die darum an Größe noch die der freien
Comunen übertreffen. Ihr Anteil an Einzelhofbevölkerung liegt im Mittel bei 39 Prozent und erreicht hier nirgendwo die imponierende Größe von 60–100 Prozent des
Raums der ehemals freien Comunen. Dieser Raum stimmt überein mit der in Karte 1
als Maremma, „Toskana rustica", ausgewiesenen Landschaft.

So wurden „die Monte dei Paschi", in Siena 1472 gegründet als Kreditinstitut zugunsten „arbeitender, ehrbarer Menschen", also für den Mittel- und Kleinbürger. Im Monte dei Paschi erhielt das Kreditwesen zum ersten Mal öffentlich-rechtlichen Charakter: Die „paschi" (pascoli) sind die Weiden, welche der Staat in den neu erworbenen Landschaften der Maremma besaß. Sie waren die Deckungsgrundlage. Vor vier Jahren feierte die Bank ihr 500jähriges Bestehen. Ihre Gewinne gehören zur Hälfte entsprechend dem ursprünglich franziscäischen, karitativen Inhalt der Monte die Pietà, denen der Name nachgebildet ist, öffentlichen Zwecken. Die andere Hälfte gehört satzungsgemäß in die Reserven. Gebührenfreie Autobahn Florenz-Siena, Musikakademie, oder andere kunst- und kulturfreundliche Unternehmungen sind das satzungsgemäße Ziel der anderen Hälfte der Gewinne. In der Bedeutungsskala der Weltbanken rückte sie vom 129. Platz (1961) auf den 56. (1972). Ihre Niederlassungen gibt es in ganz Italien, ja sogar in London und Frankfurt.

Seit Anfang des 13. Jahrhunderts nachweisbar, haben Familien von Siena, Lucca, Pistoia, Florenz und anderer Städte die Geldgeschäfte der Kirche besorgt. Diese brachte dabei geschickt auch ihre politischen Interessen ins Spiel und bevorzugte Banken guelfischer Städte. Die Kirche schaffte sich außerdem mit geschäftlichen Beziehungen zu guelfischen Familienfirmen Stützpunkte in sonst ghibellinischen Städten, so mit den Piccolomini und Tolomei in Siena.

So bedeutete die Einbeziehung des weiträumigen Umlandes in die städtische Gemeinde, den Stadtstaat, nicht nur Entfeudalisierung des Landes, sondern auch seine weltweite Verflechtung in die wirtschaftlichen und politischen Unternehmungen der Zeit. Bisher hatte dieses agrarische Umland unter den vielfältigen Rechtsverhältnissen eines fränkischen Lehnswesens gelebt, das Claude Cahen die „féodalité anarchique" [29] genannt hat, d. h. unter unklaren, oft einander widersprechenden Rechtsverhältnissen. In ihnen regierten ungeschriebene Überlieferungen, zersplitterte Besitzverhältnisse, unfixierte Normen, das Fehderecht, Ehr- und Rechtsauffassungen, welche die der Feudalität waren. Dieser im eigentlichen Sinne ritterliche Komplex wurde beseitigt, und Stadt und Land wurden unter ein einheitliches Recht gestellt, ein städtisches, das aus dem überlieferten römischen Recht lebte, dem Recht einer späten Urbanität. War bisher der Grundherr nie bloßer Landbesitzer gewesen, – Herr aber nicht Eigentümer, der Grund war ihm nur „verliehen", – so ist er auch immer Träger einer politischen Teilgewalt, Mit-Träger und Ausübender einer vollziehenden Gewalt gewesen. In der städtischen Comune war nunmehr Amt vom Boden getrennt, und letzterer frei von allen öffentlich-rechtlichen Bindungen. Der Villenbesitzer war Privatmann in Bezug auf seinen Besitz, der erste private Grundeigentümer im nachantiken Europa. Aus dem Treueverhältnis von Herren und Holden wurde ein privatrechtlicher – wie wir sehen werden – Gesellschaftsvertrag. Beide Räume der Comune umfassend, erlöste ein einziges Recht das Land aus der Zersplitterung der feudalen Ansprüche und Abhängigkeiten.

Die Urbanisierung des Umlandes der Städte, seine wirtschaftliche und soziale Durchdringung von ihnen her erfaßte Herbert Lehmann mit intuitiver Klarheit: „Ihre Tore, in denen die Serpentinen der Straßen münden wie in ein endgültiges Ziel, lassen auf eine besondere Weise Landschaft einströmen in die engen Gassen, die den schmalen Raum der Hügelkuppen in ihren Windungen, in ihrem Steigen und Fallen gleichsam abzutasten scheinen." (s.o. S. 3) Man betrachte nur das

---

29   Claude Cahen, „Le régime féodal de l'Italie normande" Paris 1940, S. 139

Kommen und Gehen von Bauern und Städtern vor dem Stadttor von Siena in der unten erwähnten bildlichen Urkunde Lorenzetti's und man bekommt einen Begriff von der Freiheit des ungehinderten Verkehres zwischen Stadt und Land.

Die rechtliche Befreiung des Bauernstandes erwies sich als tödliche Waffe der Comunen gegen den feudalen Besitzstand. In Dekreten, wie denen von 1256 in Bologna, 1289 in Florenz, wurde die Bauernbefreiung erklärt, die jenseits der Alpen erst Jahrhunderte später erfolgte [30]. Ermunterungen der Städte an die Bauern, sich in städtischen Berufen niederzulassen, ergingen schon im 12. Jahrhundert. Die früher öffentlich-rechtlich, feudal begründete Abhängigkeit des Bauern vom Feudalherren wurde ersetzt durch die private und grundsätzlich kündbare Mezzadria, die Halbpacht. Diese neue, nun sich schnell ausbreitende Sozialform, die völlig die Stadt zur Voraussetzung hatte, durchdrang nun das Land.

Einheitliche Justiz für alle Mitglieder der Comune, in „„„città" und „contado", also auch für den Bauern! Nicht mehr, wie sonst noch lange in Europa, mehrere Gerichtsbarkeiten in ein und demselben Raum, demselben Dorf oder Markt, gleichzeitig ausgeübt von verschiedenen Feudalherren, Hochstiften oder Klöstern! Das war ein Schritt aus dem indoeuropäischen Personalverband zur mediterran-urbanen Territorialverfassung. Das brachte zwar dem Bauern nicht alle Freiheiten. − Freiheit fehlte besonders auf wirtschaftlichem Gebiet − aber er stand doch unter dem Schutz eines einzigen für alle gültigen Gesetzes. In der Stadt-Land Darstellung, vom „guten Regiment" des Ambrogio Lorenzetti verkündet genau das über dem Stadttor die von einem Engel gehaltene Inschrift: Im Ratssaal des Palazzo Pubblico von Siena

> „Senza paura ogn' uomo franco
> e lavorando semini ciascuno
> mentre che tal comuno
> manterra questa zona in signoria
> che alevata arei ogni balia"
> (Ohne Furcht [gehe] jeder freie Mensch und bestelle die Saat, während
>   die Gemeinde dies Gebiet in Herrschaft hat, die jegliche Gewalt fernhält).

Der vom selben Engel gehaltene Galgen mit dem Gehenkten bezeugt den Ernst der Verpflichtung der Gemeinde und ihrer Zusicherung an jeden. Diese Gewähr ist zugleich der Anspruch auf die volle Souveränität, die im Besitz der Blutgerichtsbarkeit zum Ausdruck kommt.

In diesem Prozeß der Befreiung des Landes, des Contado, von der Feudalität hat die Villa eine zentrale Stellung. Sie verdrängt die der Welt der Personalverbände zugehörige Burg, steht dafür im engsten territorialen Wirkungszusammenhang mit dem Palazzo in der Stadt, beide in der Hand desselben Besitzers. Sie ist in großen und bedeutenden Regionen Italiens unentbehrliches Element der ersten nicht feudalen Gesellschaftsordnung des nachantiken Europa. Diese städtische Ordnung überzieht das Land durchaus flächenhaft, so deutlich seitdem eine „Toskana urbana" von der „Toskana rustica", der Maremma, scheidend, welche bis heute die Züge einer baronal-latifundialen Verfassung ganz anderer Herkunft als der fränkisch-feudalen aufweist (Karte 1). Die Villa ist Position der Wirtschaftsmacht der Stadt und des sich emanzipierenden Bürgertums, denen nach altmediteranen Vorstellungen auch der Agrarbereich zugehört. Man erinnere sich, daß in der Timokratie Solons zu Athen der Anteil an der Macht, wie er durch das Wahlrecht ge-

30   Alfred Doren, 1934, S. 213, 223.

geben ist, nach der Zahl der Scheffel Getreide gestaffelt war, welche der Bürger in Attika, dem sozusagen Contado von Athen, erzeugte.

Die „villegiatura", der zeitweise Aufenthalt des Städters auf dem Lande, folgt aus den Notwendigkeiten dieser Sozial- und Wirtschaftsordnung. Der Grundbesitzer lebte zur Wahrnehmung seiner landwirtschaftlichen Interessen schon im 13. Jahrhundert und früher einen Teil des Jahres auf dem Land, nach Villani drei bis vier Monate [31]. Die „energische Zweiteilung des Jahresverlaufes" (Rud. Borchardt) verbindet den grundbesitzenden Bürger ebenso mit Land und Bauern wie mit Stadt und Mitbürgern. Der Absentismus, wie ihn die Grundbesitzeraristokratie des übrigen Italien pflegt, ist im Bereich der echten Villenkultur nicht die Regel, ist doch schon nach Herkunft und sozialem Verhalten, nach finanziellem Engagement der Grundbesitzer im Raum der ehemals freien Comunen von ganz anderer Einstellung zu seinem Grundbesitz.

Sehr oft wird der nur zeitweilige Aufenthalt des städtischen Grundherrn auf seiner Villa mit dem Absentismus verwechselt, dem ganzjährigen Wohnsitz des Landherrn in der Stadt. Villegiatura und Absentismus gehören ganz verschiedenen Verhaltensweisen an, die nichts miteinander zu tun haben. Weder ist die eine die Vorform der anderen noch umgekehrt. Der Absentismus der mediterranen Aristokratie kam gleichzeitig mit der Entwicklung der Fürstenhöfe auf, zuerst in Avignon und dann in Rom, Neapel, Palermo. Der Souverän zog den Adel auch aus sehr massiven politischen Gründen an seinen Hof. Dieser folgte dem päpstlichen, königlichen Ruf oft nur zu gern, angezogen vom Glanz des Lebens „bei Hofe". Er baute sich in den Städten Palazzi und verließ die Kastelle seiner Herkunft in den ländlichen Kleinstädten, den Zentren seiner Ländereien. Er kümmerte sich nur insoweit um seine Besitzungen, als es um Verpachtung an Großpächter, an die „gabelotti", ging. Sie waren groß genug, ihm auch bei extensiver Nutzung die bei Hofe notwendigen Aufwendungen zu ermöglichen, oder die Einkünfte aus Hofämtern ausreichend zu ergänzen.

Der Palazzo der freien Comune ist viel älter als der der Residenzstädte. Darum ist der gotische, sogar der romanische Palazzo durchaus keine Seltenheit. Siena ist die Stadt der Gotik auch in ihren Palästen. San Gimignano, dessen Wirtschaft früh stagnierte, ist vom romanischen Palazzo beherrscht. Der Palazzo als Firmensitz (Bild 23) steht am Anfang der eigenständischen Entwicklung der Städte zu Stadtstaaten und gehört absolut unfeudalen, bürgerlichen Gesellschaftsschichten an. Hervorgehend aus den Wehrtürmen, beginnt ihre Geschichte schon mehr als dreihundert Jahre vor der Erbauung der Paläste des Hofadels in den Hauptstädten Europas.

Lange bevor der Aristokrat sein Land verließ, um als Höfling sein Leben zu führen, hatten anderwärts Bürger der Stadtstaaten das Umland in Besitz genommen. Sie hatten dort ihre Villen gebaut und ein bis heute produktives und menschliches Verhältnis zu ihrem Landbesitz gewonnen, das der absentistischen Aristokratie verloren ging. Der städtische Bürger, der sich Villen und Bauernhöfe auf dem Lande

31   Giovanni Villani „Cronica", 11. Buch, Kpt. 3, Florenz 1823–26 (1562–87). Villani starb 1348 an der Pest. Er berichtet für das Jahr 1338: „Auf dem Lande baut man jetzt Villen, reicher als die Wohnungen in der Stadt, so daß Fremde schon drei Meilen vor der Stadt glauben, sie seien in Florenz angelangt."

schuf, die er regelmäßig im jahreszeitlichen Rhythmus aufsuchte, schuf zugleich auch in seinem wirtschaftlichen Interesse jene produktivste Landschaft, die wir in Italien haben, auch auf nicht immer guten Böden. Wenn sich auch die baulichen Erscheinungen der Paläste in den fürstlichen Residenzen dem Stil der Palazzi der freien Comunen fügten, sollte man darüber doch nicht die grundlegenden gesellschaftlichen Unterschiede übersehen, die zwischen den Palazzi derer bestehen, die dort dem völligen Absentismus frönen, und derer, welche die Villegiatura pflegen, und deren Palazzi zugleich der Sitz weltweit wirkender Handels- und Bankfirmen waren.

Die Villa ist das Bindeglied, das bisher nicht gesuchte und nicht erkannte „missing link", das Stadt und Land zu einem einzigen beide umfassenden Idealtyp aller Landschaften, die einstmals freien Comunen angehörten, zusammenbindet. Idealtyp ist gemeint im Sinne Max Webers, welcher diese Weise geisteswissenschaftlicher Erkenntnis entdeckte und ihr den Namen gab als einer schon immer selbstverständlichen Art der Darstellung komplexer Sachverhalte.

So wurde frühzeitig aus dem zentralen Gebäude der Fattoria, dem unfeudalen Mayerhof, die „casa del padrone", – die Villa. Wie Villanis Chronik für das Jahr 1338 bezeugt, hat sie sich damals schon im Landschaftsbild durchgesetzt. Das Motiv zum zeitweise Wohnen auf dem Lande war sicher ein ganz und gar unromantisches, nämlich die Beaufsichtigung der Betriebe besonders zu Erntezeiten, die Sicherung des halben Ernteertrages für die „famiglia". [32] Denn selbstverständlich gab es auch Mißtrauen zwischen den beiden Gesellschaftern. Die Villa war von allem Anfang an baulich eng mit den zugehörigen Wirtschaftsräumen verbunden. Die Aufgaben der Fattoria, die Aufnahme und Verarbeitung des halben Ernteertrages, verlangten nicht nur Lagerräume, sondern auch solche für die Verarbeitung der landwirtschaftlichen Erzeugnisse, für die Kelter, die Ölpresse, Gärräume. Es stimmt nicht immer, was Rudolf Borchardt sagt, die Villa sei nie unterkellert, gerade auch die Medicivillen, die von Poggio a Caiano, die Palagio in Fiesole demonstrieren so, wie sehr die Villa der Landwirtschaft verbunden ist.

Der Grad der künstlerischen und dekorativen Ausgestaltung hängt auch sehr ab von der wirtschaftlichen Entwicklung der Stadt, der die Villa zugehört. So ist die ästhetische Bedeutung nicht Voraussetzung für das Prädikat Villa. Es können auch sehr bescheidene Baulichkeiten durchaus Funktion und soziale Stellung der Villa markieren. Schon Lehmann deutete das an im vorgestellten Aufsatz mit dem Hinweis auf die meist schmucklose Fassade, den „Verzicht auf Prunk, in dem die Würde liegt". Oft liegt in der Armut an äußerem Aufwand die Anmut dieser Bauten (Zeichn. 5, 8).

Das Weltbild des Bürgers war durch Jahrhunderte hindurch vom Leben innerhalb der Mauern der Stadt geprägt worden. Wenn er jetzt wenigstens zeitweise aufs Land verwiesen wurde, wenn er nunmehr auch auf dem Lande tätig wurde, ja wenn sich die „villegiatura" zu einem aus dem Leben der Stadt nicht mehr wegzudenkendem Brauch entwickelt hat, so konnte das nicht ohne Rückwirkungen auf seine seelische Lage, auf sein Weltbewußtsein bleiben. Der Bürger entdeckte die

---

32 Leon Battista Alberti, „Della famiglia", deutsch „über das Hauswesen", Zürich 1962, S. 239: „Was nennt ihr Familie? Weib, Kinder und die übrigen Angehörigen das Gesinde, Dienerschaft".

Natur und die Landschaft. Es ist kein Zufall, daß diese Entdeckung eine Leistung
der Städter war, der dann Schriftsteller und Maler zum ersten Mal in Europa Ausdruck gaben. Es ist weiter kein Zufall, daß die ersten Landschaftsdarstellungen in
diesem von freien Städten beherrschten Land sich finden. Das schon erwähnte vor
der Pest von 1348 im Saal des Palazzo Pubblico (Palazzo del Popolo) gegebene
Bild vom guten Regiment des Ambrogio Lorenzetti ist die Darstellung der errungenen Einheit von Stadt und Land. In Erfüllung dieses künstlerischen und zugleich
politischen Auftrages wird hier eine der ersten Landschaftsdarstellungen des Mittelalters vollbracht mit einer Menge richtig gesehener Fakten, die dem Geographen ein
einsichtiges Bild von Natur und Kultur der Umgebung von Siena im Anfang des
14. Jahrhunderts vermitteln, so die Entwicklung des Kastells zur „milden wehrlosen Villa". Wir erkennen Villen; die Anfänge der Mischkultur werden sichtbar; die
Crete Senese mit ihren runden weißen Kuppen nehmen den ihnen gebührenden
Platz ein. Das schwarze Schwein, das der Bauer zum Stadttor treibt, mit weißem
„Schulterband" ist eine lokale Rasse, die es heute noch gibt. Es bestätigt den
Realismus der Darstellung.

Der enge Kontakt von Stadt und Land, wie er sich nach dem Erwerb des Contado seit der Jahrtausendwende ergab, war die Voraussetzung dafür, daß das Verhältnis der geordneten Civitas zur Natur, die bis dahin als unheimlich empfunden
wurde, ein anderes wurde, eben durch die Ordnung, welche die Stadt nun ihrer-
seits in den Contado hinaustrug. Dabei schuf städtischer Geist die so überaus
„geistreiche Landschaft", als „Kunst, die keinen Gegensatz zur Natur, sondern
deren Fortsetzung bedeutet" (Herbert Lehmann). Die Natur verlor die dämonische
Drohung, die der mittelalterliche Mensch so sehr empfunden hatte. Ihr hatte man
auf den Stadtmauern einst die Heiligen entgegengesetzt. Besonders aber da wird
das Bewußtsein der als dämonisch und bedrohend empfundenen Natur deutlich,
wo die Natur mit ihren ausufernden Flüssen in die Stadt eindrang und ihr auf
den Brücken Einsiedeleien, Heiligenbilder, Kapellen entgegengestellt wurden, Kirchen an den Brückenköpfen das Gemeinwesen zu schützen hatten (Sta. Maria
della Spina in Pisa). [33]

Nun aber bekam die Natur eine andere Bedeutung für den Städter und wurde
als Landschaft entdeckt, die sich durchaus unterwerfen und beherrschen ließ. Hier
begann der Prozeß, dessen Aufuferung die Sorge unserer Gegenwart ist.

Die Villa konnte nun auch psychisch die schützende Mauer der Burg entbehren
und sich in die Landschaft wenden, in sie hineinwachsen. Die gebändigte Natur
des geometrisch geplanten Villengartens findet ihre Fortsetzung in der strengen
Ordnung der „coltura mista".

Diese Erfahrung bewahrt uns davor, dieses italienische Naturbedürfnis als
völlig identisch mit unserem nordischen anzunehmen. Es gab im Sommer 1974
in der Villa Medici zu Rom eine Ausstellung europäischer Zeichnungen. Damals
wurde von der Korrespondentin der Frankfurter Allgemeinen Zeitung, Ute Diehl
das folgende richtige Fazit gezogen: „Die Italiener aber zeichnen Naturlandschaft
immer als Kulturlandschaft: die geordnete Natur des italienischen Renaissance-
gartens, in dem die Pflanzen nach einem geometrischen Schema zu wachsen haben. ... Im Norden die Einzelstudie und das stimmungsmäßige Erfassen, im
Süden der tektonische und scenographische Aufbau der Landschaft, und in

33   Wolfgang Braunfels, „Mittelalterliche Stadtbaukunst in der Toskana", Berlin 1959, S. 189

diesem Versuch der Domestizierung scheint eine uralte Angst vor dem Wilden und Unkontrollierbaren zu liegen. "

Eine vollendete Äußerung des neuen Natur- und Landschaftsbewußtseins brachte der Palazzo Piccolomini (erb. 1459–63) in Pienza. Pienza war die hybride Neu gründung des Piccolomini Papstes Pius II auf einem alten Familienfattorienbesitz beim ehemaligen Dorf Corsignano. Er war der Papst, der sich als Aeneas Silvio Piccolomini einen noch heute viel beachteten Namen als Humanist gemacht hatte. Pienza sollte eine Stadt der Villegiatura, des Sommeraufenthaltes werden, also eine durchaus künstliche Stadt mit völlig neuer Begründung. Man wollte zwar aus der Stadt hinaus, aber zur Villegiatura die Stadt doch nicht entbehren. Mit mehr oder minder sanfter Gewalt suchte der Papst Kardinäle seiner Umgebung zum Grund- erwerb und Villenbau zu bewegen. So ist der sogenannte „Palazzo Piccolomini" in Pienza sozial und wirtschaftlich tatsächlich eine Villa mit allen ihren Funktio- nen gewesen. Sie war im Besitz einer Familie, die in Siena zwei Paläste hatte und dort eng mit dem Wirtschaftsleben, vor allem dem Bankwesen, verknüpft war. Diese Villa ist in unserem Zusammenhang deshalb so interessant, weil hier der Gedanke der Loggia, – ursprünglich der Stadt eigen, – in den Dienst diesen neuen offeneren Lebens- und Naturgefühls gestellt wurde, das sich bei der Einbeziehung der „terra" in die städtische Comune eingestellt hatte.

Die Loggia war zuerst ein durchaus städtisches Gebilde und diente in der Stadt der Repräsentation der signorilen Geschlechter, die hier unter und hinter den zur Straße hin geöffneten Bögen ihre Feste, Empfänge und Tafeleien vor den Augen der Bevölkerung feierten. Hier wurde also ein populäres, neidloses Bedürfnis erfüllt. dem heute unsere „Illustrierten" mit ihren bebilderten Berichten von Taufen, Hoch- zeiten unserer großen und kleinen Potentaten und Magnaten des Hochadels und des Filmes nachkommen. Im Palazzo Piccolomini öffnet sich die Villa mit zwei großen Loggien im ersten und zweiten Stockwerk jetzt endgültig auch baulich und gezielt der Natur, öffnet sich der weiten ergreifenden Landschaft zum Monte Amiata hinauf. Dieser Baugedanke – zur Landschaft hingewandt – setzt sich dann in der Villa durch bis zu einer seiner schönsten Verwirklichungen in der Villa „I Collazzi" zwischen Galluzzo und Montespertoli südwestlich von Florenz. Die ursprünglich dem urbanen Leben zugedachte Architektur der Loggia erweist sich so auch auf dem Lande als fruchtbar, wenn auch in ganz anderem Sinne: weni- ger Repräsentation als Steigerung des intimen Wohnwertes.

Dieser neue Kontakt, den der Bürger mit der Landschaft ringsum aufnahm, brachte auch eine neuartige Berührung städtischer Bevölkerung über Villa und Villegiatura mit den Bewohnern des offenen Landes, den Bauern. Bei uns dies- seits der Alpen konnte ein solcher so recht nie Wirklichkeit werden wegen der strengen Trennung von geburtsständischem und grundbesitzendem Adel draußen auf dem Lande und dem Patriziat und den anderen meist ebenfalls landlosen Bürgern der Städte. Dieser enge Kontakt über die Villa erschloß die großen Begabungsreserven auch der Landbevölkerung, die bei uns in Mitteleuropa kaum jemand so zahlreich aufzuspüren vermocht hätte. Nur so verstehen wir die Be- gabungsexplosionen, die sich im Raum der freien Comunen inmitten einer auch geistig und kulturell äußerst lebhaften Stadtbevölkerung vollzogen hat. Giotto wurde, nach Vasari, von seinem Lehrer Cimabue in Vespignano von seiner Herde in dessen Malerwerkstatt nach Florenz geholt, das Geburtshaus des Fra Angelico in Vicchio wird heute ebenso wie das des Giotto im Mugello gezeigt. Andrea del

Castagno stammt aus einem Bergdorf, – eben Castagno am Mte. Falterona, Masaccio aus San Giovanni in Valdarno, einer „terra murata", einer zuerst bäuerlichen, militärischen Pflanzstadt von Florenz. Leonardo da Vinci wurde als uneheliches Kind eines florentiner Notars im heute noch erhaltenen Halbpächterhaus in Anchiano bei Vinci geboren (Bild 13). Die Zahl der Künstler, die sich nach ihrem Geburtsort in den Contadi der Städte benannten, ist in Mittel- und Oberitalien sehr groß. Jeder Maler- oder Architekten-Katalog des 14.–17. Jahrhunderts gibt da eine reiche Ausbeute.

Die Villa ist der Mittelpunkt eines meist sehr großen Landbesitzes, der sich in der Größenordnung nach oben hin mit den Besitzgrößen der Latifundien überschneidet. Nach öko- und soziometrischen Maßstäben wäre sicherlich eine große Zahl der Villen-Fattorien als Latifundium (mehr als 200 ha) zu bezeichnen, und es wäre der Absentismus des Latifundienbesitzers gleich bewertet wie die Villegiatura des sein Land pflegenden städtischen Signorilen, der einen guten Teil des Jahres auf dem Lande verbringt. Aber wegen ihrer ganz anderen breit in der mediterranen Urbanität wurzelnden historischen Stellung, ihrer ganz anderen wirtschaftlichen und sozialen Verknüpfung, besonders auch wegen der Intensität des von den Villenherrn bestimmten Anbaues und der reichen Kapitalinvestitionen, die sie zu allen Zeiten geleistet haben, kann die Agrargestalt der Villa keineswegs als Latifundium bezeichnet werden, gleich viel, wie groß das zu ihr gehörende Grundeigentum sein mag. Schließlich sollte ein Kulturgeograph nicht übersehen, daß die Welt der freicomunalen Ordnung, des Stadtstaates, in der die Villa einen wesentlichen und produktiven Platz hat, zugleich der Geburtsort der Renaissance und des modernen Europa ist. „In der Toskana hat der Geist der modernen Zeiten die vielseitigste Offenbarung, der wir überhaupt am Schluß des Mittelalters auf so beschränktem Raum begegnen, gefunden." [34] Und für Jakob Burckhardt war der „Florentiner Vorbild und frühester Ausdruck der Italiener und der modernen Europäer überhaupt". [35] Die Welt des Latifundiums hat dem gegenüber nichts, aber auch garnichts aufzuweisen, es sei denn die erdrückende, unbewältigte Last, die Volk und Staat heute noch gefährden.

Die Abgrenzung von Villenbesitz gegen Latifundium ist nicht durch Vergleich der Größenordnungen in ha zu vollziehen. Die Größe ist selbst beim Latifundium nicht das wichtigste Merkmal. Wir können nicht die weiten extensiv genutzten Besitzungen Siziliens, Lukaniens, Apuliens mit den intensiv arbeitenden Großgütern Oberitaliens unter der Bezeichnung Latifundium zusammenfassen. Sie sind nach ihrer Geschichte, nach Besitz, nach Sozialordnung doch sehr verschieden. Auf der einen Seite ein Land mit den geringsten Hektarerträgen, Wanderweidewirtschaft, im Norden, in der Poebene intensivste Bewässerungskultur auch des Grünlandes mit Stallviehhaltung im Großen und sehr großer Viehdichte. Toskanische Fattorien können sicher zu 5 oder 10 in einer Hand sein, aber ihre Eigentumsverhältnisse nähern sich nur für oberflächliche Betrachtung dem Latifundium. Jede Fattoria mit ihrer Villa ist ein autonomer und konstanter Betrieb, in ihrem Bodenbesitz seit Jahrhunderten nicht wesentlich verändert, höchstens durch inneren Ausbau. Der Betrieb

---

34   Alfred von Martin, „Soziologie der Renaissance", München 1974 (s.A.), S. 22
35   Jakob Burckhardt, „Die Kultur der Renaissance in Italien", Stuttgart 1958 (Kröner) (1860
       1. A.), S. 79

ist frei und selbständig gegenüber anderen Besitzungen desselben Padrone. Großpacht und weiträumige wirtschaftliche Zusammenfassung durch einen Großpächter,
wie im Süden, hat sich hier nicht durchgesetzt anders auch als in Oberitalien, wo
seit etwa 200 Jahren Großpächter und agrarische Kapitalgesellschaften ähnlich große
Betriebe wie im Süden bewirtschaften. Die Villa mit ihrer Fattoria und den Poderi
entspricht nirgendwo in landschaftlicher Erscheinung dem Bild des Latifundiums.
Als Latifundium kann man nur jene Großbesitzungen bezeichnen, welche aus römi-
scher Lebensform und ihrer Überlieferung, weitergereicht von Normannen und
Spaniern, mit ganz bestimmter Wirtschaftsweise (hoher Anteil der Weidewirtschaft,
geringe Hektarerträge) nach den Prinzipien des Rentenkapitalismus geführt werden. [36]
    Es kann ein Eigentum auch von weniger als 200 ha dennoch dem Latifundien-
system angehören, sofern die vorgenannten Formen der Verwertung des Grundbesitzes erkennbar sind. Die in lateinischer Tradition stehenden Großbesitzungen
Spaniens, Südamerikas mit ihrem hohen Anteil an Weidewirtschaft mag man als
Latifundium bezeichnen, man darf aber nicht die Villenwirtschaft Mittel- und
Norditaliens mit ihren intensiven, der Gartenwirtschaft nahekommenden Kulturen
als latifundial ansehen, ebensowenig wie die Rittergüter Ostdeutschlands, die in
ganz anderer echt feudaler Ordnung andere — weil weit außerhalb mediterran-
urbaner Prägungen — Siedlungsformen besaßen, nicht rentenkapitalistisch bewirtschaftet wurden und keineswegs extensive Betriebe waren. Hier würden sehr
heterogene Erscheinungen unter einem Namen zusammengefaßt, und die Einsicht
in die geographische Vielfalt durch allzu verallgemeinernde Begriffe, Bezeichnun-
gen verkümmert. Geographische Objekte sind fast immer komplex und nicht mit
einem Merkmal, — in unserem Falle lediglich die Größenordnung — zu erfassen.
Die Grenze zum Latifundium von 200 ha mag manchem zu niedrig erscheinen.
Aber Friedrich Vöchting [37] gibt zu bedenken: „Eine Latifundienstatistik im
eigentlichen Sinne gibt es nicht; ihre Anlage müßte Schiffbruch leiden an der
Schwierigkeit eindeutiger Begriffsmerkmale." Er spricht dann weiter von der
„Willkür und Unzulänglichkeit bloßer Größenmaßstäbe".
    Obwohl sie nicht viel aussagen können, Größenvergleiche aber immer gern
angestellt werden, seien hier folgende Zahlen aus dem Werk Vöchtings vorge-
stellt: Die wirklich ganz großen Eigentumseinheiten von mehr als 2 500 ha waren
nach 1945 sofern sie nicht Gemeinde-, Kirchen-, Staatsbesitz u. ähnliches waren,
gar nicht so zahlreich, wie man sich das wohl gemeinhin vorstellt. (Die von
Mussolini in den dreißiger Jahren begonnene Enteignungspolitik hatte die Verhältnisse kaum geändert). Es gab in ganz Süditalien dreißig derartige Einheiten
in „der kargen Gebirgsumwelt", „in nackten Alptriften, zerschundenen Hängen, verkarsteten Hochrücken, Geröllschluchten, Krüppel- und Buschwald."
(Vöchting). Auch um die Großgüter von mehr als 500 ha steht es nicht besser,
das zeigt die Geringfügigkeit des Steuerertrages auch dieser Größenklasse. [37]
So ist es denn kein Wunder, daß eine Zerschlagung der Latifundien erst dann
etwas für die Bodenreformen einbringen konnte, als man die Grenze zum Latifundium bei 200 ha ansetzte. Diese Bedingungen des süditalienischen Latifundiums

36   H. Bobek, „Die Hauptstufen der Gesellschafts- und Wirtschaftsentfaltung in geographischer
      Sicht". Die Erde 90, 1959, S. 259—298.
37   Friedrich Vöchting, „Die italienische Südfrage" Berlin 1951, S. 281

schließen Vergleiche mit den anderen italienischen Landschaften, welche Großbesitzungen kennen, aus.

Vöchting betont ausdrücklich, daß beim Großeigentum die Statistik zwischen dem südlichen und dem übrigen Italien keinerlei quantitativ erhebliche Abweichungen aufzeigt. Es bewegt sich also im Norden wie im Süden das Großeigentum in denselben Größenordnungen. Er betont, daß sich die Statistiken über die qualitativen Unterschiede ausschweigen. [38] Da diese schon für das Landschaftsbild ganz erheblich sein können, verbietet sich die Zusammenfassung von Norditaliens Großbesitz, mittelitalienischen Fattorien und süditalienischen Latifundien unter dem einzigen „latifondo".

Die exorbitanten Größen von Latifundien unserer landläufigen Vorstellungen entsprechen nur dann einigermaßen der Wirklichkeit, wenn mehrere solche Besitzeinheiten in einer Hand vereinigt sind. Doch darüber gibt es keine statistischen Angaben, — verständlich wenn man bedenkt, daß schon seit drei Jahrhunderten Bodenreformüberlegungen angestellt wurden und man die Mentalität gegenüber der Gesellschaft und dem Staat in der Schicht der Bodeneigentümer in Rechnung stellt. Noch ist der Staat nicht in der Lage, den Manipulationen, denen hier bei den weit verzweigten Familien Tür und Tor geöffnet ist, entgegen zu treten. Es blieben nur private Erhebungen; ob diese zu besseren Ergebnissen kommen könnten, ist mehr als zweifelhaft. [39]

Die Größe der Poderi, die zu den Fattorien der Villen gehören, ist schwer zu ermitteln, weil die vorliegende Erhebung einmal nicht die Fattorien der Villen von den Masserien der Latifundien in der Maremma unterscheidet und zum anderen entsprechend auch bei der Erfassung der „poderi a colonia parziaria" nicht die echten Mezzadria Betriebe von Teilpachtbesitzungen, welche nicht als vollständige Hofbetriebe ausgetan werden, trennt. [40]

Von den 44 366 Poderi „a colonia parziaria" liegt die größte Zahl in der Größenordnung 5–10 ha, nämlich 14 574, es folgen die Gruppen der Poderi von 10–20 ha mit 10 074 und die von 3–5 ha mit 6 480 und die von 20–50 ha mit 4 517 Einheiten. Diese Zahlen können nur Größenordnungen der in Mezzadria befindlichen Poderi angeben; denn sie fassen mit colonia parziaria echte Betriebe zusammen mit solchen freien Parzellen, die in Teilpacht, also gegen Hergabe eines Teiles des Naturalertrages, ausgetan werden. Wenn auch in diesen Größenordnungen sich die Zahl der villenabhängigen Poderi bewegen wird, weil hier echte Teilpacht, also ohne Betrieb, selten ist, exakte Aussagen machen die Zahlen nicht. Wieviele der 1 288 Poderi in den Klassen über 50 ha tatsächlich in einen Villenverband gehören, wieviele latifundialen Großeinheiten zuzurechnen sind, ist ungewiß, im Allgemeinen gelten solche Größenordnungen nicht für Poderi, welche Villenfattorien zugehören. In der Tat liegt auch die Mehrzahl dieser sehr großen Poderi zwischen 50 und 500 ha in der Provinz Grosseto, welche vom Latifundiensystem beherrscht ist: 570 von 1 288. Größere Zahlen erreichen hier nur die Provinzen der Toskana urbana, welche im Süden in die Maremma hineinreichen: Siena mit 376 und Pisa mit 103 solcher sehr großen Poderi. Hier kommen in

38   Friedrich Vöchting, 1951, S. 284
39   Herbert Lüthy „Die Mathematisierung der Sozialwissenschaften", Zürich 1970, S. 19f. zeigt
      die Fragwürdigkeit aller Zahlen im sozialen Bereich
40   Paolo Albertario, „Le fattorie dell'Italia centrale" in Annali statistica 1939, S. 188

den Besonderheiten der Crete Senese und der Balze di Volterra, ihren schweren, rutschigen Böden die keine Intensivbaumkultur erlauben, Faktoren hinzu, welche große Poderi bedingen. Sie reichen ebenfalls in die Größenordnungen über 50 ha hinein. Wieviele der 7 413 Einheiten unter 3 ha noch echte Betriebe sind, wieviele in Parzellenhalbpacht stehen, darüber kann nichts ausgesagt werden.

Schon die große Zahl von Poderi in den genannten Kernregionen, Italiens, die zum Villensystem gehören, beweist, daß die Villa mehr ist als ein kunstwissenschaftliches Objekt, sondern ein geographisches Faktum und ein ebensolcher weithin wirkender Faktor, der bisher in der Geographie unbeachtet blieb. Sie ist neben dem Palazzo in der Stadt der zweite Kern eines mediterranen Stadt-Landgefüges, das einen weiten Umkreis von vielen Quadratkilometern des jeweiligen comunalen Areals beherrscht, ja darüber hinaus in Nachbargemeinden hinausgreifen kann.

Die Villa bestimmt also einen großen Anteil der Agrarfläche Italiens. 1930 und noch 1961 waren ca. 16 % der gesamten Nutzfläche Italiens von Mezzadriabetrieben eingenommen. [41] Das bedeutet: Die Produktion dieser intensiv wirtschaftenden Poderi in einem Lande mit sehr hohem Anteil extensiv wirtschaftender Betriebe liegt sicher zwischen einem Viertel und einem Drittel des Ertrages der italienischen Landwirtschaft. Am höchsten ist der Anteil der Mezzadria in den drei mittelitalienischen Regionen Umbrien, Marken und Toskana. Mehr als die Hälfte der landwirtschaftlichen Bevölkerung hat hier rund die Hälfte der produktiven Fläche in Mezzadria inne: die Toskana 46,1 %, Umbrien 47,1 %, die Marken 69,1 %. Berücksichtigt man nur die landwirtschaftlich genutzte Fläche (Ackerland, Dauerwiesen, Baummischkulturen), so wird die Bedeutung der Mezzadria noch deutlicher. Dann hat in der Toskana die Mezzadria 69,8 %, in Umbrien 69,7 % und in den Marken 80 % der landwirtschaftlichen Nutzfläche in Bearbeitung. [42] Da die Zahl für die Toskana die latifundial genutzte Maremma einschließt, in der Villa und Mezzadria nur eine geringe Rolle spielen, ist für die uns vornehmlich interessierende Toskana urbana ein noch erheblich höherer Anteil der Mezzadria an der eigentlich landwirtschaftlichen Nutzfläche anzunehmen. Doch dazu ist einschränkend zu sagen: Nicht die ganze Agrarproduktion der „mezzadria classica" stammt aus Villenfattorien:

Es gibt auch eine Villegiatura ohne Villa. Nicht alle Halbpachthöfe der Toskana sind einer Villa-Fattoria zugeordnet. Schon Giovanni Villani schrieb in seiner Chronik für das Jahr 1336: „Außerdem ist der nicht Bürger, der keine Besitzungen (gemeint ist Landeigentum) hat, gleichviel „o grande, o popolano". Er meinte hier sicherlich nicht eine rechtliche Bestimmung zum Bürgerrecht. Der Landbesitz war lediglich eine Sache des Ansehens, des Sozialprestiges. Zwei Drittel aller städtischen Haushaltvorstände in den Stadtstaaten waren in der zweiten Hälfte des 13. Jahrhunderts Landeigentümer. [43] So war denn das Bürgertum von allem Anfang an an der Urbanisierung des Landes beteiligt. Die Bürger besaßen Höfe, Poderi, die in Halbpacht vergeben wurden, oder auch nur

41   Ferdinando Milone „L'Italia nell'economia delle sue regione" Turin 1955, S. 510 und „Ann. dell'Agricoltura Ital." 1962

42   Wolfgang Hetzel, „Zur Problematik der „mezzadriä Italiens" Zeitschrift für Agrargeschichte und Agrarsoziologie, Jg. 5,1957, Heft 2, S. 180—193, S. 182

43   Daniel Wayley, 1969, S. 28

Parzellen, welche in anderer Art von Pachtverträgen an landsässige Bauern vergeben wurden. Die Gemeinden verboten den Bürgern auf ihrem Landeigentum selbst zu arbeiten und schrieben auch die Dauer des Landaufenthaltes vor: drei Monate in Pisa. In Florenz spricht Villani von vier Monaten, die man auf dem Lande zu verbringen pflegte. Die dem Bürger zugeordneten Einzelbesitzungen standen also ohne einen zwischengeschalteten Verwalter (Fattore) in direkter Verbindung mit der Stadt. Gewiß gab es im Laufe der Jahrhunderte Konzentrationsbemühungen von Seiten der Signorilen, welche versuchten, sich in den Besitz von ländlichem Eigentum zu setzen, das in Händen von Bürgern der Städte war. Aber es gab auch zu allen Zeiten Bankrotte von Firmen, die Villen besaßen, deren Fattorien ausgeschlachtet wurden, wobei auch immer wieder Poderi in bürgerliche Kreise kommen konnten.

So ist es erklärlich, daß um 1939 in der Toskana weitere 56 324 Poderi a colonia parziaria gab, die keiner Villa zugeordnet waren. [44] Wieviele von diesen nun in echter Mezzadria classica in direkter Verbindung zum städtischen Besitzer, unter Übergehung des Fattore standen, darüber gibt es keine Unterlagen. Hier ist es ähnlich wie bei den Größenordnungen der Poderi, die Villenherren gehören. Mehr als eine Grundlage für eine Schätzung geben sie nicht her. Es mischen sich Teilpachtverträge für Grundstücke, wie sie in ganz Italien besonders im Mezzogiorno praktiziert werden, unter echte in Mezzadriaverhältnis stehende Höfe, Erbpacht, Geldpacht bestehen außerdem und gelten ebenfalls für Grundstücke städtischer Besitzer. Die „poderi fuori le fattorie", die Einzelpoderi, sind meist etwas kleiner als die den Villen verbundenen Mezzadriahöfe. In den Gruppen zwischen 5 und 500 ha sind sie weniger zahlreich als die „podere entro le fattorie", während sie in den kleineren Größenordnungen unter 3 ha dreimal so zahlreich sind wie die „podere entro le fattorie". Unter den 33 458 Poderi in den Größen zwischen 3 und 100 ha wird eine Mehrzahl den „poderi a mezzadria classica" zuzurechnen sein. [45] Sicher ist hier auch die Streuung dieser „poderi fuori le fattorie" über andere mögliche Pachtformen größer als bei denen „entro le fattorie". Hier ist noch ein reiches Feld für sozialgeographische Untersuchungen der Beziehungen städtischer Bürger zum Lande.

Eigentümer solcher Besitzungen sind Angehörige des städtischen Mittelstandes: Handwerker, Kaufleute, Künstler, Kunsthandwerker, Beamte. Ob Kaufhausbesitzer in Arezzo, Handwerker oder Inhaber einer Bottega, Juwelier auf dem Ponte Vecchio in Florenz, Professor in Pisa oder Schiffskapitän der Tirrenia Linie: in allen Schichten und Berufen könnte man einen solchen Landbesitz finden, der den Charakter des Podere in Mezzadria classica hat. Die grundbesitzenden Popolanen des Villani gibt es heute noch. Allerdings hat ihr prozentualer Anteil an der Gesamtbevölkerung der toskanischen Städte infolge deren schnellen Wachstums in den letzten Jahrzehnten des industriellen Aufschwungs erheblich abgenommen.

Zur „mezzadria classica" gehören beide, ob „entro" oder „fuori le fattorie". Ihr Wesen ist durch Alter und ein humanes Padrone-Kolone-Verhältnis bestimmt, welches das einer Gesellschaft, einer „associaziane" ist. Die „mezzadria classica" ist Erfüllung und Weiterführung einer antik mediterranen Lebensvorstellung des Städters.

44   Paolo Albertario, 1939, S. 188
45   Paolo Albertario, 1939, S. 188

Das Podere eines einzelnen Besitzers, der vielleicht einmal weit entfernt noch ein zweites oder drittes haben mag, trägt einen Fattore nicht, bedarf seiner auch nicht. Seine Rolle spielt der Besitzer selbst, manchmal auch auf Kosten von Qualität und Leistung. Die Notwendigkeiten, die zur Villegiatura führten, – Aufsicht und Ernte, – sind dieselben wie die, welche zum Bau der Villa führten. Dementsprechend wurden schon früh in der „casa colonica" außerhalb der Fattoria Räume hergerichtet, wie sie städtischen Wohnbedürfnissen entsprechen: mehr oder minder bescheidene urbane Ausstattung, gemalte Stuckdecken, den Villen nachgeahmt, Loggien mit Fresken, eine signorile Zypresse oder eine Pinie neben dem Hause. Nicht gerade selten blieb in den Zeiten des Niedergangs der städtischen Gewerbe der bürgerliche Eigentümer ganz auf dem Lande und bewirtschaftete nun selbst den Hof, eine Erscheinung, welche in Umbrien zu beobachten und sicher auch anderswo gelegentlich anzutreffen ist.

So gibt es denn auch die Villegiatura ohne Villa, geboren aus dem gleichen Geist der mediterranen Urbanität. Sie hat in mancher sozialen Beziehung größere Bedeutung als die beschriebene Villegiatura der Signorilen, weil sie weitere Schichten und an Zahl einen viel größeren Personenkreis erfaßt. Da wo es zu einem vollständigen Halbpachthof nicht reichte, konnte und kann auch eine einzelne Parzelle mit einem Weingarten, einem Olivenhain mit Unterkultur, in Teilpacht vergeben, die Gelegenheit zur Villegiatura bieten. „Fare una villegiatura tranquilla" ist seit Jahrhunderten für den Bürger und seine Familie der Herzenswunsch des Jahres.

> „Da in Italien das alte Band zwischen Stadt und Land nicht völlig zerschnitten war und die meisten Familien des städtischen Bürgertums in der Provinz einen Weingarten, ein Landhaus, einen Olivenhain oder dergleichen besaßen, wurde ein beträchtlicher Teil des Jahres, meist von Mai bis zu den Santi (Allerheiligen) im November, auf dem Lande, in der Villegiatura verbracht, was übrigens, zumal in der Erntezeit, bei den herrschenden Pachtsystemen wegen der notwendigen Kontrollfunktion des Besitzers auch eine wohlbegründete wirtschaftliche Ursache hatte. Im Übrigen war das Leben auf dem Lande außer im Kulinarischen auf das äußerste primitiv. Spaziergänge wurden nur in geringstem Maßstabe und langsamsten Schrittes unternommen und reduzierten sich auf ein, der Nachbarn wegen, in mehr oder weniger eleganter Toilette unternommenen Auf und Ab auf der an oder nahe am Gute oder Hotel gelegenen Landstraße. Sport, auch Tennis gab es, wenn man das öde und staubige Bocciaspiel nicht gar als Sport rechnen will, überhaupt nicht. Die Abende verbrachte man beim Kartenspiel. Wenn es hoch kam, spielte man dann noch auf verstimmtem, wenn nicht gar verstümmeltem Klavier etwas Opernmusik aus Donizetti, Verdi, Ponchielli. Dazu etwas Lektüre aus Fogazzaro, de Amicis, Barrili."

So schildert Robert Michels [46], ein bedeutender deutsch-italienischer Historiker, die Villegiatura. Diese „piccolo mondo antico", die einem der Romane Fogazzaros den Titel gab, lebte also auch für weitere Kreise als die der Signorilen in der Villenkultur bis fast in die Gegenwart hinein weiter. (Wie weit es heute noch so ist, wenige Jahre nach dem Zusammenbruch des Mezzadriasystems, bedürfte noch

---

46 Robert Michels, „Italien von heute", „Politische und wirtschaftliche Kulturgeschichte von 1860–1930, Zürich 1930, S. 64f.

der Untersuchung). Wenn man bei seinem Pächter nicht unterkam, so dann im
Albergo des Ortes. Die Bezeichnung Hotel, die Michels im Zitat für das einfache
anspruchslose Albergo verwendet, weckt zu hohe Erwartungen. Was über die Art,
die Zeit zu verbringen, gesagt wird, – in der man eine Nachwirkung des Verbotes
jeder Tätigkeit auf dem Lande, das im Mittelalter erlassen wurde, erkennen möchte, – gilt zum großen Teil heute noch in jeder italienischen Sommerfrische.

Darum wird auch der deutsche Gast die aus Mitteleuropa gewohnten ausgreifen-
den Spazierwege oder gar Wanderpfade ärgerlich vermissen. Ein Land des Mittelmeeres, das traditionsgemäß mehr das Tragtier verwendete als den Wagen, ist somit außerdem auch spärlicher mit Feld- oder Waldwegen ausgestattet, die solchem
Wanderwegenetz ja meist zugrundeliegen. [47] Mit seinem Esel geht man querfeld-
ein oder querbusch. Das Bedürfnis nach Wanderwegen ist ohnehin nicht allzu groß.

Für die modern gewordene Fremdenverkehrsgeographie verdient die Bemerkung
Michels' von der „Primitivität außer im Kulinarischen" besondere Beachtung. Das
gute Essen, das man in der Villegiatura erwartet, ist eine Wertvorstellung, die noch
aus der Zeit stammt, das das Land direkt vielen Städtern zur Selbstversorgung
diente. Dieses derb selbstversorgerische Verhältnis des Städters zum Lande kam
anläßlich der Sonntagsfahrverbote 1973/74 zutage. Dieses Verbot traf den einzelnen Italiener hart, man fuhr Sonntag für Sonntag ins Freie. Aber das Grüne war
kaum das Ziel, ebensowenig das Wandern. Man fährt hinaus, um im möglichst
großen Familienkreis stundenlang zu essen; aus der Villegiatura stammt die Vorstellung, daß die guten Dinge des Lebens, die „fagioli," die „carciofi", die Salate
und all die anderen vielen Gemüse, deren Zartheit Viktor Hehn einst ein Loblied
sang, aber auch die Eier, die „paste", die Kuchen, die „bistecche fiorentine", die
„bracciole", das „pollo" dort, wo sie wachsen, am besten sein müssen.

So ist das „villegiare" ein zweiter Lebenszustand, eine Zielvorstellung des Italie-
ners, die sich nicht nur auf die wohlhabenden Schichten, den „popolo grasso",
beschränkt, an ihr hat auch das bürgerliche, ja kleinbürgerliche Leben des „popolo
minuto", zu allen Zeiten teilgehabt. Sie ist ein sehr lebendiges Relikt aus dem 13.
Jahrhundert, als die Stadt mit allen ihren Schichten das Land in Besitz nahm. Ja,
sogar der vom Lande kommende Bauer, der in die Frühindustrie als Arbeiter einging, konnte öfters einen Teil seiner früheren Äcker in Erbpacht oder sonstwie
behalten. [48] Auch für den kleinen Mann gehört die Villegiatura zu den Wert-
vorstellungen des Städters, die er mit den signorilen Villenbesitzern teilt.

Die Villegiatura ohne Villa zeigt uns, daß die Villa nur ein Ausschnitt ist aus
dem breiten Erscheinungsbild des städtischen Grundbesitzes, des Verhältnisses der
Stadt zum Lande, das hier ausgesprochen mediterranen Leitbildern folgt. Die
Villa ist nur ein Teilaspekt der auch das Land einschließenden städtischen Lebensform. Das Land ist „verdünnte Stadt", „città rarefatta" [49] in der Toskana, so
hat ein jüngerer Schilderer der Region über dieses Phänomen ausgesagt. Diese
städtische Lebensform umschließt Kleinbesitz von der Parzelle bis zum einzelnen

47   Allessandro Cucagna, „Note Anthropogeografiche sulla conca di Sauris, Udine 1951. Der
      Verfasser sieht im „carro tirato dal cavallo" ein „tipico mezzo di trasporto tedesco" und
      deshalb im gut ausgebildeten Wegenetz ein Kennzeichen der deutschen Besiedlung, welche
      die Sprachinsel deutlich von der sonst italienischen Umgebung abhebt.

48   Josef Kulischer, „Allgemeine Wirtschaftsgeschichte des Mittelalters und der Neuzeit", 2 Bde,
      3. Aufl. München–Wien 1965, Bd. I, S. 136f

49   Guido Ferrara, „La storia e l'architettura" in „La casa colonica in Toscana", Florenz 1966,
      S. 61

Podere, zur kleinen Villa, die sich nur wenig über das „podere individuale" erhebt (Zeichn. 8), bis zum großen Villenbesitz, welcher die dem Latifundium zugeschriebene Größe erreicht (Zeichn. 9), ohne je eins zu sein. Städtischer Klein- und Kleinstbesitz und die große Villa „von Welt" sind aus demselben urbanen Geist.

Zeichn. 8   Villa „i Cannonici"

Die zu einem übergeordneten Betrieb, einer „fattoria", zusammengefaßten „poderi", zehn, zwanzig und noch mehr an der Zahl, — es gibt auch Villen, die nur einen oder zwei Pachthöfe haben, wie solche mit 30 und 40 und 100 Pachthöfen, — unterstehen wirtschaftlich dem „fattore", dem „villicus" der Alten. Die Fattoria ist sozusagen der entfeudalisierte Maierhof, der Fattore der urbanisierte Maier. Auch er ist in der Regel, wie der Capoccia, mit dem Padrone, dem Villenherrn, durch lange, Generationen überdauernde Tradition verbunden. Die Fattori bilden zwischen dem städtischen Herrn und den Halbpächtern eine dritte mittlere Schicht. Diese modernen „Maier" eines seit früher Vergangenheit auf Privatrecht gegründeten Besitzes besuchen heute die landwirtschaftlichen Hochschulen und sind in einer Zeit, in der sich gegenwärtig die Ordnung der „mezzadria classica" auflöst, besonders unentbehrliche Betriebsleiter. Die explosive Landflucht der letzten zehn Jahre, welche die Mezzadri erfaßt hat, und die gleichzeitige Umwandlung der Fattorien mit ihren einst über das Land verteilten Einzelbetrieben, nunmehr zusammengefaßt in Großbetriebe, stellen die Fattore vor neue Aufgaben.

Die Fattoria war immer eine Einrichtung zur Koordinierung der Wirtschaft der verschiedenen Poderi, zur Sammlung der verschiedenen Ernteerträge, seit längerer Zeit in zunehmendem Maße auch der Verarbeitung zu Oel und Wein. In der Regel unterstand dem Fattore auch die Verwaltung des Waldes, die Verpachtung der Weiden und der „seminative nudi", der reinen Getreideäcker.

Der Mezzadro spielt in diesem Agrarsystem eine Hauptrolle, gleichviel ob das
Gut zu einer Fattoria gehört oder städtischer Einzelbesitz ist; er stellt die soziale
Leitform dar und nicht der Taglöhner wie im Mezzogiorno. Der Mezzadro bewirt-
schaftet diese Podere als Betriebsführer. Er bekommt die Casa colonica, die Arbeits-
geräte, das Arbeitsvieh und anderes gestellt, also den kompletten Betrieb mit dem
Grundstück, und gibt als Gegenleistung die Hälfte des jährlichen Naturalertrages.

In der Regel wurde dieses Verhältnis des Padrone zum Kolonen — wie man den
Mezzadro auch gern in Erinnerung an spätrömische, aber durchaus nicht immer
ähnliche Verhältnisse nennt — vom Vater auf den Sohn vererbt, meist ohne schrift-
liche Vereinbarung. Es war oft eine Jahrhunderte alte Zusammengehörigkeit, die
einer solchen nicht bedurfte.

Der „capoccia" (capo casa), der Hausvater, verpflichtete durch dieses vertrag-
liche Verhältnis auch seine Familienmitglieder. Das Mezzadroverhältnis schloß auch
eine vereinbarte bestimmte Größe der Familie ein. Damit sollte einerseits der notwendige Bedarf an Arbeitskräften gesichert werden, sollten andererseits aber auch
dem in Italien so besonders starken Zusammenhalt der Familien mit Schwieger-
söhnen und Töchtern Grenzen gesetzt werden. Dieser italienische Familiensinn
hat in Süditalien beim Fehlen des Brauches vom weichenden Erben schon so
manche Bodenreform zum Scheitern gebracht. Die begrenzt großen Familien, wie
sie aus den Halbpachtverträgen bedingt sind, treten auch in den Volkszählungser-
gebnissen zu Tage.

Im Jahre 1911, also zu einer Zeit, da diese Sozialordnung noch ziemlich unberührt und unbeschädigt in Geltung war, gab es in ganz Italien 32 402 Familien, die
16 Mitglieder und mehr hatten. Von diesen waren 28 706 allein in den sechs Regionen Lombardei, Venezien, Emilia, Toskana, Umbrien, Marken gezählt worden. In
der Toskana gab es 3 763 solcher großen Familien. [50] Also den fast 29 000
solcher Großfamilien in den klassischen Halbpachträumen stehen in den übrigen
12 Regionen nur 3 700 derart große Familien gegenüber, also gerade soviel, wie
die Toskana allein besitzt.

Hier wurden wieder einmal, wie so oft in Statistiken, zwei für sozialgeographische Betrachtung völlig verschiedene Sozialeinheiten zusammengefaßt, einmal die
normale Kleinfamilie von Eltern und Kindern, und ein andermal die um den
Herd, den „focolare" versammelte Hausgemeinschaft, welche zugleich Arbeitsge-
meinschaft ist. Ihr Kern ist gewiß die Familie der Eltern und Kinder, es kommen
aber auch hinzu angeheiratete Mitarbeiter, vielleicht auch mit ihrer Familie, also
Elemente einer Großfamilie; aber außerdem kann zu dieser in ihrer Größe ver-
einbarten Familie der fremde angeworbene Mitarbeiter gehören, der hier völligen
Anschluß findet, womöglich ebenfalls mit Angehörigen. So kommen die Familien
mit zwölf, sechzehn, zwanzig und noch mehr Mitgliedern zusammen. Sie stehen
alle unter dem einen Mezzadria-Vertrag, den der „capoccia" für alle abschließt.

In dieser großen Arbeitsfamilie spielt die „massaia", die Wirtschafterin, eine
ähnliche matriarchalische Rolle, wie die „nonna" in den von vielen verwandten
Kleinfamilien bewohnten großen Steinhäusern, wie sie in den übrigen Agrarge-
bieten Italiens so oft vorkommen.

Der Mezzadro ist neben den beiden anderen hauptsächlichen Erscheinungen
des italienischen Bauerntums der bei weitem Bevorzugtere. Er hat unter den Contadini das leichtere Los. Er stand sich schon immer viel besser als der selbständige

50   Censimento della popolazione del regno d'Italia al 11. giugno 1911, S. 139

Zeichn. 9   Villa Capezzana

Bauer, der in den unter Realteilungssitten stehenden Landschaften ständig von materieller Not geplagt ist, besser auch als der in dumpfer Abhängigkeit lebende Taglöhner und Teilpächter des Südens. Das Interesse des Grundeigentümers ließ keine Teilung des Podere zu. So genoß der Mezzadro alle Vor- und Nachteile eines Erbhofbauern. Die Abhängigkeit von der Weisungsbefugnis des Padrone ging jedoch nie so weit, daß der Mezzadro aller Selbständigkeit beraubt gewesen wäre. Im allgemeinen lief sie auf den in aller Welt üblichen Brauch der Bewirtschaftung in „ortsüblicher Weise" hinaus. Noch 1908 konnte Rudolf Borchardt in seinem Essay „Villa" das Verhältnis von Padrone und Mezzadro so positiv sehen:

> „Der Herr liefert den Bauern das Arbeitsgerät, Maschinen, wo sie einge-
> führt sind, Saat- und Setzkorn, wo es erst beschafft werden muß, in
> teuren Zeiten auch wol Korn und Wein auf Borg; er erhält dafür die
> Hälfte des Reinertrages und hat also das gleiche Interesse daran, sich
> seine Bauern arbeitswillig und arbeitsfähig, wolgemut und vergleichsweise
> zufrieden zu erhalten, wie diesen daran gelegen sein muß, den Anteil
> des Herrn und damit den eigenen tunlichst hochzubringen. Da keine
> Sondergesetzgebung sich in dies einfältige und gerechte Verhältnis
> drängt, um durch normierte Höchstforderungen und Mindestleistungen
> die bunte Vielfalt, die aus freiem Willen und verschiedenen Kräften,
> entsteht, in eine Beamtenlangeweile mit Pensionsberechtigungen zu ver-
> wandeln, so bleibt jedem der beiden Teile ein weiser und anständiger
> Spielraum, es bildet sich aber ferner ein innerlicher Zwang heraus, der
> den äußerlichen an Wirksamkeit mehr als ersetzt, eine geheime Wechsel-
> beziehung von unausgesprochenen Verpflichtungen, Gebundensein und
> Binden, die bei allem festgehaltenen Anschein eines aristokratischen
> Regimes in Wahrheit ein so demokratisches Gemeinwesen schafft, wie
> nur je ein Comune des Trecento gewesen ist." [51]

51   Rudolf Borchardt, 1960, S. 59

Wem diese Schilderung zu optimistisch erscheinen mag, der lese in Serenis
„Storia del paesaggio agrario italiano" nach:

> „Diese geniale Landschaftspflege, diese freie Erfindung der kleinsten
> Einzelheiten, des intimen Gewebes des agrarischen „bel paesaggio"
> kann nicht das Werk einer Sklavenarbeit sein; sie setzt gewiß eine Ent-
> wicklung der sozialen Produktivkräfte voraus, schon viel höher ent-
> wickelt als die der klassischen Antike, aber er offenbart auch und vor
> allem neue Beziehungen zwischen den Menschen, einen schöpferischen
> Beitrag, der nicht der eines Besitzers von Sklaven und angeketteten
> Knechten sein kann, sondern er muß das Werk eines jeden Pächters
> eines jeden Kolonen, eines jeden Mezzadro sein. [52]

Das schreibt ein Autor, der sich in seinem Werk sehr deutlich als Anhänger
von Marx und Engels bekennt und deren Lehren in ihm anwendet. Ein anderer
italienischer Autor schreibt vom toskanischen Mißtrauen gegen alles, was rustikal
ist und von der Tendenz und dem Glück aus einem Villano einen Kunsthandwerker zu machen, wenn nicht gar einen Künstler. Dieser erweist sich, sobald sich
das Kapital der Landwirtschaft zuwendet, als Schöpfer von Weinbergen, Oliven-
hainen, der immer von einem ästhetischen Instinkt geleitet ist. [53] „La lotto
contro la natura" [54], als deren Ergebnis wir den italienischen Garten und das
Renaissancebild des „bel paesaggio" der Toskana, wie wir sie oben beschrieben
haben, kennen lernten, war ohne die Gemeinsamkeit von Villenherren und Kolone
nicht möglich. [55] Hier wurde erste Landschaftspflege betrieben.

Was ist Mezzadria? Ist sie Arbeitsvertrag oder Pachtvertrag? Die ersten Mezza-
driaverträge treten schon im 9. Jahrhundert auf. [56] Nur wenige sind zunächst
überliefert, ihre Zahl wächst im 12. und 13. Jahrhundert bis in die Mitte des 14.
an, – eben in der Zeit der Entstehung der freien Comunen und ihrer Landnahme.
Schon der erste Vertrag von 821 sagt etwas aus, was für alle späteren Jahrhunderte
entscheidend bleiben sollte: die Gestellung des Arbeitsviehes: „Wenn Du mir die
Ochsen gibst, arbeiten wir für Dich die halbe Woche." Diese Ochsen, – später
kommen Transporttiere, Esel, Maultiere hinzu, – stellen den äquivalenten Energie-
beitrag des Padrone zur Arbeitskraft des Mezzadro dar und Imberciadori sagt:
„il merito 'e dei bovi, veri protagonisti del contratto mezzadrile" [57]. Hinzu
kommt das feste Haus, abgesondert in der Mitte oder am Rande des Podere. Es
verleiht in seiner Isolierung dem Mezzadro und seiner Familie eine autonome
Stellung, die ihn von hier an über alle seine Standesgenossen in Italien und auch
über die meisten Europas erhebt. Wir wissen es auch aus unseren Einzelhofge-
bieten etwa in Tirol oder der Schweiz, denen Westfalens, welchen Grad von
Selbständigkeits- und Unabhängigkeitsbewußtsein die isolierte Lage verleihen
kann. Was wir hier mit Wohnhaus, Gerät und Arbeitsvieh vermerken, vom Padrone
gestellt, bedeutet Investition städtischen Kapitals auf dem Lande, in die Agrarwirtschaft, mindestens seit Beginn unseres Jahrtausends!

52   Emilo Sereni „Storia del paesaggio agrario italiano", Florenz 1951, S. 139
53   Arrigo Benedetti „La società" in „La casa colonica in Toscana" Florenz 1966, S. 10
54   Arrigo Benedetti, 1966, S. 11
55   I. Imberciadori, „Mezzadria classica toscana con|documentazione inedita dal IX al XIV
      secolo." Florenz 1951, S. 36f
56   I. Imberciadori, 1951, S. 39
57   I. Imberciadori, 1951, S. 39

Ganz im Gegensatz zur These Sombarts, daß aus den großen Grundbesitzungen die großen Barvermögen kommen, ist es hier der unerhörte Reichtum, in Handel, Gewerbe, Industrie und Banktätigkeit erworben, der nach Investition auf dem Lande drängt. Es bleibt ja nicht bei Arbeitsochsen – unerhört neu und seitdem bäuerliches Statussymbol, wie heute der Traktor –, Gerät und Wohnhaus. Der Kapitalgeber wird weiter investieren müssen: in die sogenannte Infrastruktur, er wird Wege bauen, Wassermühlen einrichten, – auf dem Bild vom „governo buono" des Lorenzetti ist schon eine zu erkennen. In die Fattorien werden Kelter- anlagen, Oelpressen eingebaut. Mit den Intensivierungen in späteren Jahrhunderten, mit dem Ausbau der Kulturterrassen, Bewässerungs- und Entwässerungsanlagen, mit der Umwandlung von Weiden in Kulturland, Bodenschutz – gerade er wird mit dem inneren Ausbau des Podere immer wichtiger – kommen neue Kapital- ansprüche der Poderi auf den Padrone zu. Diese dauernde Kapitalinvestition unter- scheidet auch den größten Besitz an Villen vom echten Latifundium.

Die langfristig wirksamen Betriebsinvestitionen trug und trägt der Villenherr. Nur der jährliche Kostenaufwand für Saatgut, Dünger u. a. wurde zwischen den Gesellschaftern geteilt. Im Einzelnen ist der Mezzadriavertrag vieler Variationen fähig. Bei einem solchen Kapitalrisiko ist allerdings ein einfaches Verhältnis vom Herrn zu einem allzeit servilen Bauern nicht denkbar. Schon im 14. Jahrhundert hat ein Agrarschriftsteller, Bartolo da Sassoferrato (1314–1357), sich Gedanken über dieses Verhältnis gemacht. Imberciadori nimmt diese den Ursprüngen noch so nahen Überlegungen auf und bezeichnet das, was schon Bartolo als „quasi societas iure" genannt hat, als einen Gesellschaftsvertrag. [58] Im Mezzadriavertrag schlie- ßen zwei freie Familien einen Kontrakt, der erblich ist, die ganze Familie betrifft und, bei allem Brauch der Übertragung vom Vater auf den Sohn, doch grundsätz- lich kündbar ist. Die auf Grund des Kapitalrisikos vom Padrone sorgfältig ausge- suchte Familie geht in der Arbeit auf dem Podere auf und erkennt sich gemein- sam verantwortlich für eine kluge, geordnete und zeitgerechte Bearbeitung des Podere; dabei werden die Arbeiten je nach Begabung und Können untereinander aufgeteilt. Das Mezzadriaverhältnis hat eine gewisse entfernte Ähnlichkeit mit einer Kommanditgesellschaft, bei der der Padrone der Kommanditist und der Mezzadro der Komplementär ist. Wenn auch der Padrone Weisungsrecht besitzt, so wird er sicher im eigenen Interesse dieses in Absprache mit seinem auf diesem seinem Grund erfahreneren Gesellschafter wahrnehmen. In der Ausführung der Weisung ist der Mezzadro autonom. Als Leiter einer 10–25 Personen umfassenden Arbeits- familie hat er eine beachtliche Position und ist er eine Persönlichkeit, der jene von italienischen Autoren oben beschriebenen ihm zugeschriebenen Leistungen in der Landschaftsgestaltung wohl zu leisten vermag. Eine lange etruskotoskanische Ver- gangenheit steht da hinter ihm.

Also nicht Pacht und nicht Arbeitsvertrag sondern „associazione", Gesellschaft ist das Mezzadriaverhältnis zwischen Villenherrn und „capoccia", städtischer und bäuerlicher Familie.

Der „Dizionario Garzante della Lingua Italiana" [59], sozusagen ein italienischer Duden, definiert Mezzadria: „Associazione fra un proprietario di terre e un colono per la coltivazione di un podere e la divisione degli utili." (utili = Erträge)

58   I. Imberciadori, 1951, S. 64

59   „Dizionario Garzanti della Lingua Italiana, „Mailand 1970

Man versuche sich das Feudalverhältnis zwischen Grundherrn und Grundholden vorzustellen und man wird begreifen, welch weiten fortschrittlichen Sprung der toskanische Contadino hier getan hat.

Der naheliegende Versuch, in der Mezzadria eine kontinuierliche Fortsetzung des spätrömischen Kolonates zu sehen, brächte nur sehr formale Gesichtspunkte ins Spiel.

Das Kolonat entstand am Rande der Latifundien zu einer Zeit der schwindenden Sklavenwirtschaft zur Deckung des Arbeitskräftemangels. Kolone konnten freie und auch Sklaven sein. Auch der freie Kolone wurde im alten Rom zum Schluß, wenn er 30 Jahre auf dem Besitz lebte und arbeitete, schollenhörig. [60] Das römische Kolonat war eine Institution des Latifundiums und nicht ein Teil des römischen Villenwesens. Die Blütezeit des römischen Villenwesens lag lange vor der Entstehung des Kolonates. Der Anfang des Kolonates war mit dem Niedergang der Geldwirtschaft verbunden. Die Mezzadria beginnt in der frühesten Dämmerung der comunalen Bewegung zur freien Stadt. Ihre Anfänge standen noch in der ausklingenden Naturalwirtschaft. So ist diese formale Übereinstimmung mit dem römischen Kolonat, welche in der Teilung der Naturalerträge liegt, verständlich. Imbercadori sagt hier: „Der klassische Mezzadriavertrag entstand nicht in der Fassung noch in der exakten Modellierung nach antiken Beispielen, sondern er vollendete und bereicherte sich im Laufe der Zeit mit wirtschaftlichen und rechtlichen Elementen, . . .“ [61]

Gewiß ist auch die soziale Lage des Mezzadro durch die Zeitläufe hindurch nicht gleichbleibend so optimal geblieben, wie sie Bartolo da Sassoferrato sah. Im Auf und Ab der Konjunktur und in den Schwankungen der kulturellen und geistig sozialen Strömungen blieb sie doch immer an Bartolo's „quasi societas iure“ orientiert. Der Geist der „associazione“ konnte zeitweilig gemindert sein und des Mezzadro's Lage sich verschlechtern. Aber der „spirito dell' associazione“ ging nie ganz verloren. Das verlangte des Villenherrn Interesse an den nicht unbedeutenden Kapitalien, die er in seine vielen Poderi gesteckt hatte. „Beide zusammen, Eigentümer und Bauer geben dem Gut und der Arbeit erhöhte Effektivität zum gemeinsamen Nutzen des Geldkapitals, der Vorräte, des Viehes, der Werkzeuge, basierend auf der Bilanz des Eigeninteresses und des eigenen Gewissens bei der Suche nach dem Gleichgewicht, welches sich von Mal zu Mal, von Zeit zu Zeit, von Ort zu Ort variabel erweist wie die Erde und der Mensch.“ [62]

Ausländische Beobachter haben immer wieder auf das gute menschliche Verhältnis hingewiesen, das zwischen den Ständen, u. a. auch zwischen Gutsherrn und Bauern in Italien zu beobachten sei. Immer waren die Reiseschriftsteller überrascht von der geringen menschlichen Bedeutung tatsächlicher und materiell großer Besitz- und Standesunterschiede. Ernst Moritz Arndt beschreibt in seinen Reiseberichten aus Italien, wie sehr sich die Franzosen, die in revolutionärem Schwung das Land eroberten und sich als Befreier wähnten, über die geringe menschliche Distanz zwischen den Ständen wunderten, so daß selbst in den Theatern das italienische Volk keine Standesunterschiede kenne. Mdme. de Stael staunt in ihrem „Corinne ou Italie“: „les distinctions font en general peu d'effet en Italie“. Auch fast jeder Reisebericht deutscher Italienreisender gibt davon

60   J. Kulischer, 1965, S. 33f
61   I. Imberciadori, 1951, S. 73
62   I. Imberciadori, 1951, S. 65f. Ähnlich Enrico Fiumi in „Sui rapporti tra città e contado
        nell'età comunale“ (Arch. Storico italiano, 1956, S. 18—68)

Kunde. „Zwischen Herr und Diener ist in Italien nicht der Abstand, wie in England und Frankreich oder Deutschland." bemerkt Robert Michels einmal [63] und zitiert dabei Arnold Ruge: „die niederen Klassen fühlen sich und werden weniger zurückgesetzt," den Heidelberger Jurist und Politiker Carl Josef Anton Mittermeier: „Kein anderes Volk hat ein so feines Gefühl für anständige Behandlung, als der Italiener." Daher sind auch alle Stände „nahe gerückt" und „durch gleichen Anstand verbunden". „Der Offizier und der Gemeine sitzen in demselben Kaffeehause am selben Tisch; der Signore und sein Gärtner leeren in der Laube gemeinsam ihre Bottiglia, der Untergebene spricht höflich, doch nicht unterwürfig und kriechend mit dem Oberen ..." „Umgekehrt benehmen sich auch wieder die höheren Stände gegen die niederen mit einer Achtung und Zartheit, die nichts mit dem anderswo gebräuchlichen schroffen Übermut gemein hat". [64] So konnte noch 1887 Viktor Hehn über die menschliche Nähe der Stände in der italienischen Bevölkerung schreiben. (Die Meinung des Marxisten, es handele sich hier um eine besonders abgefeimte Art von Klassenkampf, um „klassenkämpferische List," siehe unten S. 131, können wir hier mit einem Lächeln übergehen).

Diese Reihe von Bekundungen von Italienreisenden und Kennern, die allerdings ihre Erfahrungen fast nur aus Mittel- und Norditalien holten, könnte beliebig verlängert werden. Sie unterstützen das vorstehende Zitat aus Rudolf Borchardt's „Villa" vom Anfang unseres Jahrhunderts, das von einem Anschein eines aristokratischen Regimes spricht, das in Wahrheit aber ein demokratisches Gemeinwesen schafft. Schließlich war ja diese Aristokratie in den Villen im Grunde bürgerlich und im doppelten Sinn des Wortes urban geblieben. Diese gewisse „disposizione d'animo" in der italienischen Gesellschaft schuf den „spirito di comparticipazione", der das Verhältnis zwischen der städtischen Familie und der des Mezzadro in ein „equilibro degli interessi" brachte; vielleicht war es auch umgekehrt und trug die „quasi societas iure" zwischen Bürgern der Comune, welche Stadt und Land umfaßt, zu einem Verhältnis bei, das Bartolo in der Sprache seiner Zeit mit dem Satz „societas habet vim fraternitas" [65] vielleicht ein wenig überzogen beschrieb; setzen wir Heutigen aber statt fraternitas das Wort „humanitas" ein, so ist der auf die Mezzadria hin gesagte Satz sicher richtig.

Die Modernität, die industrielle Entfremdung, hat das meiste von dem zerstört, aber manchmal kann man doch noch heute solches beobachten, wie es Hehn im Verhältnis zwischen Gutsbesitzer und Bauer sah. Weil sich Mezzadria nicht in einem Pachtvertrag erschöpfend darstellt, sondern ein subtiles Verhältnis des Mezzadro zur Stadt und zu seinem städtischen Gesellschafter voraussetzt, sind alle Versuche, den Mezzadrovertrag auf andere Verhältnisse zu übertragen, nie recht erfolgreich gewesen. [66] Ein neu geschaffenes Verhältnis zu einem Konsortium, zu staatlichen Stellen, zu einer „ente", kann das Gewordene der „quasi societas iure" nicht ersetzen. Nur sie ist „mezzadria classica." Nur im sehr komplexen Verband von agrarischen, sozialen, menschlichen Stadt-Land-Beziehungen, aus ihrem Werden in 1000 Jahren ist die Mezzadria zu begreifen. Aus diesem Verbund „Villa" herausgelöst, ist sie eine erfolglose, leere Formel und nicht anwendbar.

So wie es nicht sehr erfolgversprechend ist, die Mezzadria losgelöst für sich zu betrachten, hat die sozialgeschichtliche Analyse der Baulichkeit Villa, losgelöst aus

63   Rob. Michels, 1934, S. 62 in Abschnitt III, 1 „Der demokratische Lebensstil"
64   Viktor Hehn, 1900, S.
65   I. Imberciadori, 1951, S. 72
66   Wolfgang Hetzel, 1957, S. 189

ihrem „Ensemble", wenig Sinn. Erst das „Ensemble", wie die heutigen Städte-
theoretiker sagen, ist wichtig und bedarf eingehender Betrachtung: das Geflecht von
Villa, Casa colonica, Padrone und Capoccia, von Coltura mista und Firma, von
Villa und Palazzo, von städtischer und agrarischer Wirtschaft. Alles einzeln genommen hat nur geringen Erkenntniswert. Erst das Zusammenfügen der Einzelerkennt-
nisse gibt diesen Standort und Wert. Auch dürfen diese nicht gesehen werden ohne
jene „geheime Wechselbeziehung von unausgesprochenen Verpflichtungen, Gebundensein und Binden, die bei allem festgehaltenen Anschein eines aristokratischen Regimes in Wahrheit ein so demokratisches Gemeinwesen schafft, wie nur ein Gemeinwesen des Trecento gewesen ist." (R. Borchardt, o. S. 53) Wie anders wäre sonst
die garnicht seltenen Jahrhunderte währenden Mezzadriaverhältnisse zwischen ein
und derselben Bauernfamilie und der des Padrone verständlich!

Die Jahrhunderte lange Verbundenheit des Mezzadro mit dem Padrone beschnitt
ihn deshalb nicht in seiner Menschlichkeit, nahm ihm weder Aktivität noch Ent-
schlußfreudigkeit. In unserem Raum gibt es nicht die Mutlosigkeit, die dumpfe
Lethargie des Südens, den eine absentistische Aristokratie, welche sich um ihr Land
nicht kümmerte und es verkommen und dahindämmern ließ, mit Problemen bela-
stete, an denen das heutige Italien zu zerbrechen droht.

So war der Mezzadro doch immer ein anderer als etwa der in Arbeitskolonne
unter dauernder Aufsicht arbeitende Taglöhner des Latifundiums. Nach sieben bis
achthundert Jahren war aber das System überständig geworden. Selbstbestimmung
und gänzliche wirtschaftliche Freiheit begannen mehr zu gelten als der Vorsprung,
den der Mezzadro heute noch vor den meisten italienischen Standesgenossen
besitzt. Die Bindung an das Relikt der Naturalwirtschaft, welche in der Teilung
des Ernteertrages liegt, war unverständlich geworden. War im Zusammenhang mit
der Bindung an den „focolare" schon in der ersten Hälfte des 19. Jahrhunderts
in der Mezzadriatheorie die Möglichkeit des Heiratsverbotes für die Brüder des
Capoccia aufgetaucht, so deutet das auf innere Schwierigkeiten, auch für die
jüngeren Mitglieder um den „focolare", die menschlich unerträglich geworden waren.

Es gab durch lange Jahrhunderte einen materiellen Vorsprung des Mezzadro
gegenüber seinem einstigen Standesgenossen in der Stadt. Er brauchte nur durch
die Gassen der damaligen Industriestädte, Florenz, Lucca, Siena und anderer zu
gehen, welche zu beiden Seiten von fünf- und sechsstöckigen Häusern eingefaßt
waren oder es heute noch sind und aus dem Ende des Duecento und dem Trecento stammen. Er brauchte diese Wohnkasernen (Bild 24), in denen zugleich
auch gewerbliche Heimarbeit geleistet wurde, – hier standen z. B. die Webstühle, – nur mit seiner „casa colonica" zu vergleichen und wir verstehen, wenn
das stille Wechselspiel der Regungen, Motive und Gefühle im so vielfältigen Komplex von Leitbildern und Prägungen, die ein Mensch als soziales Wesen mit sich
trägt, die urbane Saite nicht zum Klingen brachte.

Revolten dieser seiner ehemaligen Standesgenossen, die sich immer wieder gegen
ihre schlechten Lebensverhältnisse auflehnten, ¬ in jeder dieser Städte, – hatte
der in „mezzadria classica" Lebende immer wieder mitansehen müssen. Er hat
Gespräche mit den unruhigen Wollwäschern, Spinnern und Webern und Arbeitern
anderer unzufriedener gewerblicher Berufsgruppen führen können. Als Mezzadro
kam er häufig genug in die Stadt, um mit ihren Bewohnern Kontakt halten zu
können. Er hat ihn zum Vergleich mit der eigenen Lage veranlaßt und den Zug
in die Stadt gedämpft. Was ihm in der Naturalwirtschaft seiner „associazione"

immer fehlte, war Bargeld, wie ohnehin schon immer bei den meisten Bauern. Nicht beachtend, welchen Geldeswert die von ihm selbst erzeugten Befriedigungen der Lebensbedürfnisse besaßen, sah er seit Beginn des industriellen Wirtschaftswunders die ohnehin inflatorisch aufgeblähten Lohnsummen der Industriearbeiter. Er glaubte nunmehr, der materielle Vorsprung des Mezzadro gegenüber dem städtischen Industriearbeiter, den er auf dem Lande so lange gehalten hatte, sei nunmehr — nicht nur eingeholt — sondern bei weitem überholt.

Die Krise entzündete sich an der Forderung der Mezzadri, die schon zu Beginn des Jahrhunderts von Agrartheoretikern erhoben worden war: „La terra a chi la lavora!" Es war die erste wirklich schwere agrarsoziale Erschütterung in diesem Lande, das keine wirklichen Bauernkriege oder Aufstände erlebt hat.

Schon mehr als hundert Jahre früher hatte es sich gezeigt, daß der Mezzadro „ein Kerl", eine Persönlichkeit war, autonom und zu aktivem Handeln bereit, anders als etwa der „caffone" des Südens, den uns Ignazio Silone in seinen Romanen „Fontamara" und „Pane e Vino" schildert. Aus den Kleinbetrieben, zuerst der Emilia, dann auch der Toskana entwickelte sich eine erste landwirtschaftliche Genossenschaftsbewegung Italiens. Bis dahin hatte der Kolone die Hälfte des ihm zustehenden Ertrages, soweit er ihn nicht selbst verbrauchte, an den Padrone verkauft, zu Preisen, welche dieser oder der Fattore festsetzte. Es war die Zeit, als die gesteigerten Investitionen der Padrone (s. u. S. 86f) und die Agrarchemie Mitte des vorigen Jahrhunderts eine Vermehrung der Ernteerträge ermöglichte und größere, weit über den Eigenbedarf hinausgehende Produktion ein Verkaufsproblem für den Mezzadro wurden. Mit der Gründung der landwirtschaftlichen Genossenschaften, welche die zwar größeren aber immer noch kleinen Überschüsse marktfähig machten, zeigte der Mezzadro eine beachtliche Initiative, sonst ungewöhnlich unter der bäuerlichen Bevölkerung Italiens. Er hatte schon durch die Gemeindereform Peter Leopolds, des ersten in der Toskana wirklich selbstregierenden Lothringers, eine der Zahl der Halbpächter entsprechende Anzahl Vertreter im Gemeinderat, bekommen, neben den Gewerbetreibenden und den Grundsteuerzahlenden. [67]

Der Kolone nahm auch Einfluß auf die Politik des Landes. Wenn der italienische Kommunismus seit Togliatti den eigenen Weg einer nationalen, parlamentarischen Politik einschlug und Vorstellungen von Eigentum und Sozialismus entwickelte, die von denen Moskaus abwichen, so spielte gewiß nicht die letzte Rolle dabei der Halbpächter mit seiner Parole „La terra a chi la lavora"! Kolchosen und staatliche L. P. G. waren sicher nicht im Sinne dieser Forderung. Jedes Ergebnis der Wahlen in Umbrien, in der Toskana, in der Emilia, also immer noch stark landwirtschaftlichen Regionen, die zugleich zu den wichtigsten Räumen des Villenwesens gehören, zeigt die Macht dieser Kommunistischen Partei, die auf der großen Zahl der Mezzadri beruhte. Hier liegen immer die kommunistischen und linkssozialistischen Wähler erheblich über 50 %. Es ist der von den anderen Innenpolitikern so sehr gefürchtete rote Gürtel, der vom tyrrhenischen Meer zur Adria reicht. Nicht in den Industriegebieten des Nordens, nicht in den Elendsgebieten des Südens wurden die meisten Stimmen für die extreme Linke abgegeben, sondern hier im vorwiegend agrarischen roten Gürtel (Karte 4). Es ist der Beppone-Kommunismus, dessen Anhänger ihre Kinder taufen lassen, deren

67   A. Reumont, 1977, S. 91

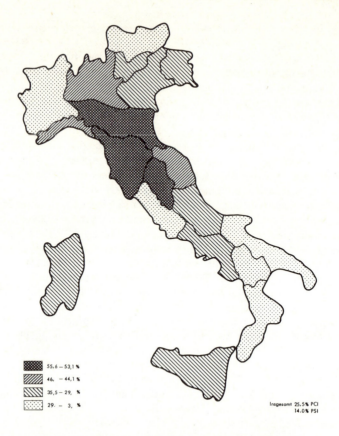

Anteil der linksradikalen Stimmen (PCI und PSI) an den abgegebenen Stimmen
(Senatswahlen vom 28.4.1963)

Karte 4   Anteil der linksradikalen Stimmen in den Regionen Italiens. Senatswahl vom 28.4.1963.
Deutlich wird der rote Gürtel quer durch die Halbinsel. In den wichtigsten Villenland-
schaften fiel mehr als die Hälfte der Stimmen auf Kommunisten und Links-(Nenni)
Sozialisten.

Frauen gegen die Ehescheidung sind, deren Männer Sonntags morgens hinter
Kirchenfahnen in der Prozession schreiten und nachmittags hinter roten Spruch-
bändern demonstrieren. Im überwiegend roten Siena wühlt zweimal im Jahr (1. Juli,
15. August) der Palio, das Pferderennen auf dem „Campo", die Volksmassen von
Stadt und Contado zu leidenschaftlicher Teilnahme auf. Dieser Palio, um den da
gekämpft wird, ist ein Banner mit dem Bild der Jungfrau Maria! Dahinter steht
eine bemerkenswerte Unabhängigkeit; man kann dem Villenwesen nicht nachsagen,
was man jedoch dem Latifundienbereich anlasten muß, daß es die Menschlichkeit
in seiner Gesellschaft habe verkümmern lassen.
    Ob die politische Entscheidung des Kolonen, der seine Chancen wahrzunehmen
entschlossen war, auf lange Sicht gesehen richtig ist, diese Frage stellt sich nicht
mehr, da mittlerweilen „La terra a chi la lavora!" eine Parole ist, die von einer

neuen ganz anderen Bewegung überrollt wird. Seit etwa 10 Jahren ist eine nie dagewesene Landflucht unter den Mezzadri im Gange. Nahezu 90 % der Mezzadri haben ihre Poderi verlassen und folgen uralten mediterranen Leitbildern der Urbanität, die auch in 900 Jahren des Lebens in der Einöde, welche sich jetzt als im Tiefsten doch erzwungen darstellt, nicht unwirksam wurden. Es ist diese Landflucht ähnlich explosiv wie die des ausgehenden Mittelalters. Man hatte sie zwar damals von Seiten der Stadt ausgelöst; sie entsprach damals wie heute nie vergessenen urbanen Leitbildern des Mittelmeermenschen, welcher der Agora, des Forums bedarf, so daß man sich damals schließlich nur schwer des Zuviels der „gente nuova" erwehren konnte. Heute stehen die meisten „case coloniche" leer, und ihre ehemaligen Bewohner finden (noch!) in den Städten Italiens und Europas eine industrielle Beschäftigung. Alle Unternehmen der Regierung, Verbot des Abschlusses neuer Halbpachtverträge, Erleichterungen sehr weitgehender Art zur Übernahme des Podere in den Eigenbesitz, konnten die Flucht in die Industrie nicht hindern. Die Zahl derer, welche von den günstigen Möglichkeiten Gebrauch machten, blieb gering.

Die anderen werden angesichts eines nun endgültig verflossenen ehemals lockenden Wirtschaftswunders heute eigentlich bedauern, dem Angebot der Regierung nicht gefolgt zu sein und den Ruf Imberciadori's und anderer ähnlich Denkender nicht gehört zu haben. Imberciadori hielt 1951, kurz vor der endgültigen Katastrophe, dem zum Aufbruch bereiten Mezzadro vor, er solle nicht vergessen, „daß er ein Haus hat, wie es viele, sehr viele von uns nicht haben; daß sie eine sichere Arbeit für sich und ihre Familie haben, das ganze Jahr über; daß sie immer ihr sicheres Brot haben, während viele von uns gesehen haben und noch sehen, mit eigenen Augen, wie ihre Söhne durch zu viel Arbeit und ungenügende Ernährung verkümmern; daß sie Ersparnisse haben konnen, von denen viele von uns nicht zu träumen wagen." [68]

Nur einer ihrer Klagen stimmt er zu, nämlich der, daß sie „inferiore" seien, weil sie unwissender, weil einsamer seien („perchè più ignorante, perchè più solo"). [69] Das ist ein Einwand ganz aus mediterranem Lebensgefühl, aus romanischer Urbanität. Welch ein Bauer nördlich der Alpen, der im Einzelhof wohnt, hätte jemals ein solches Argument vorgebracht? Weder fühlt er sich unwissender, noch einsam. Unter den vielen Bedenken gegen die Aussiedlung und Flurbereinigung mit Vereinödung, die man beispielsweise in Hessen vorgenommen hat, war die Einsamkeit kein Argument. Selbst in unseren Gebirgsländern in der Schweiz, in Österreich, wo es viele Gemeinden gibt, welche fast nur aus Einzelhöfen bestehen, und die Kinder sehr weite, oft auch gefährliche Schulwege haben, ist die Zahl der Analphabeten gering. Es braucht also die „inferiorità" weder eine Folge der „case sparse", der Einzelhöfe zu sein, — wenn, so liegt eine mangelnde Fürsorge des Staates vor, — noch braucht das Leben im Einzelhof als menschlich unzulänglich, weil einsam empfunden zu werden. Wenn dem so ist, so ist es die ethnisch bedingte unterschiedliche Prägung, die — lange verschüttet - nunmehr sich zur Geltung bringt. Wird im mitteleuropäischen Raum ein Einzelhof aufgegeben, so sind es kaum die Gedanken der Einsamkeit sondern Vorstellungen, die man im Dorf genau so hat, oder es ist die verloren gegangene Wirtschaftlichkeit in Grenzlagen. Der Kolone auf dem Einzelhof eines immerhin gut besiedelten

68   I. Imberciadori, S. 28f
69   I. Imberciadori 1951, S. 29. Zum „più solo" der Südtiroler Bergbauern: Aldo Gorfer, Flavio Faganello, „Gli eredi della solitudine" Trient, 1973, bzw. 1975 „Die Erben der Einsamkeit".

Agrarlandes, wie es die Toskana ist, mit ertragsreichem, intensiven Anbau, lebte demgegenüber in oft geradezu wohlhabenden Verhältnissen, fehlte ihm dort nicht das eine Stück seiner mediterranen Menschlichkeit, ein irgendwie urbanes Leben, die Agora, der „corso", „la vita in foro". Auch in der Fremde verschafft sich der einstige Mezzadro nun das, was ihm fehlt: auf den Vorplätzen unserer Bahnhöfe, in ihren Vorhallen, auf der Straße vor den Bars und anderen Gaststätten, welche irgendwelche Landsleute, ihre Bedürfnisse nutzend, ihnen eingerichtet haben. Das ist ihnen jetzt „la piazza", „il foro", der Corso.

Urbanität stand gegen ländliche Lebensform. Also auch die Aussicht, das Podere nunmehr ganz als Eigentum weiterführen zu können, konnte den Mezzadro nicht halten. Es war dem Mezzadro des Contado, die Verbindung zur Villa doch niemals ganz Heimat geworden, Heimat wie sie jüngst Ernst Bloch definierte, als „erfüllte volle Nähe", „ohne Transzendenz", ein „absolutes Diesseits". Diese völlige „Immanenz" in seinem Lebensraum hat der mediterrane Mensch eben nur von der Stadt her. Die Probe lieferten kürzlich die Bewohner der Stadt Tuscania im nördlichen Latium. Die fast ganz agrarisch bestimmte Gemeinde war 1970 durch Erdbeben stark beschädigt worden. Beim behutsamen Wiederherstellen bemühte man sich um Auflockerung, „Entkernung" von dicht besiedelten Wohnblöcken. Für 1 200 Einwohner mußten deshalb neue Unterkünfte geschaffen werden. Vor die Frage gestellt, ob Familienheim einzelstehend mit Garten – quasi casa sparsa – oder fünf dreigeschossige Hausgruppen, zog man einhellig letztere vor, obwohl viele der Auszusiedelnden Land, Ziegen, Schafe und Traktor besitzen. Der Wohnblock wurde vorgezogen ausdrücklich um des menschlichen Kontaktes willen; [70] und gerade weil „menschliche Nähe und Nachbarschaftshilfe" im Vielfamilienblock nicht zu erzielen sei, lehnen in diesen Tagen Berg- und Hüttenarbeiter des Ruhrgebietes es ab, ihre hundertjährigen Siedlungshäuser gegen komfortable Wohnungen in neu zu errichtenden Vielfamilienhäusern einzutauschen. Ihr Kontakt geht über den Gartenzaun. Die Mitteilungsweise von Balkon zu Balkon hinauf, hinunter, gegenüber und nebenan ist nicht ihre Sache.

So ist die urbane Grundstimmung allen italienischen Wesen auch dem Mezzadro geblieben, sie zieht ihn in die Stadt und zwar ausnahmslos, gleichviel, ob das Podere groß oder klein ist; auch Betriebe werden verlassen, welche sich unter den vom Staat angebotenen günstigen Bedingungen sehr wohl hätten halten können. Für ihn ist die Stadt die Lebensform schlechthin geblieben. So unlösbar wären die Mechanisierungsprobleme nicht gewesen, die ein ehemaliger Mezzadro nun als selbstständiger Eigentümer hätte bewältigen müssen. Die Gefahr für den Bestand der Betriebe hätte allerdings dann in den Erbteilungssitten oder im Fehlen des Brauches der weichenden Erben und der damit bald erreichten Übersetzung des Podere gelegen. Als in Südtirol sich die Bergbauern von der Gesindewirtschaft auf den Familienbetrieb umstellen mußten, ist die Maschine mit Seilzügen, Spezialtraktoren und vielen anderen Zusatzgeräten auf die Berghöfe gezogen, in schwierige natürliche Situationen, vor allem steile Hänge, in denen der toskanische Bauer sich niemals zu bewähren brauchte. Leidlmayr hat gezeigt, daß in Südtirol zwar die landwirtschaftlichen Betriebe erheblich abgenommen haben. Es sind vorwiegend die kleineren Betriebe, die aufgaben, während die mittleren und größeren beharren. Von 1961–1970 sind die landwirtschaftlichen Betriebseinheiten in Südtirol

70   Ute Diehl, „Tuskania baut vor", Frankfurter Allgemeine Zeitung vom 30.12.74

um rund 2 000 zurückgegangen: um 14,4 % die Betriebe unter 3 bis 1 ha, 28 % der Einheiten von weniger denn einem ha. Doch nahm die Zahl der Höfe von mehr als 3 ha um nur 1,2 % ab. [71] Was man also unter den landwirtschaftlichen Betriebseinheiten normalerweise als „Hof" bezeichnet, ist von der Landflucht kaum betroffen. Die ethnischen Gruppen, die unter den gleichen politischen, gesetzgeberischen und wirtschaftlichen Bedingungen desselben italienischen Staates leben, reagieren also verschieden. In der Toskana und anderen vergleichbaren Regionen ist die Landflucht der Mezzadri total. Es gibt da keine Unterschiede in den Größenklassen der Poderi. 90 % der Mezzadri haben bisher ihren Hof verlassen. In Südtirol geben nur die Zwergbetriebe auf. Selbstverständlich unterliegen nach wie vor auch die großen Betriebe an der Siedlungsgrenze einem langsamen Schwundprozeß, – aber solche ungünstigen Lagen hat es für den Mezzadro nie gegeben. Diese Bergflucht ist mit dem Vorgang, den wir in der Toskana erleben müssen, nicht zu vergleichen. Dieser Prozeß stellt den Besitzer von Villa und Fattoria vor schwierige Probleme.

In der näheren Umgebung von Florenz gibt es etwa 600 Villen auf einem Raum von etwa 800 – 1000 qkm. [72] Wie groß die genaue Zahl der Villen in der Toskana ist, ist nicht zu sagen. Exakte Angaben darüber sind mir nicht bekannt und auch wohl kaum zu haben. Es gibt lediglich die schon erwähnte Zählung der Fattorien von Paolo Albertario; sie vermag bei einiger Kritik gegenüber ihren Angaben immerhin eine Vorstellung von der agrarischen Bedeutung des Villenwesens zu geben; denn es gibt kaum eine echte Fattoria, die nicht mit einer Villa verbunden wäre; auch wenn sich manche Azienda schlicht bescheiden nur Fattoria nennt, so erfüllte sie doch alle Funktionen im Stadtlandverhältnis bis hin zur Villegiatura. Man zählte in den dreißiger Jahren in der Toskana 4121 in den Marken 809, in Umbrien 736 Fattorien. [73]
Wie so oft sind aber in dieser Statistik heterogene Erscheinungen in den gleichen Zahlenkasten gepackt worden. Es ist nämlich die Provinz Grosseto, der Kern der Maremma, die vorwiegend latifundial genutzten Boden besitzt, mit in die toskanische Zählung unterschiedslos einbezogen worden und sind ihre „masserie" den echten Fattorien gleichgesetzt worden. Das gleiche gilt für große Randgebiete der Provinzen Pisa, Livorno und Siena, mit denen diese erheblich in die Soziallandschaft der Maremma hineinreichen (Karte 1). Wenn man die Zahl der für die Toskana angegebenen Fattorien um 10 – 15 % kürzt, – um den vermutlichen Anteil der Masserien, der Wirtschaftszentren der Latifundien, so ist man sicher der Größenordnung der echten Fattorien und damit der Villen näher. Es gäbe dann in der Toskana 3600 – 3800 Villen.
Eine Vorstellung von der dichten Besetzung der Toskana mit Villen mag die folgende Angabe geben: Im Val d'Esse di Cortona, einem breitsohligen Tälchen von etwa 15 km Länge, das in die Chiana Senke mündet, gibt es 24 Villen, welche alle cortonesischen Bürgern ihre Entstehung verdanken. [74]
Es ist ebenfalls – aus dem gleichen oben angeführten Grunde – nicht möglich, exakte Angaben über die Größe des zum jeweiligen Villenbereich gehörenden

---

71 Adolf Leidlmair, Beharrung und Wandel in der Agrarlandschaft Südtirols, Sonderdruck aus den Veröffentlichungen des Museum Ferdinandeum, Bd. 53, Innsbruck 1973, S. 232
72 Giulio Lensi Orlandi, „Le Ville di Firenze", Florenz 1965
73 P. Albertario, 1939, S. 131
74 Anna Maria Rosadoni „Le ville della Val D'Esse in La Val d'Esse di Cortona", Cortona 1974

Grundbesitzes zu machen. Es gibt echte rustikale Villen von 4, 5, 12 ha, die sich durch intensivsten Weinbau und hochwertige Produktion als solche ausweisen, wie mir andererseits Villenfattorien von nahezu 1000 ha bekannt sind. In diesen Größenordnungen dürften sich die meisten Villenbesitzungen bewegen. Geht man auf die erwähnte Fattorienstatistik zurück, so befinden sich in den Größen bis 1000 ha 3957 solcher Einheiten. Hier sind die meisten Villenfattorien zu vermuten und weniger die Masserien der Maremma.

Ein klareres, dem Idealtyp der Villenlandschaft sehr nahe kommendes Bild gibt die Provinz Florenz. 625 von insgesamt 1801 Fattorien, also auch Villenbesitzungen, sind kleiner als 25 ha, – 190 von 978 in der Provinz Siena. In der übrigen Toskana gibt es nur 178 solch kleiner Fattorien, die wohl ebenfalls in den allermeisten Fällen dem Villenwesen zuzurechnen sind. In der Nähe der beiden großen und auch politisch und wirtschaftlich bedeutendsten Städte der Toskana waren die Besitzungen in Stadtnähe die begehrtesten. Hier drängen sie sich auf Kosten der Größe der einzelnen Fattoria, so vielleicht das Schwergewicht auf kleinere Größenordnungen verschiebend; mehr als es dem Idealtyp der Villa entspricht. [Kt. 5]

Von den 1801 Fattorien der Provinz Florenz sind mehr als zwei Drittel, nämlich 1287 kleiner als 100 ha und nehmen 55 % der von Fattorien beanspruchten Fläche ein. 77 Fattorien sind größer als 500 ha; zwischen 1000 und 3000 ha gibt es 13 Fattorien in der Provinz Florenz. Die von Fattorien eingenommene Fläche beansprucht in der Provinz Florenz 53,1 % des agrarisch und forstwirtschaftlich bearbeiteten Raumes.

Diese 1801 Villenfattorien der Provinz Florenz besitzen 16 934 Poderi, das ist etwas mehr als 9 Poderi je Villa. Außerdem gibt es in der Provinz Florenz noch 10 511 Poderi „a colonia parziaria fuori le fattorie" wohl meist „a mezzadria", welche nicht einer Fattoria unterstehen, und sich direkt in bürgerlich städtischem Besitz befinden.

Die Provinzen Arezzo, Pistoia und Lucca haben 274, 163 bzw. 87 solcher Fattorien, von denen die Mehrzahl wahrscheinlich zum Villensystem gehört mit einem Anteil von 21, 13,5 bzw. 3,5 % des land- und forstwirtschaftlich genutzten Bodens. [75] Diese drei Provinzen reichen mit großen Teilen ihrer Fläche ins Gebirge, den Apennin und die Apuani, und haben dort große Waldgebiete. Diese drücken den Anteil am agrarisch-forstlich genutzten Boden der Fattorien. Diese nehmen in der Regel nur ackerbaulich nutzbare Böden ein. Außerdem reichen diese Provinzen in Räume, die sehr lange in feudalem Besitz gewesen waren und von der comunalen Bewegung nicht erfaßt werden konnten, also auch nicht von der von ihr ausgehenden Stadt-Land Organisation mit Villen und Fattorien. Aber auch damit ist die extrem geringe Zahl von 3,5 % des vom Villensystem land- und forstwirtschaftlich genutzten Bodens in der Provinz Lucca nicht erklärt. Hier drängt sich die Vermutung auf, daß in der heutigen Provinz Lucca, ehemals Stadtstaat Lucca bis 1847, eine andere Wirtschaftspolitik betrieben wurde als im Großherzogtum. Es sieht so aus, als ob die großen Neulandgewinnungen des 18. und 19. Jahrhunderts aus den entwässerten Sümpfen der unteren Arnoebenen anders als dort nicht den Fattorien zugeteilt sondern in Einzelbetriebe aufgeteilt wurden, die sich vornehmlich mit wertvollen Spezialkulturen (nicht Mischkultur) befassen: Baumschulen, Blumen u.a.

Die Provinz Massa Carrara mit nur 1 % des von Fattorien agrarisch-forstlich genutzten Bodens (13 Fattorien auf 970 ha) zeigt die Abhängigkeit des Villenwesens von den geschichtlichen Voraussetzungen; denn diese Provinz war bis ins letzte Jahrzehnt des 18. Jahrhunderts ganz in der Hand eines Feudalwesens fränkischer Provenienz. Nur Massa selbst hatte eine kurze Episode von comunaler Freiheit erlebt. So ist die Provinz Massa Carrara mit ihrer breiten Küsten und Serchio Ebene, den „Mittelgebirgen" vor den Apuani und der Lunigiana, dem inneren Serchio Tal, das Frühbild der toskanischen Landschaft, wie sie war, ehe die freien Comunen von ihr Besitz ergriffen. Sie stellt eine Restlandschaft dar, die sich ohne den freicomunalen Einfluß weiterentwickelte: Kleine enge, stadtartig zusammengedrängte Dörfer, mit ehemaliger Feudalburg, die meisten von ihnen Sitz von Fraktionen einer Hauptgemeinde, die Provinz der Toskana mit der geringsten Zahl von Einzelhöfen; die Villa ist hier kein landschaftlich wesentliches Merkmal [Kt. 1]

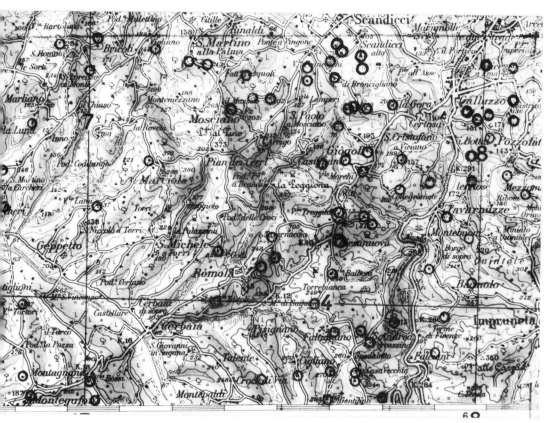

Karte 5   Ausschnitt aus der Carta d'Italia 1 : 100 000 Blatt Firenze.
Der Ausschnitt umfaßt etwa 150 qkm, die Nordostecke erreicht gerade noch die südlichsten Vororte von Florenz. Die Karte weist 75 Villen nach. Deutlich wird die bevorzugte Lage auf den Hügeln, während sich die Poderi zur Hauptsache hinunter zum Val Pesa nach SW hin ausbreiten. Auffallend ist auch das Nachlassen der Villendichte mit der Entfernung von Florenz. Es ist klar, daß die stadtnahen Villonfattorien immer besonders gesucht waren. Die städtischen Villenherren konnten so auch während der Villegiatura die ja nicht ruhenden geschäftlichen Interessen ihrer städtischen Firmen besser wahrnehmen. Mit der Entfernung von der Stadt wird die Villendichte geringer, dafür aber werden die Betriebe größer.

Die meisten der toskanischen Fattorien werden vom Villenbesitzer und seinem Fattore direkt bewirtschaftet. Von den 4121 Fattorien der Toskana (einschließlich der Masserien der Maremma) sind 1171 verpachtet. Betroffen davon sind meist die kleineren bis 20 ha, nämlich 1135. Weitflächige landschaftsbestimmende Großpacht im Sinne der Latifundien des Südens und der Großbetriebe Oberitaliens kommt in der Toskana nicht vor.

Auch wenn die Villa in den ihr zugehörenden Landschaften nirgendwo statistisch genau zu erfassen ist und alle Zahlen, die sie betreffen, nur Schätzungen der Größenordnung erlauben, so ist sie dennoch ein nicht zu übersehendes geographisches Element von entscheidender Bedeutung schon für die augenfällige Erscheinung ihrer Landschaft. Es gibt zwischen Pisa, Lucca und Cortona, zwischen dem Mugello und den Crete Senese kaum einen freieren Standpunkt auf der Höhe oder im Tal, von wo aus man nicht mindestens drei oder vier Villen sehen könnte. Die Villa bestimmt mit ihrer schwarzen Baumgruppe, mit dem Garten oder Park, mit der zu ihr hinleitenden Zypressenallee scenographisch das Landschaftsbild (Bild 19–21). Wenn auch von den Fachleuten übersehen, setzt sie dennoch die Zeichen der Geltung der Stadt ins Land. Einstmals tat sie es im Widerstand gegen das nordische Feudalwesen. Heute ist die Villa das Signum der mediterranen Urbanität des ganzen Landes.

Von der Landvilla, der Villa rustica eine Villa suburbana geschieden zu haben ist das Verdienst schon Leon Battista Albertis. In seinem „De re aedificatoria" [75a], das 1450 geschrieben wurde, traf er diese Unterscheidung, zunächst rein theoretisch aus der antiken Literatur. Er gab also keine architektonische Unterscheidung, sondern schon eine soziologische und wirtschaftliche auf Sinn und Absicht der antiken Villa gerichtete klare Trennung:

Die Villa suburbana hat keine irgendwie geartete wirtschaftlichen Absichten, steht in keiner Beziehung zu einer Fattoria, ist also auch ohne agrarische Wirtschaftsgebäude. Sie dient lediglich dem genießerischen Dasein auf dem Lande vor der Stadt, wie sie sich denn auch vorzugsweise, aber keineswegs ausschließlich in ihrer Nähe findet. In der Villa suburbana wird der Bewohner keinesfalls von agrarischen Ansprüchen behelligt. Die Villa suburbana kann aus der Villa rustica unter Aufgabe ihrer eigentlichen, der landwirtschaftlichen Funktionen hervorgegangen oder gleich als solche geplant gewesen sein. Sie ist ein später Typ und zur Zeit, da sie Alberti von der Villa rustica unterschied, wohl kaum wirklich realisiert gewesen. Er hatte diesen Typ als Humanist wohl mehr aus der lateinischen Literatur, aus Vitruv, konzipiert als aus der Wirklichkeit. Ähnlich sind ja auch schon oft des Boccaccio Schilderungen der Villengärten als vorweggenommene Vorstellungen aus der Villenliteratur des Altertums angesehen worden, die auf Boccaccio's Gegenwart übertragen wurden.

Seit ihrem ersten Auftreten in der frühen Republik beherrscht die Villa des Altertums das Bild vieler italienischer Landschaften bis in die Kaiserzeit. „Ein guter Hausvater mußte schon aus wirtschaftlichen Gründen einen Teil des Jahres fern von Rom auf seinen Gütern zubringen, um nach dem Rechten zu sehen, Verpachtungen vorzunehmen u.a." [76] Das könnte auch für das Florenz

---

75a   deutsch von H. Theuer, Berlin 1921; Vitruv Werke, deutsch von C. Fensterbusch, Berlin 1964
76   Otto Eduard Schmidt, „Ciceros Villen", Darmstadt 1972 (1899), S. 5

des Quattrocento so gesagt werden, ist aber auf das republikanische Rom gemünzt. Mit Villen war schließlich das ganze Römische Reich überzogen, vom Rheinland bis nach Syrien und Nordafrika. Man denke an die Villen um Pompeji und um das römische Köln. Mit dem Verfall der regierenden Gesellschaft trat um Rom eine Raffinierung, Vergrößerung und Vergröberung der überkommenen baulichen Formen der Villa ein. Der wirtschaftliche Geist, der sie erschaffen hatte, verfiel und erstarb in ihnen schon unter den Juliern und Claudiern und lebte nur noch in den Provinzen fort.

Der Verfall der Kulturlandschaft Italiens in der Kaiserzeit ging mit dem Verfall der Villa rustica parallel, ist vielleicht mit ihr ursächlich verknüpft. Es wurden zwar weiterhin Villen gebaut, aber diese dienten dem Wohlleben und hatten keinen wirtschaftlichen Hintergrund. Schon im Altertum nannte man diese Art Villa „villa suburbana" im Gegensatz zur „villa rustica", dem altrömischen Typ. Als maßgebendes Beispiel der Villa suburbana sei die des Hadrian genannt, „eine inszenierte theatralische Aufblähung des überlieferten Schema's" [77].

Im gleichen Zeitraum, in dem die Renaissance der mediterranen Urbanität durch die comunale Bewegung des Mittelalters in Italien um sich greift, erscheint im 13. Jahrhundert auch wieder die Villa in der Landschaft dieser ersten und wirklichen Renaissance, eben der Wiedergeburt der mediterranen Lebensform, der „Rinascità" der mediterranen Prägung. Die „Rinascità" der Künste folgte zwei Jahrhunderte später. Die urbane Grundstimmung alles italienischen Wesens, nie ganz erloschen, aber durch Jahrhunderte überlagert durch das gentile, inurbane Wesen des Nordens, durch die Völker und Stämme, die Personalverbände, die Feudalität des Nordens, setzt sich wieder durch, prägt wieder voll die Formen des Lebens. Die Villa erscheint wieder in dem Augenblick, in dem die Polis mit ihrer italienischen Variante, der Civitas sich neu als Stadtstaat konstituiert [78] und von ihrem Umland, dem Contado, dem bisher eigentlichen Lebensraum der eingewanderten gentilen Mächte, Besitz ergreift. Es ist eine aus der Struktur des mediterranen Seins sich ergebende Folgerichtigkeit, wenn sich die Civitas die ihr in der Völkerwanderungszeit amputierten Organe regeneriert. Der Idealtyp der urbanisierten Landschaft mit der Villa als Schwerpunkt vollendet sich von Neuem, als die welthistorische Auseinandersetzung zwischen Papst und Kaiser, Städten und feudaler Reichsverwaltung, territorial gebundener Menschlichkeit mit der gentilen Lebensform des Nordens zugunsten der Comunen entschieden, und der nordischen Lebensprägung der Boden, „la terra" buchstäblich entzogen war. In sinngemäß weiterschreitender Folgerichtigkeit erscheint dann nach ungefähr drei bis vier Jahrhunderten auch wieder gelegentlich die Loslösung der Villa von ihren wirtschaftlichen, sozialen Aufgaben durch die „Villa suburbana". Es ist „das wundersame Weiterklingen eines uralten Saitenspieles." [79]

---

77   O.E. Schmidt, 1972, S. 9
78   F. Dörrenhaus, 1971, S. 25ff
79   Jakob Burckhardt zitiert nach Friedrich Nietzsche „Vom Nutzen und Nachteil der Historie"
      3 (Unzeitgemäße Betrachtungen)

II

DIE VILLA, BEHARREND IM WANDEL DER ZEITEN

Wie sind jene voranstehend beschriebenen idealtypischen, sozialen, politischen und landschaftlichen Ordnungen um die Villa seit ihrer in der Zeit um 1300 abgeschlossenen Konstituierung den weiten Weg bis in unsere Gegenwart gegangen?

Inwieweit ist dieser Idealtyp toskanischer urbaner Villenlandschaft noch lebendig? Wieviel von ihm ist noch in Funktion? Wieviel ist vielleicht umfunktioniert, so wie es einst oft den Burgen des vorhergehenden mittelalterlichen Systems geschah? Wieviel ist heute vielleicht ohne Bedeutung für den landschaftlichen Wirkungszusammenhang? Zwar noch augenfällig in der Landschaft, aber vielleicht nur fossil und Sinnruine?

Diese Fragen sind folgerichtig nur aus der politischen, wirtschaftlichen und sozialen Geschichte der Toskana zu beantworten. Hier können wir drei Epochen der Geschichte freier Comunen — später dann als ehemals freier zu bezeichnenden — der Toskana urbana unterscheiden. Der dritten, eben erst abgeschlossenen folgt eine vierte ins Zeitalter der industriellen Revolution.

1. Epoche. Das Heldenzeitalter der freien Comune. Befreiung aus der Feudalorganisation, Konstitution als Stadtstaat, Eroberung der damaligen Weltmärkte. Der Tod der Markgräfin von Tuszien 1115 löste den Streit von Kaiser und Papst um die Mathildische Erbschaft aus, in dem sich beide vernutzten und den Städten so den Weg frei machten zur Befreiung von aller Feudalität. Gleichzeitig erwarben sie in zähem Ringen innere Demokratie, Selbstverwaltung, Bürgerfreiheit, bürgerliches Recht. Das Stadtrecht, das in unserer Geschichte verliehen wurde und aus einer entsprechenden Siedlung erst eine Stadt machte, gab es nicht. Lange bevor es bei uns erst ausdrücklich verliehen wurde, hatten die Comunen der Toskana sich diesen Status zurückerworben und die dazu erforderlichen Rechte selbst genommen. Als 1154 der kaiserliche Legat der Comune Florenz die zivile und strafrechtliche Rechtsprechung im Contado gewährte [1], war das lediglich die Bestätigung einer schon lange bestehenden Herrschaft der Comune über das Umland und setzt diese Rechtshoheit in der „città" als schon vorhanden voraus. Die Städte hatten sich diese selbst genommen einschließlich derer, die ihnen diese Rechte hätten streitig machen können: die Grafen, Vicegrafen (Visconti) und ihre Ritter. Dabei wurde der größere Teil des Feudaladels und sein Besitz in die Stadt aufgenommen, und wenn es sein mußte, in die Stadt gezwungen durch Gewalt, Verpfändung, Kauf der Feudalrechte, kriegerische Unternehmung oder auch freien Entschluß des Ritters. Die Städte wurden zu Freistaaten, zu Stadtstaaten. Es gab um 1300 in Mittel- und Oberitalien mehr selbständige Staaten als vor dem Kriege (1939) in der ganzen Welt. Schon der Begleiter Friedrich Barbarossas auf seinen Feldzügen, Otto von Freising, berichtet im Jahre 1157: „So kommt es, daß das Land fast vollständig unter Stadtstaaten aufgeteilt ist" [2]. „Markgraf Wilhelm von Montferrat hatte sich als fast einziger italienischer Baron der Herrschaft der Städte entziehen können" [3]. So wie der Lehnsadel in die Stadt aufgenommen wurde, so auch sein feudal verliehenes Territorium. Die neue einstmals feudale Schicht verschmolz mit dem alten städtischen

1 Jacques Le Goff „Das Hochmittelalter" FWG Bd. 11, Frankfurt 1965, S. 107
2 Bischoff Otto von Freising und Rahewin, „Die Taten Friedrichs oder richtiger Chronica" übersetzt von Adolf Schmidt, Darmstadt 1965, S. 309
3 Otto von Freising, S. 313

Patriziat in einem langsamen oft schmerzlichen Prozeß zu der signorilen Schicht, welche für italienische Städte heute noch charakteristisch ist. Um das dem Feudalsystem entrissene Umland ging der Kampf zwischen Kaisern und Städten. Die Regalien, wichtigster Inhalt der Beschlüsse des Reichstags zu Roncaglia am 11.11.1158, betrafen genau das, was als Voraussetzung der Institution Villa anzusehen ist: Die Bildung eines der Stadt gehörenden politischen Territoriums und die Aneigung der mit diesem Umland verbundenen feudalen Rechte. Das geschah auch oft genug — ausdrücklich zu Roncaglia vom Kaiser scharf verurteilt — durch Ankauf der Feudi und deren Rechte durch die Städte und deren Bürger [4].

Des feudalen Schwertadels kriegerische wagemutige Gesinnung sollte noch lange nachwirken, nicht nur im kriegerischen Wagen, sondern auch im weitschweifend unternehmerischen kaufmännischen Tun, dem sich das bürgerliche Wägen verband. Es ging bis an die Grenzen der damalig bekannten Welt. Die Zeit der Kreuzzüge hatte neue Lebensbedürfnisse geweckt, die für Europa zu befriedigen eine toskanische Industrie in Händen der gleichen Schicht sich bemühte. Die großen Barvermögen entstanden damals und sollten durch Jahrhunderte in geschickter Verwaltung und Anlage vorhalten.

Es ist die Zeit der wieder auflebenen Geldwirtschaft, in der Päpste, Fürsten, Könige von Frankreich und England auf das Geld und die Gelderfahrung der Kaufleute von Siena, Pistoia, Pisa, Florenz angewiesen waren. Die Zeit, von der an das bisher feudale Agrarland politisch und privatwirtschaftlich von der Stadt aus verwaltet und genutzt wurde, die großen Kapitalien in den Städten angesammelt wurden, ist zugleich auch die Zeit der Geburt der Institution Villa.

Was sich damit vollzog, ist mit heutigen Worten echte Systemüberwindung — auf teils militärisch gewaltsame, aber auch auf friedliche Weise. Die Überwindung des Feudalsystems durch die städtische Ordnung, der persönlichen Ordnung des Lehnswesens durch die unpersönliche des Staates — „lo stato" (der Zustand), nannten die Bürger ihr Gemeinwesen als erste in Europa — beseitigte die bisherige Prävalenz des Agrarischen durch die des städtischen Gewerbes, des Handels und der Industrie. Es entstand ein neues System, in dem die Landwirtschaft nur noch ein, wenn auch sehr wichtiger Teil eines umfassendereren Wirkungszusammenhanges blieb. Dieser Wechsel war von säkularer Bedeutung. Er bewirkte in der Toskana und allen Räumen, in denen die comunale Bewegung sich durchsetzte, eine Pflege der Landwirtschaft, wie diese sie vorher und in den inurban verbliebenen Räumen auch später nicht erlebte: Ein System von Werten, Lebensvorstellungen, Wirtschaftsgesinnung aus der urbanen Sphäre gräbt, unauslöschlich bis zum heutigen Tage, neue Züge in das äußere und innere Bild der Landschaft. Seit dem hohen Mittelalter haben Industrie und Handel in der Toskana für viele Jahrhunderte den Vorrang vor der Landwirtschaft. Schon weil der Landadel auch weiterhin der Naturalwirtschaft verbunden blieb, war er dem Bürgertum hoffnungslos unterlegen.

Die Überwindung des der Naturalwirtschaft verhafteten Feudalsystems durch den bürgerlichen Kapitalismus war eine der Aufgaben, welche der Villa im Umland, im Contado der Städte, übertragen war. Mit der Villa wurde die persönliche Bindung des Bodens durch die Freizügigkeit des Geldes und mit ihm der Menschen

---

4   Otto von Freising, S. 525 „Niemand darf ein Lehen ganz oder teilweise verkaufen". Wer es dennoch tut soll „sein Lehen verlieren und dieses frei an den Lehnsherrn zurückfallen. Der Notar dagegen, der darum wissend hierüber eine Urkunde ausgestellt hat, soll nach Verlust seines Amtes zur Schande auch noch seine Hand verlieren."

grundsätzlich auch aufs Land übertragen. Die Villa und ihr Land hatten Geldeswert. (Wie ein einsamer Rest der mittelalterlichen Naturalwirtschaft ragt der Mezzadriavertrag hinsichtlich der Teilung des Naturalertrages zwischen Padrone und Kolone bis in die Gegenwart hinein. Wie der Vergleich mit andern italienischen Bauern zeigt, tat er das nicht zum Nachteil des Mezzadro.) Diese erste Epoche der freien Comunen Italiens, des kühnen politischen und wirtschaftlichen Wagens, nannte Max Weber wegen des trotzigen Widerstandes gegen das Reich das „Heldenzeitalter" [5] der italienischen Städte; man könnte sie auch die Zeit der Systemüberwindung nennen.

Die Zeit vom 11. Jahrhundert mit den ersten Anfängen bis zur Mitte des 14. ist die Zeit der Anlage des Idealtypes toskanischer Landschaft; auf sie mußte schon in Teil I, in dem die Erscheinung „Villa" beschrieben und erklärt wurde, immer wieder hingewiesen werden. „Da das Wesen einer Kultur in seiner vollen Typik sich naturgemäß erst da offenbart, wo der Kulturorganismus zu seiner vollen Ausbildung gelangt ist, so interessieren den Soziologen (lies: Sozialgeographen) in erster Linie die – das paradigmatische Stadium darstellende – Höhepunkte einer Kultur, wie es ebensowenig zufällig ist, wenn den Historiker, dem die genetischen Fragen im Vordergrund stehen, vorzugsweise die „Anfänge" einer Entwicklung zu interessieren pflegen" [6]. Auf dieses „Paradigma" wurde dementsprechend im Vorstehenden notwendiger Weise eingegangen und manches historische Faktum dieser Zeit schon bei der Erläuterung der Institution Villa vorweggenommen, das dann hier nur kurz in einem andern Zusammenhang in den historischen Ablauf einzugliedern ist.

Die aus feudalen Geschlechtern hervorgegangenen Aristokraten, die Albizzi, de Pazzi, Guidi in Florenz, ähnlich in allen anderen toskanischen Städten, bildeten zusammen mit dem Patriziat nach schweren internen Kämpfen die signorile Schicht, welche den demokratischen Machtapparat zu handhaben wußte: den „Popolo grasso" (das fette Volk), dem der „popolo minuto", die Handwerker, die Kleinkaufleute, Krämer, Kunstgewerbler und Facharbeiter gegenüberstanden.

Das Gesicht der Landschaft änderte sich schnell nach der endgültigen Überwindung des vorangegangenen Systems, sobald die Herrschaft der Stadt über das Land einigermaßen gefestigt war. Aus der spätantik-mittelalterlichen Landschaft wurde in kurzer Zeit eine für Europa vorbildliche Region, geschaffen und verwaltet von einer weltoffenen, bahnbrechenden Gesellschaft. Aus den Gutshöfen der letzten Zeit vor der Völkerwanderung, die man kaum noch als Villen bezeichnen darf, weil der städtische Partner bedeutungslos geworden war, waren nach Inbesitznahme durch die germanischen Einwanderer und Neusiedler Gutsweiler und Dörfer geworden. Sie geben oft ihre Herkunft aus römischen Landgütern kund mit ihrem Ortsnamen auf -ano, welcher zumeist mit dem Namen des ehemaligen Gutsbesitzers gebildet wurden.

Das Landschaftsbild, das die Städter vorfanden, als sie das feudale Umland übernahmen, ist in Restbeständen heute noch erhalten. Es sind jene Gebiete der Toskana, welche die freien Comunen nicht in Besitz genommen haben, sei es, weil sie zu weit entfernt liegend wegen ihrer Bodenverhältnisse oder Höhenlage nur geringen Ertrag versprechend, für die Städte uninteressant waren, sei es auch, weil sie hier auf starken politischen Widerstand stießen: Also in der oberen Garfagnana, in

5   Alfred von Martin „Soziologie der Renaissance", Frankfurt 1974, (3. Aufl.), S. 76
6   A. v. Martin, 1974, S. 76

der Lunigiana, wo wir in Teil I schon die andere Wesensart des Landes in Zahlen über Umfang und Menge der Fattorien in der Provinz Massa Carrara zu fassen bekamen (o.S. 64, Kt. 1, 3). Hier haben sich die auch an Bevölkerung kleinen Gemeinden erhalten, die im Gegensatz stehen zu den sehr großen Gemeinden der Toskana urbana, eben jenes größeren Teiles der Region, welcher einst vollständig von den Territorien der Stadtstaaten eingenommen war.

In solchen feudal verbliebenen Teilgebieten ist die Siedlungsweise die eng gebauter stadtartiger Dörfer, die wir überall in Mittel- und Oberitalien antreffen, wo die Feudalorganisation des Reiches bis in die Neuzeit hat überdauern können [7]. Die geschlossenen Dörfer in diesen Tälern sind meist von einer Feudalburg überragt, die aus dem einstigen spätantiken Gutshof hervorgegangen ist. Eine primitive wenig ertragreiche Rotation von Acker und Weide, heute auf Kleineigentum, ergänzt das Bild der vorcomunalen Landschaft, so wie sie die Bürger überall als „campi aperti" vorfanden als sie in ihr Umland gingen. Diese und ähnliche Landschaften entwickelten sich in ihrer Weise ohne den Eingriff der Villenorganisation und unterscheiden sich deutlich von der eigentlichen Toskana, eben der Toskana urbana, wie es in anderer Weise die Maremma zeigt, die ebenfalls von der comunalen Bewegung nicht erfaßt wurde und ein Raum der Latifundien geblieben ist, beherrscht von einer spezifisch mediterranen Form von Aristokratie, die sich deutlich vom Feudaladel unterscheidet [8]. Sobald die Comunen ihren Besitz im Contado gesichert und gefestigt hatten, begann die schnelle Anverwandlung des Umlandes an städtische Gesinnung durch eine umfassende Boden-, Siedlungs- und Agrarreform, die im wesentlichen in ihren Ergebnissen schon geschildert wurde: Auszehrung der Dörfer, Einzelhöfe, Einrichtung der Mezzadria, Intensivierung der Agrarwirtschaft, „coltura mista". Ein ganz neues Landschaftsbild entstand und mit ihm die Institution Villa.

Im IX. Jahrhundert beschrieb ein Bischof Giovanni die Toskana als „terra pestilenzia" [9]. Noch als Ser Brunetto Latini, früher Humanist und bedeutender Kanzler der Republik Florenz, 1266 aus Frankreich zurückkehrte nach Florenz, sehnte er sich zurück in die edle Provence, wo die Landhäuser mit Wiesen und Gärten umringt seien, wohnlich ausgestattet, während er hier in der Toskana ein rauhes Land vorfand, voller Kastelle und betürmter Häuser mit Gräben und Zugbrücken, verstärkt durch Palisaden. Wenig später, um 1280, sieht Chiaro Davanzati mit neuen Gefühlen die Toskana als „dolza e gaia terra fiorentina, fontana di valore e di piacenza, fior di altre"! [10] Um 1300 nennt Papst Bonifazius VIII. die Toskana „la quintessenzia mundi", und sicher ist sie bis heute die Quintessenz Italiens. Nur rund achtzig Jahre später als Ser Brunetto sieht und beschreibt Boccaccio in den Erzählungen des Dekamerone die Toskana mit ihren Villen und Gärten, mit ihren Baumkulturen und Weingärten fast schon so, wie wir sie heute noch sehen: „Die gottgesegnete Toskana" (Grillparzer), die „sanftmütige Landschaft der Toscana" (Conrad Ferdinand Meyer) aus mitschwingenden Vorstellungen und Gefühlen, welche wir heute noch mit ihr verbinden. Ihnen hat zuletzt noch Herbert Lehmann Ausdruck verliehen. Nicht als ob schon um 1300 die Toskana so wie heute bis in den letzten Winkel durchkultiviert gewesen wäre! Aber „die geprägte Form, die lebend sich entwickelt" (Goethe), war dem Lande schon verliehen und sollte

---

7 F. Dörrenhaus, „Urbanität und gentile Lebensform" Wiesbaden 1971, S. 49
8 F. Dörrenhaus, 1971, S. 38ff
9 N. Rodolico – G. Marchini, „I Palazzi del Popolo nei comuni toscani del medio evo", S. 9
10 Giulio Lensi Orlandi, „Le Ville di Firenze" 2 Bde., Florenz 1954, S. XII

bis in unsere Tage nicht verwischen. Die Villen und Fattorien in den nun eingehegten fast gartenartigen Kulturen breiteten sich, da die bisherigen „campi aperti" als „campi chiusi" den feudalen Weiderechten entzogen waren, vorerst im nähereren Umkreise der Städte aus.

Daß die Institution Villa viel älter ist, als es der Augenschein von heute uns lehren möchte, der die Vorstellung von komfortablen Landhäusern des Barock und verwandter jüngerer oder wenig älterer Zeit in uns erweckt, dafür gibt es viele Beispiele. So hatte der Vater Dantes, der dritte Alighieri, schon um 1250 vor den Toren der Stadt zwei größere und zwei kleinere Landbesitzungen [11]. Wer sich ein Bild vom damaligen Aussehen einer Villa machen will, gehe in die Berge nordöstlich von Fiesole. Dort findet er Dante's Landhaus Rádola: ein fester Bau, grob rustikal aus Bruchsteinen gefügt. Er ist heute zur „casa colonica" hinabgesunken. In der Nähe steht eine ebenso alte Villa: Montechi. Sie gehörte der angesehenen bürgerlichen Familie Portinari, später bekanntgeworden durch den Portinari Altar des Van der Goes in den Uffizien. Jene Beatrice, die Dante (geb. 1265) in seinen

Zeichn. 10   Villa Cavaglioni

Dichtungen unsterblich machte, war die Tochter des damaligen Besitzers Folco Portinari, Stifter des Hospitals Sta. Maria Nuova. Sollte die erste Begegnung des neunjährigen Dante mit der achtjährigen Beatrice Portinari ein Ferien-, ein Villegiaturaerlebnis gewesen sein? Auch Montechi ist ein wehrhafter unverputzter mächtiger turmbewehrter Bruchsteinbau, der sich im Notfall gegen die plündernden Scharen der Soldateska der Condottiere oder andere Banditen verteidigen ließ. Diese beiden Bauten geben uns eine Vorstellung von der Frühe des Villenbaues, als aus der Einfachheit des Bauernhauses und der Tradition der befestigten Wohnung auf dem Lande die frühen Villen entstanden (Zeichn. 10).

11   August Vezin, „Dante", Dülmen 1949, S. 21

Ein schönes Beispiel für das Alter von Villa und Villegiatura gibt Villani in seiner Chronik von Florenz (geschrieben um 1335). Als Oberto Spinola in den ersten Oktobertagen des Jahres 1265 in Genua einen Staatsstreich unternahm, sperrte er die gegnerischen Adeligen aus, indem er anordnete, die Stadttore zu schließen, „denn er wußte, daß alle Adeligen von Genua zu dieser Zeit in ihren Villen außerhalb der Stadt lebten" [12].

2. Epoche (ca. 1330, 1348—1530). Das bürgerlich republikanische Zeitalter des frühen Humanismus und der Frührenaissance. Schwere Rückschläge standen an ihrem Beginn: Die ersten Bankrotte großer Bank- und Handelsfirmen, u. a. der Bardi, der Peruzzi mit weitreichenden Folgen, die Pest von 1348.

Noch in das Ende der vorhergehenden und in den Beginn der neuen Epoche fiel der große Abbau der comunalen Verfassung der Toskana urbana. Die großen Comunen verleibten sich die kleinen ein, so daß es am Schluß dieser zweiten Epoche nur noch drei Stadtstaaten gab: Florenz, Siena und Lucca. Dabei hatten die beiden ersten ihren Stadtstaat Charakter verloren und waren Flächenstaaten geworden. Bedrängt von Siena und Arezzo unterstellte sich Montepulciano schon 1290 Florenz Pistoia folgte 1294. Massa Marittima erlag 1335 Siena, 1361 folgte hier auch Montalcino. In rascher Folge erreichte dann Florenz die Oberherrschaft über die übrigen freien Comunen, so über Colle Val d'Elsa 1333, Barga 1341, Prato 1351, San Gimignano 1354, Volterra 1361, Arezzo 1384, Pisa 1405. Meistens jedoch erfolgte die Übernahme der Souveränität durch Florenz und Siena unter Gewährung der bisherigen inneren Autonomie. Die uns für das Villenwesen interessierenden privaten Besitzverhältnisse und die Sozialordnung blieben unberührt.

Es regte sich der erste bürgerliche Humanismus, jener der Boccaccio, Petrarca, Leon Battista Alberti; letzter, obwohl aus altfeudalem Geschlecht, war schon völlig bürgerlich in seinem Denken. Humanisten kamen als Staatsmänner an die Macht wie Coluccio Salutati (1331—1406), langjähriger Kanzler der Republik Florenz, Übersetzer Ciceros und Mäcen Petrarcas. In den Comunen herrschte ein auch geistig begründeter Republikanismus, eine Demokratie, die auch dann nicht angetastet wurde, wenn sie von führenden Großkaufleuten oder Fabrikanten geschickt gelenkt wurde: den Petrucci in Siena, den Albizzi, de Pazzi (Führern der aristokratischen Partei), den Medici (den Häuptern der Popolanen): Cosimo der Alte, Lorenzo il Magnifico in Florenz. Im Gegensatz zu vielen andern Regionen Italiens war es in diesem Zeitabschnitt zur Ausbildung von Fürstenhöfen mit ihren Folgeerscheinungen, Hofbeamtentum, Absentismus, nicht gekommen.

Die Frührenaissance ist in der Toskana ein ausgesprochen bürgerliches Zeitalter, eines der Bourgeoisie, wie man später sagte. Auch wenn es die ganz großen Chancen der vorangegangenen Zeit nicht mehr gab, war in Industrie, Handel und Bankwesen im Rückhalt großer Vermögen, die im vorangegangenen Zeitalter des Wagens erworben worden waren, eine Rezession noch kaum bemerkbar. Doch die Erfahrungen seit der ersten Hälfte des 14. Jahrhunderts mit den Zahlungsschwierigkeiten so vieler angesehener Familien rieten zu vorsichtiger Kalkulation. Das Bestreben nach Sicherheit — ein wesentlich bürgerliches Verlangen — beeinflußte das kaufmännische und gewerbliche Handeln. Dem Einsatz des bei der Bildung der freien Comunen in die „città" eingezogenen ritterlichen Wagemutes fehlten bei veränderter Weltlage Italiens außerdem die Möglichkeiten.

12   Giovanni Villani, „Cronica". 11. Buch, Kapitel 94

Es begann ein langsamer, chronischer wirtschaftlicher Abstieg nach schweren
europäischen Agrarkrisen, Mißernten und mehrmaligem Eingreifen des schwarzen
Todes. Der Unternehmungsgeist erlahmte. Es sei an das berühmte Hausbuch, den
„Cibaldone" (ca. 1470) des Giovanni Rucellai erinnert, in dem er seinen Söhnen
Zurückhaltung in allen Auslandsgeschäften empfiehlt und sich selbst sehr deutlich
von dem Wagemut distanziert, der ihm und seinen Ahnen einst den Reichtum ein-
getragen hatte. Er rät seinen Söhnen, diesen zu bewahren [13]!

Noch mehr als die Verluste im Bankwesen — eingestellter Schuldendienst für die
den Königen von England und Frankreich gewährten Anleihen — dämpften die han-
delspolitischen Folgen des hundertjährigen Krieges in den Haupthandelspartnern der
toskanischen Städte, Frankreich und England, die toskanische Wirtschaft. Sie waren
einerseits die Hauptkunden für ihre Handelswaren — veredelte Tuche, Gewürze,
Baumwoll- und Seidengewebe, andererseits auch wichtige Lieferanten von Rohstof-
fen: Wolle, Leder, Metalle, Wollstoffe zur Veredlung in toskanischen Betrieben. Die
Wollindustrie begann zu leiden, seit in Flandern und England neue Tuchereien entstanden waren, mit deren Erzeugnissen die toskanischen Waren nicht mehr konkur-
rieren konnten und außerdem England ein Ausfuhrverbot für Wolle erließ. Diese
Standorte sowohl der Produktion als auch der Verarbeitung der Wolle im atlanti-
schen Klima erreichten rasch einen sehr großen Vorsprung. In Florenz fiel die Tuch-
produktion von 100 000 Stück zu Anfang des Jahrhunderts auf 39 000 im Jahre
1383 [14].

Die toskanischen Kaufleute waren nunmehr gezwungen, ihre Unternehmungen
vorsichtiger zu planen. Sie legten nur noch einen Bruchteil ihres Vermögens im Außenhandel an. Sie machten im Bankgewerbe wett, was sie an Märkten für Handel
und Gewerbe verloren hatten. Da die großen Familienfirmen immer zugleich auch
Bankunternehmen waren, überflügelte in ihnen sehr bald der Wert des Geldumsat-
zes den des Warenhandels. Er wurde in einem Netz von Filialen betrieben, mit den
„soci", die man in Frankreich, England, weniger in Deutschland — hier hatte Venedig den Vorrang — unterhielt. Arbitrage Geschäfte, also Ausnutzung des Kursunter-
schiedes an den verschiedenen Handelsplätzen, brachten dabei die Gewinne.

Dieses verstärkte Sicherheitsbedürfnis suchte sich in vermehrtem Erwerb und
Ausbau von Grund und Boden zu befriedigen. Das ausgehende 14. und erst recht
das 15. Jahrhundert zeitigten so erhöhten Bodenbedarf, der nicht nur durch Ausdehnung des Kulturlandes befriedigt wurde, sondern auch durch Aufwertung des
vorhandenen durch Intensivierung, also Überführung in Intensivkultur. Außerdem
wurden dabei die früher entdeckten Qualitäten des Villenlebens erhöht. Das 15.
Jahrhundert bringt die Eigenständigkeit der Villa auch als architektonisches Wesen
(Poggio a Caiano bei Florenz, Villa Guinigi in Lucca).

Entsprechend den Gedanken des Giovanni Rucellai suchte man noch mehr die
Anlage in Liegenschaften. „War dies doch damals die einzige dauerhafte von einer
Generation auf die andere sich vererbende Vermögensform im Gegensatz zum tem-
porären Charakter des Geldkapitals, das nicht selten mit dem Tode des Kaufherren,
der es erworben oder in Handelsgeschäften investiert hatte, zugrunde ging" [15].

13   Alfred Doren, „Italienische Wirtschaftsgeschichte" Bd. 1, Jena 1934, S. 659
14   J. Le Goff, 1965, S. 287
15   J. Kulischer, „Allgemeine Wirtschaftsgeschichte des Mittelalters und der Neuzeit", Bd. I,
      Das Mittelalter, München 1965, S. 277

Geldverluste konnten aus den Bodenfonds ausgeglichen werden, die verlorene Märkte sollten, wie sich immer mehr herausstellte, verloren bleiben. So setzte sich 1430 das Vermögen von zwei Brüdern Cosimo und Lorenzo Medici in Höhe von 102 000 Goldgulden (über eine Million alte Goldmark) zusammen aus Liegenschaften in Höhe von 29 000, Anleihen in Höhe von ebenfalls 29 000 und einem eigentlichen Handelskapital von 44 000 Gulden. Ein Averardo Medici gab zur gleichen Zeit sein Vermögen an mit 7 600 fl Grundbesitz, 5 700 fl Anleihen und nur 4 100 fl Handelskapital. Das Vermögen der Strozzi bestand 1427 aus Liegenschaften im Werte von 53 000 fl (Ländereien, Weinberge, Mühlen, Villen), aus Staatsanleihen im Werte von 95 000 fl und einem Handelskapital von nur 15 000 fl. Ein Cosimo Medici gab 1480 den Wert seiner Liegenschaften im Mugello, in Careggi und in Pisa mit 55 000 fl an. Obwohl aus Gründen der Besteuerung das leichter zu verheimlichende Handelskapital wahrscheinlich nach unten hin korrigiert wurde, was beim Wert der Liegenschaften schwerer möglich war, so lassen diese Zahlen auf jeden Fall die große Bedeutung des in Immobilien investierten Kapitals erkennen [16]. Im 15. Jahrhundert war ein Drittel oder die Hälfte des Familienvermögens in den Liegenschaften zumeist des Umlandes angelegt. Lorenzo Medici, „il Magnifico", bezog aus seinem Landbesitz ein Jahreseinkommen von 25–30 000 Gulden, also bis 350 000 Goldmark. Dieselbe Bedeutung als Anlage in Sachwerten hatte außerdem die Ausstattung der Villa mit Kunstwerken, mit hochwertigen kunstgewerblichen Gütern, Gemälden, Plastiken, Bibliotheken. Der Kämmerer der Salimbeni in Siena verteilte in den 1330er Jahren mehrmals 100 000 Goldgulden an die 16 Familienhäupter des Geschlechtes [17].

Ein vornehmer Venezianer, der Diplomat Marco Foscari, schrieb in seinen Relazione di Firenze 1529: „Es ist eine allgemeine Sucht der Florentiner: gewinnt einer 20 000 Dukaten, so verwendet er 10 000 für ein Landhaus" [18]. Er bestätigt die eben genannten Zahlenaussagen, wies aber gleichzeitig auf den Leichtsinn solcher Anlagefreudigkeit im ungeschützten Lande hin. Florenz sei von einem Kranz ländlicher Paläste umgeben, gewissermaßen von einer zweiten Stadt. Man verließ sich offenbar zu sehr auf die Erfahrung, daß sich in der Vergangenheit die Toskana als Durchgangsland für Heere wenig geeignet erwiesen hatte und der Raum um die Stadt mit den „terre murate" an den Paß- und andern Zugangsstraßen ausreichend geschützt sei.

In diesem 15. Jahrhundert, in dem die Anlage des Vermögens in Immobilien einem schon immer begangenen Weg zur Kapitalanlage noch mehr als früher folgte, werden dann die weiteren Schritte zu einer eigenständigen Villenarchitektur getan, wird die Landeskultur weiter intensiviert.

Die Prototypen dieser Villen, Villa Guinigi und Poggio a Caiano wurden schon gewürdigt (s. o. S. 16). Diese Landhäuser waren nicht mehr Träger politischer Gewalt wie einst die Feudalburgen. Ihre Nachfolger zeigen deutlich die Suche nach eigenen Ausdrucksformen, welche dem Sinn der neuartigen Bedeutung näher kommen sollten. Das Ziel der Entwicklung war die „milde wehrlose Villa". Daß bei ihrer Herausbildung ohne andere Vorbilder als Burg und antike Theorie auch manches unverstandene Element aus den Baufunktionen der Burg, des Kastells verwertet wurde, sollte nicht überbewertet werden. Architekturgeschichtlich vielleicht so

16   J. Kulischer, 1965, S. 277
17   Titus Burckhardt, „Siena", Olten 1958, S. 51
18   A. Reumont, „Geschichte der Toskana" Gotha 1877, Bd. 1, S. 97

interessant wie dem stammesgeschichtlich interessierten Anthropologen unser Blind-
darm, sollten solche Rudimente nicht zu falschen Schlüssen verleiten. War doch
auch die Herrschaft der Villa über das Land eine grundsätzlich andere als es im bisherigen Verhältnis des Feudalherren zum Bauern zum Ausdruck kam. Das Verhältnis des städtischen Padrone und Villenherrn zum Contadino war durch die „quasi
societas iure" humanisiert und geregelt und bedurfte keiner ausdrücklichen Herr-
schaftssymbole. So ist in der Toskana der Turm durchaus nicht zwingend ein Attri-
but der Villa. Allzu oft hat er sich zu einer sehr nüchternen Zweckbestimmung erhalten: als Taubenturm mit seiner praktischen Bedeutung, als solcher hat er auch
in die Casa colonica Eingang gefunden also auch beim bäuerlichen Gesellschafter
des Villenherren.

Wo jene von Rudolf Borchardt erkannten geheimen Wechselbeziehungen und unausgesprochenen Verpflichtungen, das Gebundensein und Binden aus dem Anschein
eines aristokratischen Regimes zu einem in Wahrheit demokratischen Gemeinwesen
führen, bedarf es nicht ausdrücklich des Turmes oder gar der Zinnen (Zeichn. 11).
Sie haben nur dekorativen Wert und sprechen eine Sprache, die niemand mehr verstand. Sie waren längst zu leeren Gesten geworden und hatten mehr mit Kredit als
mit Wehr-Macht und Herrschaft zu tun.

Zeichn. 11   Villa Palazzo di Piero

Diese bürgerliche Epoche brachte den Ausbau der Villenlandwirtschaft mit
neuen Agrarmethoden. Die alte unter besonderen Umständen, in den Crete Senese
etwa, noch heute geübte Art des Pflügens „a rittochino", d. h. hangabwärts, wurde
durch neuere ungefähr hangparallele Pflugführung ersetzt. Der Weg in die Baumkultur auf den Grundstücken, die immer mehr den Weideservituten entzogen wurden

und zu umhegten „campi chiusi" geworden waren, wurde entschieden fortgesetzt und blieb bis heute das Grundthema der Landschaftskomposition der Toskana urbana. Jede Ausdehnung der Agrarfläche bediente sich ihrer, sei es auf ehemaligen Weiden, sei es Neurodungen, die in der Toskana bis ins 19. Jahrhundert hinein nie aufgehört haben. Auch neugewonnene, bonifizierte, ehemals nasse Gründe gingen stets nach einigen Übergangskulturen in die Baum- und Mischkultur ein. 1469 baute man in der Toskana das erste Staubecken zur Gewinnung von Bewässerungswasser und nahm so eine uralte etruskische Agrartechnik wieder auf, welche von den Römern hier dem Verfall preisgegeben worden war. Hatte man sich bisher damit begnügt den Bodenschutz der Befestigung durch die Baumkulturen zu überlassen, so setzten jetzt bei weiterem Landbedarf die ersten Versuche ein, mit terrassenartigen Bildungen, nun auch Baumkulturen auf steileren Hügellagen, sogar auf abschüssigen Gebirgshängen möglich zu machen, in den Chiantibergen, am Monte Albano. Die „sistemazione a ciglione" (Bild 8), hangparallele Erdwälle, mit befestigendem Rasen bestückt, tragen auf ihrem Rücken den Wein und die Bäume und unterbrechen so den gleichmäßigen Fall des Hanges. Sie waren verbunden mit andern Techniken „a eavalcapoggio" und „a tagliapoggio" speziell für den Anbau im Hügel- und Bergland, die im einzelnen zu schildern über das Ziel dieser Darstellung hinausgehen würden [19]. Gemeinsam ist allen diesen enormen Intensivierungen: Ohne die Vergesellschaftung von bürgerlichem Kapital und intelligentem begabten Contadino wären sie nicht möglich gewesen!

Schon der alte Cosimo Medici (1389–1464) liebte es, Reben zu schneiden, hatte Interesse an der Landwirtschaft und schätzte den ungezwungenen Umgang mit seinen Bauern. Er konnte mit ihnen in ihrer Sprache reden. Lorenzo Medici, „il Magnifico" (1449–1492) verband mit seiner Villa in Poggio a Caiano eine landwirtschaftliche Musterfattoria, die heute noch sehenswerte „Cascine", von der viele Anregungen ausgingen. Die Ländereien dieser Villa in der weiten Senke zwischen Florenz und Pistoia wurden reichlich mit Wasser versorgt, teilweise zur Bewässerung, aber auch zur Versorgung des Rindviehes, das er in einem sonst in der Toskana nicht üblichen Umfang in den geräumigen Ställen hielt. Sie waren aus Gründen der Sauberkeit schon mit Steinböden versehen. Hier konnte eine beträchtliche Herde untergebracht werden, welche die Wiesen des Florentiner Beckens beweidete [20]. Sie sollte sein Haus mit Rinderkäsen versorgen, die man bis dahin nur aus der Lombardei beschaffen konnte. Die bodenständige Landwirtschaft hat auch später das Rind vorzugsweise als Arbeitstier gekannt. Milch ist auch heute noch kein Getränk des Mezzadro. Er trank schon immer Wein. Käse machte man bis in die Gegenwart aus Schafsmilch: den Pecorino. Für Säuglinge und Kinder griff man zur Ziegenmilch. Butter braucht man ohnehin nicht. Den Fettbedarf deckt der Ölbaum; er ist die Kuh Halbinselitaliens. Die toskanische Wollindustrie hatte immer unter der geringen Qualität der einheimischen Wolle gelitten. Dem suchte Lorenzo il Magnifico, Villenherr auf Poggio a Caiano, durch Einfuhr von Merinoschafen aus Kastilien zu begegnen. Aus Kalabrien ließ er eine größere und bessere Schweinerasse kommen, und ebenfalls aus der iberischen Halbinsel eine bessere und größere Kaninchenrasse. Das war eine Vorsorge speziell für den Hof des Mezzadro, für den Kleinvieh immer eine große Rolle spielte.

19   Emilio Sereni, „Storia del paesaggio agrario Italiano", Bari 1961, S. 168f
20   Alfred v. Reumont, „Lorenzo de Medici, il Magnifico", Leipzig 1874, Bd. 2, S. 452

Poggio a Caiano, die Villa auch der Platonischen Akademie, war also nicht ausschließlich, wie auch jede andere Villa des 15. Jahrhunderts, Stätte des „ozio intellectuale", des vergeistigten Müßiggangs, sondern auch Stätte reger Wirtschaft. Sehr bedeutsam war die Förderung der Seidenindustrie, nachdem die Wollindustrie schon vor Lorenzos Lebzeiten bedrohlich zurückgegangen war. Er zog zahlreiche Maulbeerbäume auf, auch zur Abgabe an andere Fattorien. Er hoffte durch Eigenproduktion eine Senkung der Preise für die Cocons zu erzielen und so die florentinische Seidenindustrie konkurrenzfähig machen zu können [21].

Poggio a Caiano wurde Vorbild für die lukrative Verwendung von Villenbesitzungen, die dabei in ihrem Werte stiegen. Besonders der geforderte Anbau von Maulbeerbäumen, welcher später die Seidenraupenzucht fast bis zur Befriedigung des Bedarfes an Cocons für die Seidenspinnereien und -webereien in Florenz, Lucca (besonders berühmt wegen seines Seidensamtes) vortrieb, zeigt, wie sehr im Rahmen des Möglichen produktiver kapitalistischer Geist der Frühzeit der Comunen weiterlebte und sich nun in den Villenfattorien agrarisch-industriell zu betätigen suchte.

Dieser Unternehmungsgeist im agrarisch-industriellen Bereich des späten 15. und des 16. Jahrhunderts tritt allein schon der Meinung entgegen, als wären die Sinnesänderungen auf Sicherheit um jeden Preis, „die neue Statik" (v. Martin) die Hinwendung zum agrarischen Erwerb und zum Landleben eine psychologisch unausbleibliche und innerlich vorgeschriebene geistige Entwicklung zur Untätigkeit im signorilen Bürgertum gewesen [22]. Vielmehr die Einsicht in die wirtschaftliche Notwendigkeit zwang dazu. Die Möglichkeiten des 12. und 13. Jahrhunderts waren endgültig dahin. Dieser neue, alte Wirtschaftsgeist war keinesfalls auf Rentenkapitalismus gerichtet, wenn auch zweifellos die Entwicklung und die Vorbilder jenseits der Grenzen der Toskana urbana, etwa in Latium, im Königreich Neapel hätten dazu verleiten können. Wer sich verführen ließ, wurde in einem Prozeß wirtschaftlicher Auslese ausgemerzt. Das landwirtschaftliche System der Villa-Fattoria war finanziell zu anspruchsvoll, als daß es das „Laissez faire" des echten Latifundiums gestattet hätte. Die große Zahl der Mezzadri, ihre Ansprüche, die Verpflichtung des Padrone für sie, die Intensivkulturen und ihre Pflege, der Wegebau u. a. m. verboten eine Ausbeutung ohne vorausschauende finanzielle Planung, wie sie von Latifundienherren betrieben wurde. Die Flächen der Villenfattorien wären zu rentenkapitalistischer Nutzung in Getreidebau und Weidewirtschaft damals zu klein gewesen, um eine Lebenshaltung zu ermöglichen, wie sie von ideologisch vorgefaßter Meinung den Villenherren generell zugeschrieben wird und sicher auch gelegentlich von dem einen oder andern praktiziert wurde und zu jenen Konkursen führte, von denen zu allen Zeiten hin und wieder berichtet wird. Die große Zahl alter Familien, die heute noch im Besitz von Villenfattorien sind, zeugt von den im großen und ganzen doch soliden finanziellen Gesichtspunkten, von denen aus die Wirtschaft der Villen und Fattorien geplant wurde. Eine solche vorausschauende Finanzgebarung brachte der aus frühkapitalistischem Wirtschaftsgeist kommende Villenbesitzer als ein schon ererbtes Verhalten mit.

Die der Frühzeit der Comunen entsprechenden aktiven Naturen mußten, wenn sie sich im alten Stile bewegen wollten, auswandern. In Lyon und anderen französischen Städten saßen zahlreiche toskanische Familien, die dort Herrscher des Finanzwesens waren und weiterhin im alten Stile über große Geldvermögen verfügten. Sie

21   A. v. Reumont, 1874, S. 452
22   A. v. Martin 1974 S. 78f. Meine früher (Dörrenhaus 1971 S. 43) geäußerte Meinung zum
     Rentenkapitalismus im italienischen Villenwesen habe ich gründlich zu revidieren gelernt.

erhielten bedeutenden Zuzug während und nach der zweimaligen Vertreibung (1494, 1527) und Rückkehr der Medici (1514 bzw. 1531) aus den Kreisen der Medicigegner, die verbannt oder freiwillig ins Ausland gingen. Das hatte einen fühlbaren Kapitalverlust für das Land bedeutet.

3. Epoche. Monarchie und Territorialstaat (1530–1965). Die Wirren der Zeit von Savonarolas Revolte bis zur endgültigen Installierung der Medici brachten das Erlöschen der Bürgermacht und das Ende der Republik. Die andere territoriale Macht, die aus freier Comune hervorgegangene Republik Siena erlag 1555 den Medici und wurde ihrem Herzogtum Toskana, seit 1569 Großherzogtum, eingegliedert. Die Städte wurden Provinzstädte. Florenz besaß nicht mehr den Staat, es war lediglich die Hauptstadt eines Staates, der nach den Gesichtspunkten einer absoluten Monarchie regiert wurde. Die Stadt wurde der Sitz eines Hofes. Die grundsätzliche Änderung der Staatsform brachte – von sehr geringfügigen Versuchen abgesehen – keine echte Refeudalisierung, wie in andern europäischen Staaten und in vielen Regionen Italiens, die von einem monarchischen Hof regiert wurden. Der Besitz an Grund und Boden blieb privat. Das Verhältnis von Grundbesitzern, Padronen und Bauern, Kolonen, war nach wie vor ein privatrechtliches, grundsätzlich kündbares; die Villa wurde nicht noch nachträglich zum Sitz eines avancierten Feudalherren. Trotz reichlich verliehener Adelsprädikate – das nie so recht zur Blüte gekommene Hofleben erforderte das – blieb der Villenbesitzer aus soziologischer Sicht Bürger, gleichviel ob Conte, Marchese oder gar Duca. „Es ist nicht von entscheidender Bedeutung, ob der Staat (in demokratischer Form) vom Bürgertum selbst getragen wird, oder ob er (als absoluter Staat) von sich aus in Staatsraison und Merkantilismus die bürgerlichen Methoden adoptiert – beidemal bedeutet die ökonomisch orientierte reale Interessenpolitik den zeittypischen Gegensatz gegen die von den alten privilegierten Schichten, Adel und Klerus, getragene Politik des Mittelalters" [23].

Man sagt von Europa des 16. Jahrhunderts, es habe eine zweite Feudalität entwickelt. Aber nichts mehr in der Toskana ist bis auf sehr geringfügige Ausnahmen mit der fränkischen Feudalordnung, mit der Reichsorganisation verbunden, die im Raum Italiens allein als feudal bezeichnet werden darf. Die Träger dieser angeblichen Feudalität entbehren der militärischen, administrativen und politischen Funktionen, welche echte Feudalität ausmachen. Was man hier meinen könnte, sind keine Feudalen, sondern moderne Kapitalisten – dieses Wort ganz ohne einen Hauch von Marx ausgesprochen. Die Marchesi Antinori, die Marchesi Rucellai, die Nobili Conti Contarini Bonacossi wie andere Angehörige der alten Stadtaristokratie waren und sind so wenig Feudale wie die Barone Rothschild, die Freiherren von Oppenheim oder die Krupp von Bohlen Halbach. Sie alle haben ihre Betriebe und Gesellschaften nach den Grundsätzen des Kapitalismus betrieben, die toskanischen Firmen, indem sie ihre Vorstellungen von Wirtschaft, die sie im Handel mit Geld, mit Waren und deren Produktion erworben hatten, in aller Selbstverständlichkeit auf das Land übertrugen, was sicher nicht zum Schaden der Toskana war.

Die städtische Wirtschaft – Industrie, Handel, Bankwesen – stand weiterhin infolge der physiokratischen, merkantilen Wirtschaftspolitik der Hauptpartner im Außenhandel der Toskana: Frankreich und England, in ständiger Rezession, an der auch gelegentlich Konjunkturaufschwünge im Endeffekt nichts haben ändern können, wie etwa die wirtschaftliche Erholung zu Ende des 16. Jahrhunderts. An ihr

23 A. v. Martin, 1974, S. 32

hatte auch die Wirtschaftspolitik Ferdinands I. erheblichen Anteil. Mit Blick auf das Villenwesen – und nicht nur darauf – sind die folgenden Jahrhunderte, verglichen mit den voraufgegangenen Jahrhunderten, statisch und ohne grundsätzliche Neuerungen. Stand die erste Epoche unter dem Leitbild von Kühnheit, Wagnis, Risiko und Bildung exorbitanter Geldvermögen, die zweite unter dem Zeichen von Festigung, Konsolidierung, Sicherheit und Verfeinerung der bürgerlichen Sitten, so ist die dritte und letzte, in unseren Jahrzehnten beendete, eine defensive, bewahrende, erhaltende, eine konservative Zeit. Auch der Wandel durch Reformen blieb in der früh geprägten Form.

Auch in dieser letzten Epoche wurden zahlreiche Villen gebaut, im Stil der Hochrenaissance, des Manierismus, des Barock; im 18. Jahrhundert ist der Ausbau im wesentlichen abgeschlossen. Aber immer noch spricht aus diesen Villen die im 15. Jahrhundert gefundene Vollkommenheit ihrer Bestimmung doppelter Art: wirtschaftlicher Stützpunkt im Agrarbesitz der städtischen Familie, der immer mehr an Bedeutung gewinnt, und Ort der geistigen und seelischen Recreation im Dienste der städtischen Geschäfte zu sein, der Villegiatura für die ganze Familie. Der Konservativismus dieser dritten Epoche hat uns den Idealtyp einer im Mittelalter geprägten Lebens- und Landschaftsform bis in die Gegenwart bewahrt, nicht in Erstarrung, sondern im stillen, evolutionären Aufnehmen aller agrarischen Neuerungen, welches dieses Land immer an der Spitze der Agrarlandschaften Italiens gehalten hat. Noch vor hundert Jahren konnte P. D. Fischer schreiben: „die blühenden, reichbebauten Gefilde der Lombardei und Toscanas sind von englischen, französischen und deutschen Volkswirten vielfach als Muster einsichtsvollen und erträglichen Landbaues hingestellt worden" [24].

Die Zeit des Großherzogstums Toskana unter den Medici (1531–1735) hatte einen weiteren Rückgang der Wollindustrie hinzunehmen, der eigentlich schon Mitte des 14. Jahrhunderts eingesetzt hatte. Nach Giovanni Villanis Angaben haben vor der Pest von 1348, welcher der Chronist selbst erlag, 30 000 Menschen von der Wollindustrie gelebt; mit zwischenzeitlicher Erholung verkümmerte sie in der Folgezeit so sehr, daß bei Regierungsantritt Peter Leopolds, des ersten auch in Florenz residierende Großherzogs aus dem Hause Lothringen, im Jahre 1765 in Florenz nur noch 971 Wollarbeiter beschäftigt waren [25]. Allerdings war die Zahl der in der Seidenindustrie Handarbeitenden noch immer 9 000, was eine Gesamtzahl der von der Seidenindustrie lebenden Personen errechnen läßt, die nur wenig unter jenen 30 000 von der Wollindustrie lebenden Bewohnern, liegen dürfte. Da zur selben Zeit Florenz ca. 80 000 Einwohner hatte, darf man doch noch immer von einem industriellen Charakter der Stadt sprechen. Aber die Tatsache, daß die Bevölkerung von Florenz in den vierhundert Jahren stagnierte, während Paris und London zu Großstädten von mehr als 600 000 Einwohnern herangewachsen waren, deckt das Problem auf. Die 30 000 von der Wollindustrie lebenden Personen zu Villanis Zeiten lebten von einer Produktion, die Europa versorgte, die Seidenindustrie von 1765 hatte einen Markt, der kaum über die Toskana und Italien hinausging.

Aber immerhin hat absolut genommen die Seidenindustrie den Verlust der schon im 15. Jahrhundert geschrumpften Wollindustrie kompensiert. Sowohl Großherzog Francesco (1574–1587), der Nachfolger Cosimo's, als auch Ferdinand I (1587–

24   P.D. Fischer, „Italien und die Italiener", Berlin (2. Aufl.), 1901, S. 198
25   A. v. Reumont, 1877, S. 452

1608) förderten den Anbau der seit hundert Jahren in Italien sich ausbreitenden weißen Maulbeere (Morus alba), die besser als die länger bekannte schwarze (Morus nigra) zur Seidenraupenzucht geeignet ist. Es wurden Millionen Maulbeerbäume gepflanzt, selbst im Boboligarten und in Grünanlagen wie den Cascine von Florenz und als Jungbäume an die Gemeinden verteilt. Auf den großherzoglichen Gütern in der Chianasenke ließ Ferdinand 80 000 Maulbeerbäume pflanzen und Warmhäuser für die Aufzucht der Seidenraupen errichten [26]. Der Maulbeerbaum fand so auch Eingang in die Poderi der Fattorien. Man erzeugte 1/3 bis 2/3, bisweilen auch mehr des heimischen Bedarfes und trieb Handel mit den Cocons. Der Maulbeerbaum fand Eingang in die Mischkultur und das um so leichter, als sein Laub auch als Viehfutter brauchbar war. Da außerdem noch andere Industriepflanzen dort erzeugt wurden, die in der Stadt verarbeitet werden konnten, wie Baumwolle, Hanf, Lein, Tabak, wird man wohl annehmen können, daß das bisherige Stadt-Landverhältnis, welches die Villa voraussetzt, in diesen Jahrhunderten intakt war. Der Wirtschaftsrückgang war weniger ein absoluter als ein relativer, wenn man ihn am übrigen Westeuropa mißt.

Die „coltura mista" erfuhr seit der Entdeckung Amerikas wesentliche Bereicherungen, nicht zum Wenigsten aus dem Interesse der Villenherren an Bereicherung und Verfeinerung der Mittagstafel. Galt doch selbst bei den Medici der Grundsatz, daß, außer bei Festlichkeiten, nur auf den Tisch kam, was die Fattoria bot.

Der Tabak tauchte zum ersten Male 1560 in der Toskana auf und wurde auf den Poderi angebaut. Der Mais kam allerdings mit großer Verspätung erst im 18. Jahrhundert nach Italien und in die Toskana. Beide sind heute noch in der Mischkultur zu finden, während der Maulbeerbaum, anders als in Oberitalien, als in Venezien, nahezu verschwunden ist. Die Entdeckung Amerikas brachte die grüne Bohne (Phaseolus vulgaris) in die Toskana und machte der altmediterranen Puffbohne, der Dicken Bohne (Vicia faba), den Rang streitig. Die grüne Bohne bereicherte den Bestand an Hülsenfrüchten, die immer schon in den „mescoli" angebaut wurden und schon seit frühgeschichtlichen Zeiten den Mittelmeerbewohnern Eiweiß enthaltende Pflanzennahrung geboten hatten: Erbsen, Linsen. Die Bohne aus Amerika, grün oder reif, war seitdem mit Olivenöl für den Mezzadro Zukost zum Brot. Zur selben Zeit wurde die Artischocke wiederentdeckt [27]. Bei Hesiod schon erwähnt, hatten die Römer sie geschätzt. Sie war dann im Mittelalter verloren gegangen. Nur im sarazenischen Osten wurde sie noch kultiviert und kam 1466 über Sizilien nach Florenz. Die Paprika wurde eingeführt; ebenfalls aus Amerika stammend, war die Tomate zwar schon lange bekannt, wurde aber erst zu Beginn unseres Jahrhunderts in ihrem Wert erkannt und die Grundlage einer auch für den Export arbeitenden Lebensmittelindustrie.

So behielt der Landbesitz der städtischen Groß- und Kleineigentümer seine Bedeutung. Die agrarische Produktion der Fattorien konnte der industriellen und kommerziellen Wirtschaft in der Stadt zum Mindesten die Waage halten. In den Villen überdauerte der früher in städtischen Industrie- und Handelsunternehmen Bankbetätigungen erworbene Geldbesitz. Er wurde gelegentlich auch vermehrt durch den Rückfluß des von zurückkehrenden Bankier-Familien mitgeführten Kapitals. Sie hatten als Leiter ehemaliger Filialbetriebe der heimischen Firmen in Paris, London, Köln, Nürnberg, vor allem aber in Lyon, diese Positionen noch zu einer Zeit gehal-

26   A. v. Reumont, 1877, S. 376, S. 500
27   Ludwig Reinhardt, „Kulturgeschichte der Nutzpflanzen", München 1911, S. 330f

ten, als diese in der Heimat schon längst ihre Banktätigkeit eingestellt hatten. Sie kamen auf Betreiben der letzten Großherzöge aus dem Hause Medici, die sie anregten, ihr Kapital in der Toskanischen Landwirtschaft anzulegen. [28] Daraufhin wurden d̓ann auch die großen Kultivierungsmaßnahmen in der Chianasenke, in den andern versumpften Arnobecken, in den Maremmen, an den Küsten in Angriff genommen, Aufgaben, denen man aber technisch noch nicht völlig gewachsen war.

Während der Belagerung von Florenz, (1529—30) in der die Stadt ihre comunale Freiheit an die Medici verlor, und während der Einschließung von Siena (1554—1555), dem das gleiche Schicksal im letzten Kampf des Republikanismus widerfuhr, waren — auch durch eigene Kriegführung der verbrannten Erde — viele Villen zugrunde gegangen, und die Landhäuser früherer Jahrhunderte, romanische, gotische und solche der Frührenaissance sind damals selten geworden. Die neuen, noch stärkeren Interessen an der Landwirtschaft ermutigten die alten Familien — trotz der Kriegserfahrungen — weitere Kapitalien im Immobilienbesitz draußen anzulegen. So blieb die Agrarlandschaft der Toskana auch weiterhin geordnet und eine der wertvollsten unter allen anderen in Italien, wiewohl nicht gerade mit hohem Bodenwert ausgestattet. Die Grundeigentümer investierten nicht nur in der Fattoria, sondern man errichtete völlig neue Villen und baute zerstörte wieder auf und um. Manche alte Villa, die den Ansprüchen nicht mehr genügte, sank damals zur „Casa colonica" ab, wie z.B. die schon erwähnten der Dante und der Portinari. Und manche ehemalige feudale Burg ging den Weg weiter von der Casa del Padrone zur Casa colonica (Z. 12).

Zeichn. 12   Podere Santa Giulia

Beim Umbau vieler Villen blieb der alte Kern — außen nicht mehr erkennbar — erhalten. Die innere Gestaltung, die Raumeinteilung, blieb die alte. Nur die Fassaden, die Zubauten erscheinen im Stil späterer Zeiten. So die Villa „La pietra" nahe Florenz, — der Name stammt von einem Meilenstein an der alten Bologneser Straße;

28   A. v. Reumont, 1877, 2. Bd., S. 500

im Äußeren zeigt sie einen vollkommenen, gemäßigten toskanischen Barock; im Innern bewahrt sie in allem noch den Geist der Frührenaissance. Nur ein elliptischer
Treppenaufgang im Innenhof ist Barock. Ein Beispiel, das uns warnen kann, nach
dem Augenschein allein zu urteilen und bei der Einschätzung des Alters der Villa
als Institution zu falschen Schlüssen zu kommen [29]. Weil meist auf älteren Fun-
damenten eine große Zahl neuer Villen entstand beginnt in Kunstgeschichten die
Darstellung der Villa, — wenn sie überhaupt erwähnt wird, — meist erst mit dem
Ende des 15. Jahrhunderts. Sie nimmt sich ihrer in voller Breite erst im 16.
und 17. Jahrhundert an, oft an Objekten, die soziologisch gesehen gar keine Villen sind, sondern Lustschlösser, die es auch auf dem italienischen Lande gab,
wie dann bald überall in Europa. Es fällt ja auch niemandem sonst ein, etwa
„Sans souci" in Potsdam eine Villa zu nennen. Etwas von der Rivalität der großen städtischen Sippen, die sich bei den Palazzobauten des 15. und 16. Jahrhunderts gezeigt hatte [30], kehrte im 16., 17. Jahrhundert im Wetteifer großer Familien wieder, die sich in Villa und Garten zu übertreffen suchten. Doch das
Gespür für Maß und Sinn dieser Bauten ließ es hier nur selten zu solchem Aufwand und exorbitanten Dimensionen kommen, wie etwa bei römischen oder venezianischen Ville suburbane. Die meisten Villenherren hielten sich doch an den Rat
Leon Battista Albertis aus seinem Buch „de re aedificatoria", beim Bau mehr auf
schöne Ausführung als auf Größe und Zierat zu sehen, außerdem hätten für die
zweite Alternative die wirtschaftlichen Voraussetzungen bei der großen Mehrzahl
der Bauvorhaben auch nicht ausgereicht.

Wenn auch derselbe architektonische Formenschatz gleichzeitig in der Villa rustica
und der suburbana auftritt, so sollte man bei alle den Landbauten, die sich mit
mehr oder minderem Recht Villa nennen, nicht die scharfe soziale und wirtschaftliche Kluft übersehen, welche die rustikale Villa als die eigentliche von den anderen
trennt. Die der Villegiatura als Lebensform verbundene Villa rustica ist ganz anderer
sozialer Herkunft als viele andere als Schlösser zu bezeichnende Bauten in denselben
Architekturformen.

Das Beharren auf dem Sinn der toskanischen Villa gegenüber anderen großen Bauten auf dem Lande ist vor allem dem Vorbild Bernardo Buontalenti's da Firenze zu
verdanken. Er wollte nicht die Villen des Plinius in Etrurien, des Catull am Gardasee nachahmen. Seine Bauten sind schlicht, gelassen, passend zum Gebrauch seiner
Arbeitgeber, die Bürger der Stadt waren. Die florentiner Architekten in der Nachfolge Buontalentis hielten am maßvollen Plan in der Regel fest und blieben den Neuerungen aus Rom im Villenbau fern. Daran ändert auch ein schlichtes barockes Dekor dieser Tausenden von Villen nichts, deren Namen keine Kunstgeschichte nennt.

Die Zeit der Medici brachte mit dem Umbau und Neubau vieler Villen auch das
Leitmotiv des „bel paesaggio" ins Spiel, an dessen Verwirklichung mitzuhelfen gerade der nicht nur intelligente, sondern auch ästhtisch begabte toskanische Bauer prä-
destiniert war. Wir denken an die in Teil I erwähnten berühmten Künstler, welche
aus den Contadi der Städte stammen. Aus derselben humanen Substanz kamen ja
die Contadini, die Mezzadri, von deren Beitrag zu dieser schönen Landschaft so viele italienische Autoren geschrieben haben [31].

29   Harald Acton, „Villen der Toskana, Bern 1973, S. 140f
30   A. Doren, 1934, S. 675
31   Guido Biffoli e Guido Ferrari, „La casa colonica in Toskana", Florenz 1966, S. 48

Außenwirtschaftliche Gründe, aber auch „il malgoverno", Mißwirtschaft in der Verwaltung, brachte für ganz Italien im 17. Jahrhundert eine wirtschaftliche Stagnation. In den übrigen Teilstaaten, die außer Piemont alle unter Fremdherrschaft standen, führte dieses „seicento" zu so manchem Rückfall in frühere Zeiten, in die Zeiten der „campi aperti", der für die Weidewirtschaft wieder offenen Felder. Der Aufschwung der westeuropäischen Textilindustrien belebte die Nachfrage nach Wolle und so den Bedarf an Weideland, dem die Latifundienbesitzer des Südens, beziehungsweise deren Großpächter, bereitwillig nachgaben. Die Fattorien der Villenwirtschaft aber waren schon zu fest in der Tradition der Toskana verhaftet. Hier brachte diese Zeit lediglich wirtschaftlichen Stillstand auch hier wegen vieler administrativer Fesseln, die dem Handel, dem Verkehr und der landwirtschaftlichen Produktion durch unbeholfene staatliche Lenkungsversuche angelegt wurden. Das Villenwesen hielt stand und behauptete sich gegenüber den sonst für Italien oft so destruktiven Wirkungen der europäischen Wirtschaftsentwicklung. Nur im weitesten Umkreis der einzelnen Villen mögen hier und da „campi chiusi" in den Zustand der beweideten „campi aperti" zurückgefallen sein, ein Vorgang der dann allerdings die außerhalb des Villenwesens stehende Maremma nach manchen Fortschritten vorangegangener Zeiten von neuem erfaßte [31a].

Gegen Ende der Regierungszeit der Großherzöge aus dem Hause Medici war die Stockung auch in der Entwicklung von Handel und Industrie stationär geworden. Manche Gewerbe, welche einst die Führung im comunalen Gemeinwesen gehabt hatten, wie alle die, die mit der Wolle zusammenhingen, waren eingegangen. Die „strada francigena", die fränkische Militärstraße von Pavia über Parma, Lucca, Siena, den Paß von Radicofani nach Rom, welche dann zur französischen Straße, zur Handelsstraße auch für Florenz und die Toskana geworden war, war unter dem Einfluß staatlicher, handelspolitischer Maßnahmen der früheren Handelspartner zu einer Binnenstraße geworden. Den Industrien, die es noch gab, verblieb eine nur noch bescheidene Bedeutung, sie konnten mit dem europäischen wachsenden Industrie- und Handelsvolumen nicht mithalten. So gerieten manche bedeutende Familien, welche die Zeichen der Zeit nicht verstanden hatten, in Konkurs. Dazu gehören die Feroni, die als letzte Familie aus dem Ausland mit unerhörtem Reichtum zurückgekehrt waren und „in Palästen, Villen und Kapellen einen Glanz an den Tag legten, der nach einem Jahrhundert erloschen ist", ferner die Riccardi, die 1655 den Palazzo Medici erwarben und noch erheblich vergrößerten; zugrunde ging auch die Familie und Firma der Acciaiuoli, die im Heldenzeitalter des Bürgertums einstmals Herzöge von Athen, Theben, Korinth und Sparta gewesen waren. Sie hatten nicht erkannt, daß sie auf und von ihren Besitztümern nicht nach den Vorbildern des Absentismus leben konnten. Sie hatten in Rokokoweise über ihre Verhältnisse gelebt; denn selbstverständlich war damals auch in der Toskana die Villa der Ort aufwendiger geselliger Veranstaltungen von Bourgeoisie und Adel: von Festen, Theateraufführungen, Glücksspiel ... Doch die Löcher, die in der Struktur des Landes aufgerissen wurden, konnten offenbar von den anderen Familien, u.a. auch den schon erwähnten „soci", die mit dem Kapital aus dem Auslande zurückgekehrt waren, auf die eine oder andere Weise wieder gestopft werden. Die im hohen Mittelalter erworbene Struktur der Kulturlandschaft der Toskana blieb auch auf diesem Tiefpunkt der Entwicklung erhalten. Nur ganz wenige Villen gingen damals um 1700 und später zugrunde, wie die von Monte Gufoni, – sie sollte 100 Jahre später unter einem

31a   Emilio Sereni, „Storia del Paesaggio agrario italiano", Bari 1961, S. 289

englischen Besitzer wieder auferstehen. Das Schicksal der venezianischen Villen, welche seit dem 18. Jahrhundert so zahlreiche Einbußen erlitten und zu Bauernhäusern wurden, teilten die toskanischen nicht.

Die Zeit der Großherzöge aus dem Hause Lothringen (1735–1859 brachte ein eine Fülle erfolgreicher agrarischer Reformen. Der Landwirtschaft galt die besondere Sorge Peter Leopolds, des zweiten Großherzogs aus dieser Dynastie. Er residierte im Lande und ließ sich nicht durch einen Regenten vertreten, wie es Kaiser Franz, sein Vater getan hatte. Er war wie sein Bruder Kaiser Joseph II ein Reformer aus Leidenschaft, – nur vielleicht besonnener als er. Er förderte in erster Linie den Bauernstand. Dieser hatte in den Zeiten des wirtschaftlichen Niederganges zugleich auch den sozialen und menschlichen Tiefpunkt seiner Entwicklung erreicht. Peter Leopold war um das Ansehen des Mezzadro bemüht, indem er ihm auch Mitbeteiligung im „Generalrat der Gemeinde" (im Gemeinderat) verschaffte. Das Ziel, das ihm vorschwebte: den freien Bauern auf seinem Eigentum, blieb zwar unerreicht [32]. Aber seit Peter Leopold gewann der Mezzadro seine alte Stellung in der „quasi societas iure" wieder zurück, um so mehr als er für die Reformen des kommenden Jahrhunderts dem Villenherrn unentbehrlich wurde.

An den Beginn seiner Reformtätigkeit setzte der Großherzog die Befreiung des Getreide- und Viehhandels von allen internen Beschränkungen als erste Voraussetzung für den Aufschwung der Wirtschaft der Toskana [32a]. Die Villenherren profitierten mit davon. Die besondere Sorge galt den Wohnstätten der Bauern, welche zum Teil menschenunwürdig waren. Die schon beschriebenen schönen „case coloniche" aus dem 18. Jahrhundert – mächtige quadratische Kuben mit flachem Zeltdach und aus ihm herausragenden Taubenturm, breiter Loggia im ersten Stock, großer „sala" (Tenne) gleich hinter dem Eingang, geräumig und fest, verdanken ihre Entstehung diesem fortschrittlichen Habsburg-Lothringer. Solche und ähnliche Bauten wurden staatlich mit einem Viertel der Kosten subventioniert. [32 b] So beteiligten sich die Padrone an diesem Programm der Hebung nicht nur der Landwirtschaft sondern auch des Bauernstandes. Die in Teil I (S. 25f) wiedergegebene Beschreibung des Bauernhauses wie es sein soll, stellt einen Teil des ländlichen Wohnungsbauprogrammes dar, wie es von der „Accademia dei Georgofili" betrieben und zum großen Teil auch verwirklicht wurde. Sie war eine der ersten landwirtschaftlichen Hochschulen in Europa und wurde 1753 in Florenz gegründet. Sie sollte bei allen späteren Reformen noch eine bedeutende Rolle spielen.

Zu den staatlichen Aufwendungen, die mittlerweile dringend erforderlich geworden waren, gehört auch das sehr gute Straßennetz, welches das alte, fast nur dem Durchgangsverkehr dienende Straßensystem ergänzte. [33] Nach dem Jahrhundert der völligen Stagnation, als das das „seicento" erscheint, löste der Reformwille der Lothringer (seit 1737) die schweren Hemmungen, die auf der Wirtschaft des Landes lagen. Die Initiativen Peter Leopolds zündeten bei den Villenherren. Sie zeigten eine Investitionsbereitschaft, die die Agrarlandschaft und das Villenwesen auf ihre letzte Höhe brachte.

32   Adam Wandruszka, „Leopold II.", Wien 1965, S. 184
32a   A. Wandruszka, 1965, S. 180
32b   A. Wandruszka, 1965, S. 181
33   A. v. Reumont, 1877, Bd. 2, S. 228

Das Jahrhundert von etwa 1750–1850, „a cavallo dei secoli" (rittlings auf den Jahrhunderten) brachte die Vollendung der toskanischen Kulturlandschaft, die lebendige Entwicklung der in der Villa geprägten Form zum Abschluß.

Schon mit dem Auslaufen der Mediciherrschaft ist die „Talsohle" in der Wirtschaftsentwicklung der Toskana erreicht. Die Wirkung des Kapitals der bisher im Ausland wirkenden Bankierfamilien kam aber nur schwer zum Zuge. Die Finanznot des Staates und die Verwaltungsmisere beließen das Volk noch in großer Not. Wohl gab es erste Ansätze zu Reformen, doch zunächst ohne rechte Wirkung. Der Reformwille Peter Leopolds, der bewußt nur das Bauerntum unterstützte, forderte die Mitarbeit des Kapitals der Villenherren heraus.

Noch mehr als früher wurden die „campi alberati" (l'albero = der Baum) des mittelalterlichen Beginnes der „campi chiusi", die von Weiderechten befreit waren, mit verstärkter Einfügung der Rebe und stärkerer Anpflanzung von Olivenbäumen zur streng geformten „coltura mista" gewandelt.

Die energische Befreiung des Bodens auch von den letzten Weideservituten, die Peter Leopold vorantrieb, machte die weitere flächenhafte Ausdehnung des Intensivkulturlandes möglich, brachte dazu die Vergrößerung vieler Fattorien. Man konnte nun die Bonifizierung der vielen Beckenlandschaften längs des Arno in Angriff nehmen. Nach Stillstand der Entsumpfungsarbeiten früherer Zeiten und mancher Neuverwilderung schon im 16. und 17. Jahrhundert arbeitete der Staat wieder an den Entsumpfungen : in der Chianasenke, im Val di Nievole, in der Bientina, um Pisa. Wenn auch nicht alle Vorhaben Peter Leopolds sofort gelangen, – jedenfalls nicht im vorgesehenen Umfange, – so wurden doch erhebliche Kulturflächen gewonnen, auf denen nun neue Poderi entstanden. Es heißt, daß später, als das Werk der Vollendung zuging, allein bei den großen Villenfattorien von 1830–54 die Zahl der Poderi von 12 000 auf 15 000 stieg. [34] Hier kam das zurückgekehrte Kapital zum Zuge. Mit dessen Hilfe verwandelten Fattori und Mezzadri das Unland langsam über Weide, Wiese, Saaten in „coltura mista". Bemerkenswert ist das Festhalten an der alten Sozialordnung und am alten Ziel der Baum-Rebmischkultur mit „mescoli". Zur selben Zeit wurde im Norden Italiens alles umgewälzt, Sozialform und Mischkultur, und zwar überall da, wo in den Entwässerungsräumen das Grünland die Vorzugsstellung erhielt.

Zu dieser Neulandgewinnung aus nassen Böden in der Toskana wandte man das Colmatensystem an: das heißt durch geschickte Lenkung der Sedimentation der Fluß- und Bachläufe bei Hochwasser werden die Seen, Sümpfe und feuchten Gründe aufgelandet. Das weiträumigste auf solche Weise gewonnene Gebiet, das um 1850 nahezu völlig dem Wasser entrissen war, – die Arbeiten gehen selbstverständlich bis in die Gegenwart weiter, – ist die Chianasenke. Heute geht von den Stadttoren Cortonas der Blick über weite von Baum und Mischkulturen erfüllte Flächen, und man erkennt eine noch im 19. Jahrhundert in die alte Tradition der Toskana eingegangene neugewonnene Wirtschaftslandschaft (Bild 11).

Aber auch im Hügel- und Bergland förderten Peter Leopold und seine Nachfolger die Ausdehnung der landwirtschaftlichen Produktionsfläche bei sonst stagnierender industrieller und commerzieller Tätigkeit. Hier konnten die alten Methoden mit den unbefestigten Erdabstufungen, den „campi a ciglione", nicht überall angewendet werden, da man nunmehr auch in steilere, abschüssigere Hänge ging. Jetzt entstanden die großen Terrassenkulturen mit Trockenmauern, welche die ebenen Kultur-

34   E. Sereni, 1961, S. 203

flächen, welche man erzielen wollte, sicherer halten als die „ciglione". Die Arbeiten an den steileren Hängen, die sich bisher der Bewirtschaftung entzogen hatten, erforderte für Erdarbeiten, Sprengungen, Wegebau, Mauererarbeiten, erhebliche Kapitalaufwendungen, auch wenn sie im Winter mit billigeren Arbeitskräften betrieben wurden.

Damals rückten im Zuge der Intensivierung in der „coltura mista" die Oelbäume immer enger zusammen. Allein zu Zeiten Peter Leopolds wurden abermals über 100 000 neue Oliven gepflanzt. Die Abstände zwischen den Reihen der Bäume rücken auf 20 Ellen, etwa 8—10 m zusammen. [35]

Das agrarische Unternehmertum der Villenherren nahm die auch in der Toskana urbana vorkommenden Tonlandschaften, nicht nur in der Crete Senese, überall da, wo die Reliefunterschiede nicht zu groß sind, in Angriff. Zu Beginn des 19. Jahrhunderts nahm der Padrone von Villa Meleto im unteren Elsatal, in dem die blauen Tone des Jungtertiärs unter den auflagernden Sanden ausstreichen und eine flachere Tonlandschaft bilden, einen Gedanken Leonardo da Vinci's auf, um die Landwirtschaft auf solchen Böden zu erleichtern. Marchese Ridolfi und sein Fattore Testaferrata erfanden die „colmate di Monte". Unter Ausnutzung der Denudation, der Abspülung und der Transportfähigkeit des Wassers werden die Rinnsale, die Bäche so geleitet, daß eine Verflachung der Hänge, Erniedrigung der Hügel, Anhebung der Talsohlen und Auffüllung der Schluchten, kurz eine Verminderung der Reliefenergie erreicht wird. Während es sich beim weitverbreiteten „ciglionamento" und der Terrassierung um eine Anschmiegung der Nutzung an das Relief handelt, ist das Ziel der „colmate di Monte" umgekehrt die Schaffung eines neuen Reliefs, das für die Agrarnutzung besser geeignet sein sollte als das alte. Ridolfi schrieb damals, er wolle aus diesen Tälern und Hügeln das machen, was ein betriebsamer Mann aus Schlamm machen kann. [36] Dieses klug erdachte System, dessen Einzelheiten zu schildern hier nicht der Ort ist, verbreitete sich in alle solche Tonlandschaften der Toskana und Italiens in denen die Hänge nicht zu steil sind (optimale Hangneigung 15—25 %). Auch dieser Vorgang der Agrargeschichte zeigt, wie verfehlt es wäre, den Villenherrn als Rentenkapitalisten nach Art der Latifundieneigentümer zu bezeichnen.

Unter Peter Leopold begann man energisch, die „cultura mista" noch weiter auch ins Hügel- und Bergland auszudehnen und auch hier wurden wieder mit erheblichem Kapitalaufwand neue Poderi, aber kaum neue Villen geschaffen. Damals, vom Beginn der Herrschaft der Lothringer an und in gleichsinniger Fortsetzung über die Napoleonische Zeit hinaus, welche die Entwicklung ins Stocken brachte, bis ins 20. Jahrhundert hinein vollendete sich das zauberhafte Bild der villenerfüllten Toskana urbana mit ihrem Wald von rebenhaltenden Kulturbäumen. Die Streu der „case sparse", der Einzelhöfe erhielt damals ihre heutige Dichte. Die Villen und ihre Fattorien schöpfen nunmehr die letzten Möglichkeiten für die „coltura mista" und andere Baumkulturen aus. Das im hohen Mittelalter geformte Leitbild hatte sich beständig und lebendig bis fast zur Vollendung entwickelt. Während in andern Teilen Italiens das Villenwesen sich aufzulösen begann, hielt die Tradition der alten Familien, die im Grunde noch immer konservative Haltung der Mezzadri, die alte Prägung bis in die Gegenwart aufrecht. Um 1830 wurde die Zahl der zu den Villen gehören-

35   E. Sereni, 1961, S. 269f
36   E. Sereni, 1961, S. 286f

den Poderi auf 50 000 geschätzt, [37] sie lag also in einer Größenordnung, die bis in unsere allerjüngste Vergangenheit gehalten wurde.

So wurde die Toskana, ein erstes Industrieland des Hohen Mittelalters, zu einem Agrarland, ihre Städte wurden zu Märkten dieses Bauernlandes. Aber die Städte mit ihren Palazzi beherrschten in altmediterraner Weise, wie einst Athen Attika und das republikanische Rom seinen Ager, weiterhin dieses Land. Die Palazzi behielten weiterhin ihre Bedeutung als Zentren wichtiger landwirtschaftlicher Unternehmungen, wenn auch manch ein Palazzo ausgestorbener oder wirtschaftlich zu Grunde gegangener signoriler Familien schon im 18. Jahrhundert zu einem Albergo für Fremde umgewandelt wurde, oder in Wohnungen oder Kanzleien aufgeteilt worden war. Die Mehrzahl aber behielt weiterhin ihre Bedeutung im Wechsel von winterlichem Stadtaufenthalt und der Villegiatura auf dem Lande mit ihren gesellschaftlichen Ereignissen. Im Palazzo verblieb auch der Sitz der Verwaltung der Fattorien und des oft weltweiten Verkaufs ihrer Produkte. Der Palazzo behielt besonders da seine Bedeutung, wo mehrere — was nicht selten ist — Villenfattorien in einer Hand vereinigt waren und auch heute noch sind.

Engländer, die sich in der Toskana niederließen, sollten eine große Bedeutung für die weitere Geschichte der toskanischen Villa haben. Die Franzosenzeit hatte dem Besitz und dem Kapital der signorilen bürgerlichen Familien der Städte schmerzhaft zugesetzt. Nicht alle Villen konnten gehalten werden, viele wechselten wieder ihre Besitzer. Daß aber keine völlig verfiel, verdankt die Toskana den Engländern. Die Briten hatten die weltweite wirtschaftliche Rolle übernommen, die einst die mittelalterlichen Comunen, die Stadtstaaten in ihrer damaligen Welt gehabt hatten. Britische Familien, den signorilen der Stadtstaaten ähnlich, weil sowohl aus kaufmännischem Bürgertum als auch aus dem Geburtsadel stammend, hatten mit ihren überseeischen Handelkompanien Reichtümer angesammelt, wie sie wohl die bisherige Wirtschaftsgeschichte Europas nicht gekannt hatte. Auch hier drängten Kapitalien nach Anlage. Und seltsame konvergente Erscheinung: auch die britischen Handelsherren kannten den Hang zum Landhaus. Auch sie haben — im 18. Jahrhundert — dabei tiefgreifend ihre eigene Landschaft verändert.

Über den Freihafen Livorno war die Toskana in das Gesichtsfeld der Engländer gekommen. Hier waren britische Admirale vor Anker gegangen, hier hatten sich englische Bankiers niedergelassen. Engländer beteiligten sich an der bergbaulichen Entwicklung des Landes im toskanischen Erzgebirge. Einer von ihnen war sogar Innenminister Peter Leopolds. Die Franzosen der Revolutionszeit vertrieben auch den letzten Briten. Doch nach dem Wiener Kongreß „öffneten sich die Schleusen": (Reumont) die Engländer kamen zurück, reich versehen mit Kapital, und investierten hier. Von Haus aus mit Garten und Landhaus vertraut, kauften sie unter anderem auch Villen. Sie kauften sich in der Toskana ein, zweifellos auch um des Klimas willen. Aber deshalb wurden die Villen durchaus nicht in jedem Fall zu suburbanen Villen, also lediglich zum dauernden oder zeitweiligen Wohnsitz ohne Agrarwirtschaft. Die Engländer führten vielmehr die Fattorienwirtschaft weiter, waren Neuerungen aufgeschlossen und hatten Teil an der Modernisierung der toskanischen Landwirtschaft. An der überkommenen Agrarordnung, am Verhältnis Padrone und Kolone änderten sie nichts. Lediglich fehlte bei diesen Villen in der Regel der

37   A. v. Reumont, 1877, Bd. 2, S. 643

städtische Wohnsitz, der, wenn überhaupt vorhanden, in London, York. Sheffield oder sonstwo in England lag. Sie produzierten wie die andern agrarischen Unternehmungen, die Fattorien, Wein, Oel und einige Spezialprodukte u. a. Käse, Vermouthweine und führten sie sogar in ihr Mutterland ein. [38] Waren schon die Lebenshaltungskosten im Großherzogtum der Restauration viel niedriger als in England und so ein Anreiz gewesen sich hier niederzulassen, so wurde dadurch auch die Ausfuhr der Agrarprodukte in die alte Heimat erleichtert.

Die an sich kleine Zahl von Villen, die in englische Hände geriet, sollte aber bedeutsame Folgen für die landschaftliche Erscheinung der Villen überhaupt haben. Die Briten kamen zu einer Zeit, als sich in ihrem Mutterland der englische Garten oder auch der englische Park in voller Entwicklung und Ausbreitung befand. Diese Gartenvorstellung hatte übrigens schon im Theresianischen Herzogtum Mailand durch österreichische Gartenarchitekten in Italien Eingang gefunden. Führend darin war damals der Gartenarchitekt Franz Pollak. Diese Idee erfuhr nach den Kriegen seit 1820 neue Impulse durch die nunmehr in Villen der Toskana einziehenden Engländer. Ihre neue Gartengestaltung fand leider auch bei den alten Villenherren Zustimmung und vielfältige Nachahmung. Die im Grunde romantische Idee des englischen Gartens drang so durch die Umgestaltung des alten italienischen Gartens in ein ganz und gar unromantisches Land. Der italienische Gärtner sucht hinter dem äußeren Bild der Natur eine geheime Tektonik, die sich unter den Verschiedenheiten und den Formlosigkeiten der Erscheinung dennoch verbirgt. Diese will er verwirklichen. Der englische Garten will die Unordnung und die fließende scheinbare Gestaltlosigkeit der Natur wiederholen.

Hatten die alten Villenbesitzer seit der Frührenaissance und noch früher auch im Garten die Stadt aufs Land geholt, hatte die strenge Regelmässigkeit der immergrünen Laubwände, hatten die schnurgeraden oder auch geometrisch exakt geschwungenen Wege den Garten wie einen Stadtplan aufgeteilt, war so der Garten geplant auf eine nicht minder unromantisch stilisiert wirkende Agrarlandschaft hin, komponiert vom Hause her, es gleichsam fortsetzend, so wurde nun der englische Garten oder Park der Vorgarten des Waldes gegen die Villa, eines allerdings in diesem Lande sehr imaginären Waldes. Es wurde ein fremdes, durchaus inurbanes Bild des Engländers vom Walde, von Natur überhaupt, in ein Land übertragen, dem alle Voraussetzungen dazu fehlten. Sie hatten dieses Bild vom Wald mitgebracht, obwohl sie ihn daheim in seiner Realität schon weitgehend zerstört hatten. Als Leitbild, das in ihnen noch nicht erstorben war, lebte der Wald hier noch einmal auf.

Aber weder das Klima, noch die Sinnesart der Bewohner Italiens entsprachen diesem englischen Garten. Dieser lebt vom Sommerregen, der Vorstellung vom samtigen Rasen, der zwanzigfältige Schur im Jahr erträgt, von schwellenden riesigen sommergrünen Baumgruppen. Hier wurde mit verschlungenen Wegen um hellgrüne Büsche, Brückchen über künstliche Bächlein, die zu Wald- und Jägerhütten führten, Landschaft gespielt, in der Rehe und Damhirsche äsen. Hier sollte vorgetäuschte Natur wuchern, wo die alten Florentiner und Toskaner Kunst ausgeübt hatten: die Gartenkunst. Beim italienischen Garten gab es immer Durchblicke durch die begrenzenden dunklen Laubwände auf die umliegenden Kulturen und Poderi. Das gehörte zum wirtschaftlichen Wesen der Villa, — eben der Aufsicht. Es gehört zum Charakterbild der Toskanischen Villa, daß die Felder bis an die Gartenumgrenzung heranreichen und man von hier auf die ihr zugehörenden „case coloniche" hinunter-

38   Harald Acton, 1973, S. 11f

sehen kann und auf die „coltura mista", welche die Formenstrenge des italienischen Gartens fortsetzt. Der Besucher der berühmten „Gamberaia" wird sich der
kleinen Gartenbalkone erinnern, auf die man durch die immergrünen Wände hin-
durchtritt, und des Blickes auf die mit Einzelhöfen und Baumkulturen erfüllte weite
Landschaft von Settignano. Aber die Engländer bauten Gärten im englischen Sinne
um mit gewaltigen Baumgruppen von sommergrünen Buchen, Eichen, Linden, auch
mit bisher in toskanischen Gärten nie gesehenen Exoten, dem Liriodendron (Tul-
penbaum) aus dem Osten der USA, mit kanadischen Ahornen. Auch Blütenbäume
kamen in den bisher nur grünen Garten, so Kamelien und Magnolien, als Lianen
die ostasiatischen Wistarien (Glyzinen) und die Bougainvillien der Südsee, sogar die
Zeder, zwar immergrün, aber eigenwillig, völlig unarchitektonisch, wurde eingepaßt.
Eine Zeit lang konnten nur mühsam schwärzliche Zypressen und Steineichen den
mediterranen Geist ihrer architektonischen Umrisse im geplanten grünen Chaos des
englischen Parkes behaupten. Die tief herabgezogenen Kronen von solchen ungebän-
digten Baumriesen versperrten den traditionellen Blick ins Freie und täuschten den
Beginn eines tiefen, unheimlichen Waldes vor, mit Hirschen, Rehen, Wildschweinen
und waren doch nicht mehr als eine anspruchsvolle Kulisse. Es war ein Park der
Negation aller natürlichen und kulturellen Vergangenheit des Landes, fremd zur
Villa hin, fremd gegen die streng geregelte Landschaft der „coltura mista". Der
englische Park war und ist in diesem Lande ein schmerzlicher Stilbruch.

Dem Beispiel dieser in fremder Hand befindlichen Villen, es waren auch wenige
Franzosen und Deutsche dabei, folgten leider nur allzu viele einheimische Besitzer.
So liegen Villa Mansi und Villa Torrigiani bei Lucca inmitten weiter Rasenflächen
und Gruppen von Parkbäumen der beschriebenen Art. Bei letzterer ist wenigstens
der „giardino segreto" mit seinen neckischen Wasserspielen erhalten geblieben. Der
„giardino grande" ist dem englischen Park anheimgefallen; seine Rasenflächen geben
im trockenen Sommer Probleme auf. Auch der Garten der Villa Palmieri, von dessen einstigem italienischen Charakter Boccaccio in seiner Rahmenerzählung ein leb-
haftes, phantasievolles Bild gibt, ist heute zu einem englischen Park geworden, nur
ein kleiner Orangengarten im italienischen Stil ist erhalten geblieben.

Das soll nicht heißen, daß es nun gar keine italienischen Villengärten mehr gäbe.
Es sei auf die Villa Garzoni bei Collodi hingewiesen, wo die Hanglage zu imposan-
ten Treppenaufgängen und Wasserspielen angeregt hatte (Bild 3), oder auf die schon
erwähnte Villa „La Pietra", die sich einen vollkommenen nur grünen Garten bewahrt
hat. Die vielen kleinen Villen waren ohnehin beim traditionellen Garten geblieben.
Erst spät, seit ein paar Jahrzehnten, kam die Einsicht und die langsame Rückkehr
zum alten italienischen Garten mit seinen Kieswegen, Hecken, Laubwänden, Mar-
morbildern, roten Terracottakübeln voller Blumen. Nicht wenig zur Rückwendung
hat auch das Besinnen manches englischen Besitzers auf dessen Ursprünge beigetragen. Es sei Lord Acton, Besitzer von La Pietra und Palmieri, hier anerkennend
erwähnt.

**Die einst städtischen Industrie- und Handelsherren sind zu einem agrarischen
Stand geworden,** weil sich das ausgewogene Verhältnis von Stadt und Palazzo zu
Villa, Fattoria, Poderi im 19. Jahrhundert endgültig zu einer Verlagerung des wirtschaftlichen Interesses auf die Landwirtschaft entwickelt hat und die Seidenindustrie als letzte der traditionellen Gewerbe eingegangen war. Die Eigentümer von
Villa und Fattoria beweisen eine höchst moderne Aktivität. Das zeigt sich bei der
als fast revolutionär zu bezeichnenden Umorganisation der gesamten Landwirt-

schaftlichen Betriebs- und Sozialordnung, die wir heute mitansehen. Diese Landherren auf ihren Villen ist man versucht mit unsern einstigen Landjunkern des Ostens zu vergleichen. Doch ihr Lebensgefühl ist ein ganz anderes als das, auf den großen Gütern unseres Ostens. Die Villenbesitzer haben noch viel häufiger ihren Wohnsitz in der Stadt, als man vermuten möchte, oder besitzen in ihr wenigstens noch ihren Palazzo. [39] Auch sind die Besitzer vieler Villen Träger von Namen, die im 13., 14. und 15. Jahrhundert Stadtgeschichte gemacht hatten, die zugleich Teil unserer Universalgeschichte ist. Es sind Namen aus altem städtischen Bürgertum oder solche des fränkischen Feudaladels, der mit oder ohne Zwang in die städtische Gesellschaft aufgenommen wurde und sich assimiliert hatte. Letzteren schreiben heute deutsche wie italienische Autoren den ritterlich kühnen, abenteuerlichen Zug zu, den die Handelsunternehmungen der damaligen toskanischen Bürger im Heldenzeitalter der freien Comunen hatten und die den wirtschaftlichen Grund gelegt hatten zur Größe der toskanischen Städte.

Man sieht im allgemeinen die Größe der Stadt Florenz vielfach zu sehr als Leistung nur der Medici. Es darf nicht vergessen werden, daß ältere wagemutige Geschlechter das wirtschaftliche Fundament legten, auf das Cosimo der Alte, „pater patriae", und Lorenzo „il Magnifico", des ersteren Enkel, ihr kulturelles und geistiges Reich des Humanismus und der Renaissance gründen konnten.

Die Marchesi Corsini sind heute noch im Besitz mehrerer Villen und Fattorien und eines imponierenden Palazzo am Arnoufer mit bedeutender privater Galerie. Zwei weitere Palazzi in Florenz tragen den Namen der verzweigten Familie. Der bekannte Palazzo Corsini in Rom geht auf Papst Clemens XII, einen Corsini zurück. Sie erscheinen zu Anfang des 13. Jahrhunderts als bürgerliches Geschlecht von Kauf- und Bankleuten, stellten der Republik Florenz 8 Gonfaloniere (Militärkommandanten) und 56 Priori, die jeweils für ein Jahr gewählten Spitzen der Regierung des Stadtstaates.

Die Conti Guicciardini, Besitzer unter anderen der Villa Poppiani bei Montespertoli und zweier Palazzi in Florenz, stellten dem Stadtstaat und später den Großherzögen und der Kurie bedeutende Diplomaten. Francesco Guicciardini ist jedem Historiker bekannt als einer der mit Macchiavelli bedeutendsten Geschichtsschreiber seiner Zeit. Mit ihnen beginnt die moderne Wissenschaft der Geschichte. Wie das Machiavelli's beruht auch das Werk Guicciardini's, die „Storie fiorentine dal 1378—1509" auf realistischer Beobachtung des menschlichen Charakters, der Tatsachen, es greift über die Enge der bisherigen Stadtgeschichten hinaus und weiß zum ersten Male die Ereignisse in ganz Italien sinnvoll zu verknüpfen. Sein Denken ist heute noch gültig, etwa seine Überlegung zur Zukunftsforschung: „In den Berechnungen der Zukunft ist es bedenklich, Eventualitäten ins Auge zu fassen und zu sagen: Trifft dies ein, so werde ich so handeln, trifft jenes ein, so beschließe ich dies. Denn oft kommt ein drittes und viertes, woran Du nicht gedacht, — (etwa ein Oelembargo) — und Du stehst in der Luft, wenn es Dir an einem Fundament Deiner Entschließung fehlt." Die Guicciardini waren eine durch Handel hochgekommene Familie aus dem Pesatal und immer in der städtischen Politik engagiert —

<hr>

39   Eine überschlägige Erhebung mit Hilfe des Telefonbuches bei 25 Familien, von denen mir bekannt war, daß sie Villen besaßen und bewohnten, ergab, daß 13 von ihnen, außerdem noch den Palazzo in Florenz bewohnen. Vielfach ist der Palazzo auch der Sitz der „amministrazione fattorie e cantine". Wieviele der übrigen Familien möglicherweise in einer der anderen, auch kleineren Städte, einen Wohnsitz im Palazzo haben, ist mir unbekannt

auch in diplomatischen Missionen. Ein Piero Guicciardini setzte sich für die Rückkehr Cosimos des Alten ein, der als Führer der Popolanenpartei von den Aristokraten verbannt worden war.

Die Marchesi Rucellai sind schon in der zweiten Hälfte des 13. Jahrhunderts
Genossen der Wollzunft, leiten ihren Namen von der Lackmuspflanze Rocella
tinctoria ab, einer an den Küsten des südlichen Mittelmeeres vorkommenden Flech-
te. Ein Vorfahre hatte diese Färberpflanze im Orient für den Handel entdeckt und
befaßte sich mit ihrer Einfuhr. Die Familie besitzt u. a. eine Villa bei Campi
Bisenzio. Die Rucellai waren eine bedeutsame Familie: Giovanni Rucellai (1403–
1481) war der Verfasser des „Zibaldone quaresimale", aus dem der Rat an seine
Söhne, Zurückhaltung in den geschäftlichen Dingen zu üben, schon hier erwähnt
wurde. (v. S. 74) Er war Auftraggeber und Freund von Leon Battista Alberti;
unter seinem Mäzenatentum entstand die Fassade von Sta. Maria Novella; Alberti
schuf auch die Fassade des Palazzo Rucellai und die gegenüberliegende Loggia dei
Rucellai, eine der schönsten, die je in Florenz gebaut wurden. Sein Sohn Bernardo
Rucellai (1448–1514) war Haupt einer Partei gegen die Medici, er führte die
Platonische Akademie der Medici nach deren Vertreibung weiter.

Eine ähnliche traditionsreiche Familie, die in der modernen Landwirtschaft eine
Rolle spielt, sind die Conti Contini Bonacossi. Ihre Villa (Zeichn. 9) und Fattoria
Capezzana bei Pistoia mit einem umliegenden Land- und Waldbesitz von fast 1 000
ha, mit 125 Poderi auf 775 ha (1971 noch 30 Poderi!), immer ein Musterbetrieb,
macht zur Zeit eine schnelle Modernisierung durch und produziert Chiantiweine
von exportfähiger Spitzenqualität. Die Familie machte 1974 von sich reden, als
durch die Weltpresse die Nachricht ging, sie habe der Stadt Florenz ihre Gemälde-
sammlung mit Spitzenwerken italienischer und spanischer Meister im Palazzo
Contini Bonacossi, già Strozzi-Ridolfi geschenkt. Das war die bedeutendste Stiftung
für die Uffizien seit Mitte des 18. Jahrhunderts.

Die Marchesi Antinori, mächtige Seidenhändler und Bankleute des 14. Jahrhunderts mit Socien, Filialen in ganz Europa, u. a. in Lyon, Brügge, Köln, ließen sich
1385 auch noch in die Zunft der Weinhändler einschreiben. Sie besitzen heute noch
ihre Villen und Fattorien in der Toskana urbana, Güter in den Maremmen, bei
Orvieto in Umbrien. Ihr Palazzo am Antinori Platz in Florenz (Bild 23) ist in
seiner vornehmen Schlichtheit einer der schönsten der Frührenaissance. Hier hat
die Firma einen Weinausschank, so wie es immer Tradition bei den villenbesitzen-
den Palazzoeigentümern gewesen ist. Es war sich kein Marchese und kein Duca zu
schade, in seinem Palazzo eine „cantinetta" für den Ausschank oder Kleinverkauf
seines Weines aus den Villenfattorien offen zu halten. [40] Zum Mindesten hatte
man eine kleine Fensterluke an der Straße mit Klopfer und darüber hängender
leerer Weinflasche, so wie bei uns den Buschen, zum Verkauf des „vino d'asporto"
„über die Gasse". Die Antinori suchen für ihren mittlerweilen zu höchster Qualität
gelangten Wein Anschluß an die europäischen Märkte. Ihr Produktionsanteil am
Chianti classico, Chianti gallo mit dem Schwarzen Hahn, dem „gallo nero" als
Gütezeichen beträgt 20 %. Antinoriweine gehen nach England, USA und Japan.
1973 ging die Nachricht durch die Wirtschaftsblätter Deutschlands (u. a. „Zeit"
vom 8.6., FAZ vom 19.6.), daß die bekannte Importfirma südlicher Rotweine

40   „a Firenze, La Cantinetta", Privatdruck der „Fattorie dei Marchesi Lodovico e Piero Anti-
       nori" Florenz 1969

Reidemeister und Ulrich in Bremen den gesamten Deutschland-Import der Antinoriweine übernommen hat und den Absatz von 70 000 Flaschen Spitzenweine bald
auf 120 000 Flaschen steigern will. Dazu kommt eine bedeutende Erzeugung von
Olivenoel. Allein in der Fattoria der Villa Santa Christina stehen 30 000 Oelbäume. [41]

Im senesischen Bereich liegt Castel Brolio, unweit Radda in Chianti, Villa der
Baroni Ricasoli. Die Ricasoli entstammen dem legitimen Feudaladel — Kaiser Barbarossa belehnte sie mit C. Brolio — und trugen einst den Namen „Firidolfi" —
de filiis Rodulphi. Ein Zweig des Geschlechtes nannte sich, wie es zu der Zeit, da
Mitte des 11. Jahrhunderts die Lehen erblich wurden, üblich war, nicht mehr mit
seinem Gentilnamen, sondern nahm nach dem Brauch der Zeit den Namen seines
Feudums Burg und Dorf Ricasoli an. Die kleine Dorfschaft Ricasoli bei Montevarchi
war eines der wenigen echten Feudi, die es in der späteren Toskana gab. Bis in die
Zeit Peter Leopolds haben die Ricasoli dieses Lehen echt zu halten gewußt. Ende
des 14. Jahrhunderts erst wurden sie unter das Volk von Florenz aufgenommen.
Sie mußten dabei Namen und Wappen ändern, aber sie hielten sich nicht lange daran. Drei Palazzi in Florenz tragen den Namen dieser Familie.

Ein Vorfahr war Orazio Ricasoli Rucellai, Mitglied einer wissenschaftlichen Gesellschaft, der auch der Galileischüler Toricelli angehörte, der Accademia del Cimento.
Sie begann im 17. Jahrhundert mit den Plänen zu einer Entwässerung der Chianasenke. Um 1550 hatte schon ein Ricasoli einen Bericht dazu, mit Karte, für Großherzog Cosimo geliefert. [42] Bettino Ricasoli war erster Ministerpräsident des geeinten Italien und verdienstvoller Reformator der Landwirtschaft. Auf seiner Fattoria Castel Brolio fand er die Art der Anpflanzung eines guten Rebsortimentes, eine
besondere Form der Vergärung, welche beide dem Chianiwein von heute den Charakter geben: kurze Vorgärung bei 20° im hochgelegenen Vorgärraum und dann die
lange Nachgärung im tiefgelegenen kühlen Keller. Auch diese Familie fand mit ihrer
Fattoria den Anschluß an die moderne Zeit und nutzte die in Amerika steigende
Vorliebe für europäische Rotweine. Ein Kanadischer Konzern, — Seagrams, — über-
nahm die Kellereien der Ricasoli, die weiterhin von deren Fattorien beliefert werden. Die Lagerkapazität soll von 60 000 auf 240 000 hl erweitert werden.

Die Grafen von Frassineto haben in der Villa Frassineto in der nördlichen
Chianasenke zu Anfang dieses Jahrhunderts eine rostfreie Weizensorte gezüchtet,
die im Besonderen für Italien geeignet ist und die Hektarerträge hier ganz wesentlich gesteigert hat.

Alle diese und viele andere Familien mit ihren landwirtschaftlichen Villen wider-
legen durch ihre Leistung die Meinung, es handele sich hier um einen lediglich aus-
beuterischen Rentenkapitalismus. Gewiß ist auch in der Toskana ein Nachgeben
gegenüber Zeittendenzen in Richtung auf Nutzung des Reichtums in Rentenform
zu spüren, versuchte der genießende Luxus an die Stelle einer ökonomischen Lebenshaltung zu treten. [43] Der Geist dieses Zeitraumes in Barock und Rokoko

41   „Vini Vecchie e Olio nuovo" (Alter Wein und junges Öl), Privatdruck der Firma Antinori,
      Florenz 1969
42   A. v. Reumont, 1877, Bd. 1, S. 372
43   A. v. Martin, 1974, S. 79. Die hier von Sombart und v. Martin gegebene Darstellung von
      Luxus und rentnerhafter Lebensführung scheint mir überzeichnet. „Der kapitalistische
      Geist bricht zusammen und verflacht in sattes Rentnertum". Sombart und v. Martin kennen
      zu wenig von der Villa und ihren Fattorien und sehen nicht, daß diese ohne kapitalistischen
      Einsatz nicht weiter zu führen waren, daß die Fattorien mit dem Ausbau und der Intensivie-
      rung des Nutzlandes kapitalistische Unternehmungen waren.

ging auch an den Villenherrn der Toskana nicht spurlos vorüber, doch brachte er
nur in wenigen Fällen die Villa in Gefahr, anders als in Venetien, wo Villen zu
Bauernhäusern wurden. Denn „die erste große vom Munizipalgeist und seinen
Instituten dem Lande erwiesene Wohltat war die Behinderung übermäßiger Anhäu-
fung von Grundeigentum wie von beweglichem Besitz in wenigen Händen." [44]
Das setzte doch dem Abgleiten in sattes Rentnertum sehr enge Grenzen. Es spricht
nicht für eine dauernde und grundsätzliche Sinnesänderung, wenn nach einiger Zeit,
die auch durch Mißernten und Epidemien gezeichnet war, bei veränderter Konjunktur und Landwirtschaftsförderung durch den Staat, die Besitzer der Fattorien mit
altem Unternehmungsgeist sich in den nunmehr gesteckten Grenzen erfolgreich um
ihre Fattorien bemühten. Hier wurde spätestens seit Peter Leopold erneut mit gro-
ßem persönlichen und Kapitaleinsatz gearbeitet.

> „In Florenz allein ist die Zahl der erloschenen Geschlechter eine große,
> und von manchen blieben nur die auf andere übergegangenen Namen. Da
> sind, nur solcher zu gedenken, die mehr oder minder eine Rolle in der
> vaterländischen Geschichte gespielt haben, die Acciaiuoli ausgestorben, die
> Adimari, Alamanni, Alberti, die Albizzi florentinische Linie, die Aldobran-
> dini, Altoviti, Buonarotti, Buondelmonti, Canigiani, drei Linien der Capponi,
> die Cerchi, Covoni, Davanzati, Del Nero, Filicaia, Gaddi, Gianfigliazzi,
> Guasconi, Machiavelli, Minerbetti, eine Linie der Medici und die Marzi-
> Medici, Portinari, Riccardi, Ricci, Rinuccini, Salviati, Soderini, Tempi,
> Tornaquinci, Vettori — wahrlich eine lange Liste an Wohl und Wehe des
> Landes erinnernde Namen!" [45]

Trotz dieser langen Reihe der bis Mitte des vorigen Jahrhunderts ausgestorbenen
Geschlechter ist die Zahl der Villeneigentümer mit leistungsfähigen Fattorien, die
zugleich Namen aus der republikanischen Geschichte bedeuten, immer noch erstaun-
lich hoch. Ohne Vollständigkeit zu erstreben, wären noch zu nennen: die Torrigiani,
eine heute noch weitverzweigte Familie mit vielen Villen und einst weitreichenden
Verbindungen; in Nürnberg waren sie als Torrisi bekannt; die Marchesi Chigi und
Bianchi-Bandinelli mit vielen Villen im Senesischen, die Conti Serristori, in deren
Familie eine weibliche Linie der sonst ausgestorbenen Machiavelli eingegangen ist.
Unter anderen besitzen sie die Villa Albergaccio in San Andrea in Percussina, in
der der erste Politologe Niccolo Machiavelli in der Verbannung den „Principe"
schrieb. Wenn ich die folgenden Namen aufzähle, so ist das auch nur ein kleiner
Teil der geschichtlich bedeutsamen, heute noch Villen besitzenden Familien: Die
Conti Capponi, Sardi, Guicciardini Corsi Salviati, Gherardesca, Pandolfini, Loro,
de Micheli, die Baroni Frescobaldi (Besitzer von 9 großen Fattorien), die Marchesi
Giuntini, Macario de Castignano, Guidi di Bagno, die Principi Ginori Conti, die
Duchi Canavaro Ghelli, Veluti Zati, di San Climente, Colonna Torrigiani. Das ist
nur eine kleine Auswahl aus den Namen der heutigen Villenbesitzer, unter denen
es selbstverständlich auch heute rein bürgerliche gibt. Aber alle diese imponierenden
Namen dürfen nicht darüber hinwegtäuschen, daß die meisten dieser Familien nicht
aus dem legitimen Feudaladel stammen, so wie die Gherardesca, die Guidi, die mit
Otto dem Großen ins Land gekommen waren. Die Mehrzahl sind Nachkommen aus
dem einstigen Patriziat, aus dem gewerbetreibenden Bürgertum. Die große Zeit dieser

---

44   V. Salvagnoli, „Elogio di Girolamo Poggi", Vortrag in der Accademia di Georgofili, Florenz
      1838, S. 23
45   A. v. Reumont, Bd. 2, S. 654

Familien war die, als sie noch schlicht und einfach Capponi, Sardi oder Rucellai hießen. Gerade der letzte Namen legt den Widerspruch zwischen hochspielendem Prädikat und schlicht bürgerlicher Verhaftung offen: Marchese und die Färberpflanze. Die Titel waren teils großherzoglicher, teils päpstlicher Herkunft. Es gab auch vom Kaiser nach festen Tarifen verkaufte Adelsprädikate. Den Principe und den Duca Titel konnte der Großherzog nämlich nicht verleihen. Die Dekoration des Familiennamens erfolgte für besondere Verdienste im diplomatischen Dienst, in der Verwaltung oder aber auch nur, weil dieser verspätete Hof einen Nachholbedarf hatte und ein Hof nun einmal des Adels bedarf.

Diese Aristokratie hielt Distanz zum Hof, ging nie zum Absentismus über und war dem Villen- und Landbesitz mehr verbunden als der großherzoglichen Gesellschaft. Ein florentiner Geschichtsschreiber schrieb darüber im Jahre 1838: „Dem spanischen Pomp zu fröhnen machten die Medici unsere alten Handeltreibenden zu Marchesen, Grafen und Rittern, aber sie konnten die Hinneigung zu den Geschäften und die Lust an landwirtschaftlichen Beschäftigungen nicht zerstören und so blieb die Aristokratie populär, während neben ihr das Bürgertum im Besitz der Ländereien blieb, welche dem Klerus nicht anheim gefallen waren." [46] Auch da wo fränkischer Adel der Feudalzeit in den Namen erscheint, war er längst in den Jahrhunderten des bürgerlich republikanischen Stadtlebens verbürgerlicht. Ein besonders gutes Beispiel dafür ist wieder Leon Battista Alberti, aus verarmtem Grafengeschlecht (Verfasser des „della famiglia") mit seiner noch zu erwähnenden Vorliebe für das Stadtleben in einer guten Straße (unten S. 127). So darf man auch nicht glauben, daß die Villen sich von Anfang an, wie die Stammburgen unserer Feudalherren, in der Hand dieser sich hochadeliger Titel rühmenden Geschlechter befänden. Kaum einer ist noch im Besitz der Villa, die der Ahne im 14. oder 15. Jahrhundert gebaut hatte.

Zwei, drei, ja fünf und sechsmaliger Besitzerwechsel ist die Regel. Je nachdem wie die Geschäfte gingen, wurde verkauft oder gekauft bis in die Gegenwart hinein.

Auch als Landwirte bleiben sie bürgerliche Unternehmer, sie denken rational und nicht traditionell. Gemäß der Zweckbestimmung der Villa, Teil der Ausstattung der Firma zu sein, waren diese Immobilien äußerst mobil. Sie waren Kapital und hatten dessen Zwecken zu dienen. Insofern ist die alte Bankier- und Händlergesinnung nie untergegangen. Sie bewährt sich in der Gegenwart an der Modernisierung der Landwirtschaft und der Bewältigung der Probleme, welche die industrielle Revolution aufgibt. Wo man im ausgehenden Mittelalter Saffran, Lein, Hanf, Baumwolle baute, verarbeitete und verhandelte, erzeugt man heute noch Wein und Oel, nur mit vielfach verbesserten Methoden, und bringt sie auf den Markt.

Diese nunmehr aristokratischen Familien stehen seit eh und je im Gegensatz zu dem, was man in Deutschland unter Verpflichtung des Adels versteht: die Ablehnung bürgerlicher Tätigkeiten als unstandesgemäß. Nördlich der Alpen blieb eben noch lange das gentile Leitbild der feudalen Frühe maßgebend im Gegensatz zu Italien,

---

46   V. Salvagnoli, 1838, Bd. 2, S. 23. Im Grunde dasselbe hatte schon der adelsstolze Otto v. Freising festgestellt als er schrieb: „Sie halten es nicht für unter ihrer Würde, junge Leute der unteren Stände und auch Handwerker, die irgend ein verachtetes mechanisches Gewerbe betreiben, zum Rittergürtel und zu den höheren Würden zuzulassen, während die übrigen Völker solche wie die Pest von den ehrenvolleren und freieren Beschäftigungen ausschließen." (Otto v. Freising, S. 308, 309) Wir sehen, das gute Verhältnis der Stände untereinander, wovon schon im Teil I gesprochen wurde, hat eine tiefe urbane Wurzel.

wo die urbane Lebensform im hohen Mittelalter sich erneut wieder durchgesetzt hatte. Es sei hier nur noch einmal auf die „cantinetta" im Palazzo hingewiesen, die als winzige Einzelheit doch symptomatische Bedeutung hat. Diese Aristokratie hatte auch mit dem Erwerb dieser Titel, oft auch käuflich, nicht die im hohen Mittelalter erworbenen Verhaltensweisen abgelegt. Sie blieben in ihrem urbanen Lebensgefühl, auch wenn heute manche Familien ihren Wohnsitz in der Stadt aufgegeben haben mögen und ganz im Landwirtschaftsbetrieb ihrer Villa aufgegangen sind.

Als Beispiele für die schon frühe Mobilität der Villen mögen die Schicksale von drei der bekanntesten gelten:

1. Poggio a Caiano (Bild 1): Das fränkische Feudalgeschlecht der Cadolinghi von Fucècchio, einem alten Interessengebiet des Reiches – Übergang der fränkischen Straße über den Arno nach San Miniato Tedesco, Sitz des Reichsvikars für die Toskana, – hatte in der Arnosenke einen reichen Besitz an die Pistoiesische Familie der Cancelliere verkauft. Es war hier also das geschehen, wogegen sich einst schon Barbarossa im Reichstag zu Roncaglia so entschieden gewandt hatte: der Verkauf eines Reichslehens und seine Urbanisierung. Am 7. September 1420, kaufte ein Palla Strozzi aus Florenz diesen Besitz für 7390 Goldgulden. (Er mußte dazu seine schöne Villa Petraia bei Sesto verpfänden, die etwa hundert Jahre später auch in die Hände der Medici kam.) Dieser Besitz von Poggio a Caiano war schon im 14. Jahrhundert mit einer „palagio" genannten befestigten Villa, Garten und Landwirtschaft ausgestattet gewesen. Palla Strozzi baute sie um in eine erste Landvilla und nannte sie Ambra. Nach dem Sieg des Führers der Popolanen Partei Cosimo's des Alten über die Partei der Aristokraten wurde Ambra konfisziert und kam in die Hände von Giovanni di Paolo Rucellai. Dieser, als Stifter der von Alberti geschaffenen Fassade von Sta. Maria Novella in Florenz, übergab in einem Vertrag von 1471 die Villa von Poggio a Caiano an die Wechslerzunft – die Arte del Cambio – mit der Auflage, daß die Zunft aus ihrem Ertrag die Erhaltung der Fassade bestreiten sollte. Am 9. Juni 1479 verkaufte die Zunft die Besitzungen von Poggio a Caiano an Lorenzo de Medici, in dessen Auftrag dann die heutige Villa von 1480–85 errichtet wurde. [47] Über den wirtschaftlichen Ausbau und die Bedeutung der Villa Poggio a Caiano wurde schon berichtet. Sie kam nacheinander mit dem Wechsel der Dynastien in die Hände der Lothringer und der Savoier und ist heute Staatsbesitz.

2. Gamberaia: Die Geschichte dieser um ihres Gartens und ihrer Architektur willen berühmten Villa beginnt mit einem Eigentum der Mönche von San Martino a Mensola, also einem kirchlichen Feudalbesitz. Zu Beginn des 15. Jahrhunderts war der Besitz in Händen von Matteo Gambarelli und blieb in seiner Familie bis ein Giovanni Gambarelli sie 1592 an Domenico Riccialbani verkaufte, der sie vergrößerte und verschönerte. 1618 veräußerte Giovan Battista Riccialbani sie und ihre Liegenschaften an Zanobi Lapi. Dieser verschuldete die Villa mit seiner Gartenleidenschaft, dem Kauf einer Quelle und dem Bau einer Wasserleitung zur Bewässerung des Gartens, so daß sie schließlich 1717 von seinen Erben an die Brüder Antonio und Piero des Ritters Francesco Capponi und an Senator Giovanni Battista Cerretani überging. Später im Alleinbesitz der Capponi, wurde sie zu der heutigen Schönheit und in ihre endgültige Form gebracht. Ende des 19. Jahrhunderts kaufte sie eine

47   A. v. Reumont, 1874, Bd. 2, S. 453

Principessa Ghyka [48], die 1944 von Bomben schwer beschädigte Villa baute Familie Marchi wieder auf.

3. Villa Vignamaggio: Im 13. Jahrhundert saßen auf der Burg Montagliari bei Greve in Chianti die Ritter Gherardini. Im Jahre 1302 wurde von Florenz diese Burg im Zuge der damaligen Zerschlagung der Feudalität zerstört. Die Ruinen sind auf einem Talsporn in unmittelbarer Nähe der Villa erkennbar. Die Gherardini wurden verpflichtet, keine neue Burg anstelle der zerstörten zu bauen, wohl aber durften sie eine Villa einrichten, eben die Villa Vignamaggio. In dieser Villa wurde Monna Lisa, spätere Gattin des Francesco Giocondo, daher auch „La Gioconda" genannt, geboren. Sie war Mitglied der Familie Gherardini. Im 16. Jahrhundert wanderten die Gherardini nach Irland aus und Villa mit zwei Poderi und zwei Gärten („giardino segreto" und „giardino grande") kam in die Hände der Gherardi. Die Gherardi hatten die Villa bis zur Mitte des 19. Jahrhunderts inne. Es folgten nacheinander im Besitz die Alamanni-Uguccioni und dann die Grafen Sanminiatelli. [49] Die nach Irland ausgewanderten Gherardini wurden zur weitverzweigten Famili Fitzgerald (Fitz — Sohn). Von diesen wieder emigrierte ein Teil in die USA. Eine Reihe berühmter Amerikaner tragen den Namen, der bekannteste ist John Fitzgerald Kennedy. Die Mutter des Präsidenten ist eine Fitzgerald. Ein Fitzgerald ist auch der derzeitige irische Außenminister.

Diese drei beliebig heraus gegriffenen Villenschicksale mögen für jene anderen stehen, die alle einen ähnlich häufigen Besitzwechsel im Laufe der vergangenen siebenhundert Jahre erfahren haben.

Villegiatura ohne Villa. Welchen genetischen und historischen Platz hat diese Erscheinung im sozialgeographischen Bild der Toskana?

Umgeben von allgemeinem Verfall der Industrien, des Handels, des Bankwesens überdauerte nahezu ungemindert ein altes Gewerbe. Es hatte fast gleichzeitig mit der comunalen Bewegung, die ja Loslösung vom Mittelalter bedeutete, seinen Anfang und Aufschwung genommen: Das Kunstgewerbe. Es führte die Tradition naturalwirtschaftlicher, handwerklicher Verhältnisse in eine modernere frühkapitalische Welt. Es hatte meist bescheiden in Erdgeschossen, Halbkellern, Hinterhöfen der Bürgerhäuser, auch der Palazzi gelebt. Es waren die „botteghe artigiani", Produktions- und Verkaufsstätten, ebenso wie Werkstätten für Auftragsarbeiten der signorilen Schicht, die in Palazzo und Villa lebte. Sie hatten von Anfang an von der Ausstattung der wohlhabenden und so zahlreichen, ausgesprochen reichen Familien in der Stadt gelebt, ihrer Villen, Palazzi und der von ihnen protegierten Kirchen, deren Erhaltung oft auch die großen Zünfte, die „arte" übernommen hatten. Sie stellten her: Leder- und Seidenwaren, Schmuck, Goldschmuck, Möbel, Truhen, Holzteller, Bilderrahmen, bemalt und vergoldet, Stroh und Binsengeflechte, (den berühmten „Florentiner Hut"); Gobelins (die via degli Arazzieri in Florenz erinnert heute noch an die Teppichwirker, aus Arras in Flandern, die hier angesiedelt waren). Hierhin gehören die in Holz und Stein arbeitenden Handwerker der Intarsienkunst, die handwerklichen Marmor-Arbeiter, die Keramikwerkstätten von Florenz, Caffagiolo, Montelupo, Montalcino, Pisa, die Alabasterwerkstätten in Vol-

48 Giulio Lensi Orlandi, 1965, S. 121
49 G. Canessa, „Guida del Chianti", 3 Bde., Florenz 1969, Bd. 1, S. 264

terra. Im Jahre 1472 gab es in Florenz 270 Läden für die „arte della lana", also
der Wollweberzunft, 83 für die „arte della seta", die Seidenweber, 54 für Marmor-
und Steineinlegearbeiten, eine große Zahl von „botteghe" für Holzintarsien. [50]
Es ist sicher, daß dieses Handwerk immer schon für den Export arbeitete, nicht
nur für den Bedarf der Städte allein. Es gab auch große Botteghe, in denen viel-
seitig verschiedene Zweige des Handwerks unter der Leitung eines Künstlers arbeiteten und neue Künstler ausbildeten, wie die des Verrocchio oder des Pollaiuolo.
Zwischen „artigiano" (Handwerker) und „artista" (Künstler) bestand hier nie eine
Grenze.

Dieser Stand brauchte sich nie über Arbeitslosigkeit zu beklagen und steht in
deutlicher Kontinuität zur Renaissance, in der ein Leonardo Hochzeitstruhen be-
malte und ein Botticelli Intarsien und Cartons zu Gobelins entwarf. Dieser Handwerkerstand blieb in Blüte, da schon früh der Fremdenverkehr sich eingestellt
hatte und weiterhin anwuchs. Giovanni Villani schrieb in seiner Chronik von
Florenz in den 30er Jahren des 14. Jahrhunderts, daß viele die Stadt besuchen
um ihrer Schönheit und ihrer Bauten willen. Schon 1310 schrieb Dino Compagni:
„Daher kommen viele Fremde aus fernen Ländern nach Florenz nicht aus beruf-
lichen Gründen, sondern um die Schönheit der Stadt, ihre Ornamente, ihr Kunst-
handwerk zu betrachten." In anderen Städten der Toskana, Siena, Pisa, Lucca war
es nicht anders. Der Fremdenverkehr wuchs in den folgenden Jahrhunderten. Die
Zeugnisse der schon früh einsetzenden Reisen der Kavaliere, der Dichter und Maler
seien als bekannt vorausgesetzt. Es sei nur auf einen Passus im Übergabevertrag
der letzten Medicigroßherzogin Anna Maria Franziska aus dem Jahre 1735 hingewiesen, die, selbst eine Deutsche aus dem Hause Sachsen-Lauenburg, verlangte,
daß der Nachlaß des verewigten letzten Großherzoges Giovanni Gastone beim Übergang an das Haus Lothringen: „Gallerien, Sammlungen, Bibliotheken u.s.w., die
zum gemeinen Besten durch Anziehung der Fremdenwelt dienen, nicht aus dem
Lande entfernt werden dürfen!" [51] Ein erstaunliches ökonomisches Fremdenverkehrs-
bewußtsein schon zu Anfang des 18. Jahrhunderts!

Damals schon wie heute kauften die Fremden Kupferstiche von den wichtigen
Gebäuden, von der Stadtansicht; es waren die Vorläufer der Erzeugnisse unserer
heutigen Ansichtskartenindustrie. Man erwarb immer schon die bildlichen oder pla-
stischen Nachbildungen berühmter Kunstwerke aus den toskanischen Städten, die
gleichen bemalten Holztabletts oder Keramikteller und Gefäße mit dem spezifisch
toskanischen Dekor, so wie wir es heute noch auf dem Markt von San Lorenzo
in Florenz oder auf dem Campo von Siena tun. Handschuhe, Handtaschen, Börsen,
Brieftaschen aus feinem Leder zu kaufen, lohnt sich heute noch wie vor zwei- oder
dreihundert Jahren. Schon immer waren modische Bekleidung, vor allem aus Seide,
Schuhe u. a. Produkte eines dem Kunstgewerbe nahestehendes Handwerks, das im
Fremdenverkehr einen bedeutenden Absatz fand. Auf dieser Tradition aufbauend
wurde Florenz eine der drei bis vier Hauptstädte der europäischen Haute Couture.
Marchese Pucci gehört zu den Prominenten dieser „alta moda". Er hat seine
„bottegha" in seinem Palazzo Pucci mit einer Fassade, die Ammanati (1511–92)
zugeschrieben wird, gegenüber dem Palazzo Medici.

Die heutige Bedeutung dieses Handwerkerstandes wurde der Welt erst recht
bewußt, als bekannt wurde, daß die Flut vom 6. November 1966 sechstausend

50   André Chastel „Italienische Renaissance, die großen Kunstzentren". München 1965, S. 67
51   A. v. Reumont, 1877, Bd. 2, S. 21

Kunsthandwerksbetriebe (in der Provinz Florenz achttausend) ruiniert hatte. Sie hatten fast alle ihre traditionellen Werkstätten in den dem Arno nahen Straßen und engen Gassen, hüben wie drüben im Oltrarno, verloren. 30 000 Handwerksbetriebe mit 80–100 000 Beschäftigten gab es vor der Flut allein in der Provinz Florenz, die meisten davon in Florenz selbst. [52] Wenn die Zahl der holzverarbeitenden Handwerker in der Toskana damals doppelt so groß war wie die in der Holzindustrie Beschäftigten, so liegt das am hohen Anteil kunstgewerblich tätiger Handwerker. Die handwerkliche Produktion von Schuhen hatte dreimal soviel Beschäftigte wie die industrielle und die Herstellung von Oberbekleidung mehr als dreimal so viel wie die Konfektion. [53]

Warum diese eingehende Erwähnung des Handwerkerstandes in den Städten der Toskana? Es soll doch über Villa und Villegiatura gesprochen werden. Genau so wie wir zur Erklärung der Villa die Stadt und ihre führenden Familien heranziehen mußten, genau so müssen wir uns wieder in der Stadt umsehen, um das Einzelpodere „fuori la fattoria" zu begreifen, deren es ja, – wir erinnern uns, – ungefähr 50 000 gibt, einschließlich kleinerer andersartiger Landbesitzungen städtischer Bürger. Ohne die Stadt ist Italien eben nicht zu verstehen und zu begreifen.

Unter diesen Inhabern und Mitarbeitern dieser sehr alten traditionellen „botteghe artigiani", der kunstgewerblichen Läden, eines handwerklich gehandhabten Kunsthandels, unter jenem kleinen und mittleren Bürgertum haben wir die Besitzer von solchem städtischen Landeigentum zu suchen, das von den Fattorien unabhängig ist und in direkter Beziehung zum städtischen Bürgertum steht. Dieser kleinere städtische Landbesitz von nur je einem Podere oder nur einer Parzelle geht auf dieselbe Zeit zurück wie der in Villen organisierte Besitz der signorilen Familien und Firmen. Damals war nach Villani der nicht Bürger, der nicht auf dem Lande eine Besitzung hatte. Gewöhnlich verfügten zwei Drittel aller Haushaltvorstände in den Städten auch über Landeigentum. Im Jahre 1292 waren etwa 3 000 Einwohner von Orvieto, einer ebenfalls freien Comune in Umbrien, Grundeigentümer, davon waren mindestens 250 Handwerker. [54] Dieser Handwerkerstand, der eigentlich nie schwere Rückschläge erlitten hatte, bewahrte mit andern kleinbürgerlichen und mittelständischen Schichten diesen im hohen Mittelalter verstädterten ländlichen Besitz. Vornehmlich in den kleineren Städten gibt es außerdem den hinter den Mauern angesiedelten landwirtschaftlichen Kleinbetrieb.

Der Wirkungszusammenhang Villa – Palazzo, Fattoria – Industrie, Landwirtschaft – städtische Berufe zerbrach den signorilen Schichten im 19. Jahrhundert. Wohl aber konnte das handwerkliche und mittelständische Bürgertum sich diese altmediterrane Einheit von Stadt und städtischem Beruf und lukrativer Nutzung von Landbesitz mit Villegiatura aus der Voraussetzung sehr alter Verhaltensweisen bis in die Gegenwart erhalten. Hier wird deutlich, die Villa ist nur Teilerscheinung eines viel umfassenderen Archetyps, der mit mediterraner allgemeiner Urbanität, auch des gesamten Agrarlandes, zu umschreiben ist.

Was ist aus Villa und Villegiatura in der Gegenwart geworden? Gewiß war die Villegiatura bis weit in dieses Jahrhundert hinein noch streng geübter Brauch. Selbst da, wo die signorilen Besitzer ihren Palazzo in der Stadt noch im Winter bewohnen, mußte im Zeitalter des Automobils der Brauch läßlicher gelebt werden. Vielleicht,

52   Provincia di Firenze (Hrsg) „Traversando l'alluvione in Toscana", Florenz 1967, S. 220
53   Ferdinando Milone, „L'Italia nell'economia delle sue regioni", Turin 1955, S. 251
54   Daniel Wayley, 1969, S. 35

daß die Schulferien hier noch ein längeres Festhalten an der alten Übung mit zu-
stande bringen! In den Zeiten der schlechten Wege, – brauchbare Fahrstraßen gibt
es außer den alten Handels- und Heerstraßen erst seit dem 18. Jahrhundert, – ritt
auch die Herrin zu Pferde zur Villa. Die Kinder wurden auf Maultieren in Trag-
körben in die Villa geführt. Man war also nicht sehr beweglich. Selbst die Ein-
führung der Kutsche im 18. Jahrhundert – mit der Verbesserung der Landwege
erst möglich – konnte zunächst den Brauch nicht lockern. Man war in manchen
Fällen einen Tag zur Villa hin unterwegs, wo heute nur eine halbe oder ganze
Stunde Autofahrt nötig ist. Die alten Verkehrsverhältnisse hatten von Anfang an
nachhaltigen Einfluß auf die Verteilung der Villen über die Landschaft gehabt. Je
näher bei der Stadt, um so leichter waren die Aufgaben aus zwei Berufen, Fab-
rikant, Kaufmann und Landwirt zu erfüllen. In Stadtnähe drängen sie sich dichter,
ohne jemals zu einem Villenvorort in unserem Sinne zu werden (Karte 2). Die Voraussetzung eines größeren landwirtschaftlichen Areals um die Villa verlangte immer
einen gehörigen Abstand der Villen voneinander. Das Auto erlaubt heute auch
einem Besitzer nur eines Podere die Teilnahme am landwirtschaftlichen Leben des
ganzen Jahres.

Ist auch der frühere Rhythmus des Jahresverlaufes gestört, so ist doch die aus
der urbanen Grundstimmung des italisch-italienischen Lebens, aufgelebt im Mittelalter, zu erklärende Bindung von Stadt und Land geblieben und nach wie vor, wie
zu Zeiten Giovanni Villanis, das Land in Händen städtischer Eigentümer. Land,
Agrarland zu besitzen, ist immer noch ein städtisches Lebensideal. Die Bodenpreise
sind entsprechend hoch. Wie die Landflucht der letzten zehn Jahre auf die Kleineigentümer mit lediglich nur einem Podere oder nur einer Parzelle einwirkt, ist
noch nicht zu erkennen, wird sicher bald Objekt sozialgeographischer Untersuchungen werden müssen. Andererseits wäre eine umfassende Beantwortung der Frage,
inwieweit Stadt- und Landwohnung, Palazzo und Villa noch lebendig korrespondie-
ren, interessant. [55]

Manche Villa wurde besonders in Stadtnähe, ihres Bodens beraubt und zur Villa
suburbana, zur reinen Stadtvilla.

Die letzte und vierte Epoche der Villa in der Zeit der industriellen Revolution,
welche in Italien sehr spät, besonders spät in der Toskana begann, brachte zwar das
Ende der Institution Villa, soweit sie mit Halbpacht, Einzelhöfen, Mischkultur und
außerdem mit engem wirtschaftlichen unmittelbaren Kontakt zu einem zweiten
städtischen Beruf des Eigentümers verbunden ist, doch die Villa als landwirtschaftlicher Betrieb mit immer noch engen Verbindung zur Stadt in Lebensgefühl und
urbaner Gesinnung blieb bestehen.

Die Gesetze zur Mezzadria, welche in den vergangenen 60er Jahren erlassen wurden, verboten den Neuabschluß von Halbpachtverträgen, nur die alten Verträge
dürfen weiterbestehen und dürfen auslaufen, – meistens waren sie durch die Landflucht ohnehin gegenstandslos geworden. Die Gesetze zerschlugen nun auch rechtlich
den uralten Wirkungszusammenhang zwischen Poderi, Villa und Palazzo. Die modernen, mechanisierten, intensiv arbeitenden Großbetriebe, welche in großzügiger Entwicklung entstanden, dürfen auch jetzt unter den geänderten Verhältnissen nicht als
Latifundien bezeichnet werden, schon um die in diesem Wort mitschwingenden Wert-
vorstellungen zu vermeiden. Wenn auch die so entstandenen Großbetriebe als Wirt-

55   Hier sei auf Anmerkung 38 verwiesen

schaftseinheiten nunmehr Latifundiengröße haben, so deutet sich zum Beispiel nirgendwo der Beginn jener „traurigen Fruchtbarkeit" an, die Goethe in Sizilien so sehr beeindruckte, und die als typisches Zeichen von Herrschaft des Latifundiensystems sogar die toskanische Maremma beherrscht. In den Vorgängen der Gegenwart liegt eine seltsame Ironie, daß zur selben Zeit, da man im „mezzogiorno", in der Maremma, der Toskana rustica, die Latifundienbetriebe in kleine Bauernstellen aufteilt, in der Toskana urbana Großbetriebe entstehen müssen, die zwar Latifundiengröße besitzen, aber nirgendwo die gesetzlichen Bedingungen zu ihrer Aufteilung erfüllen, da ihre Erträge weit über der Untergrenze liegen, deren Unterschreitung Voraussetzung für eine gesetzliche Auflösung eines Latifundiums ist.

Wenn auch die jetzige Agrarvilla sich im allgemeinen zu behaupten weiß, so fragt man sich doch, ob diese oder jene Villa ausreichend ausgestattet ist, um den Erfordernissen der Gegenwart gerecht zu werden. Auch in deutschen Zeitungen erscheinen hin und wieder Anzeigen, die komplette Villen mit vielen ha Grund anbieten. An sich gehört der häufige Besitzwechsel zum Wesensbild der Villa. Es wird sich zeigen müssen, ob der neue italienische oder ausländische Besitzer die Wirtschaft weiterführen wird, oder ob die Villa zur Villa suburbana hinabsinken soll. Schon zu Anfang des Jahrhundert hat dieses Schicksal viele stadtnahe Villen getroffen.

Die Modernisierung der·Betriebe, die nicht mehr mit Handarbeit, Hacke und Ochsenpflug zu bewältigen ist, ist von einer außerordentlich starken Einwirkung auf das Bild der Landschaft: Die „coltura mista" verschwindet. Spezialkulturen treten an ihre Stelle (Bild 12), weil diese spezielle Form der Mischkultur keinen Maschineneinsatz erlaubt, und keine gezielte Düngung und Schädlingsbekämpfung zuläßt. Aber man spürt auch, daß manche Eigentümer nahe um die Villa die „coltura mista" aufrecht erhalten und sich über den Luxus des aufwendigen italienischen Gartens hinaus die Pflege dieses viele hundert Jahre alte Anbausystem wenigstens in der Nähe der Villa noch leisten.

Außerdem tragen auch die leider nur wenigen ehemaligen Mezzadri, die ein Podere als Eigentümer bewirtschaften, zur Erhaltung eines Stückes alter Kultur bei. Die Mischkultur der traditionellen Art ist die beste Betriebsform eines auch den lokalen Markt beliefernden Selbstversorgerhofes. [56] Mit der „coltura mista" verschwinden auch die „sistemazione a ciglione" und die Trockenmauerterrassen. So werden die mühseligen Investitionen vergangener Generationen zerstört, es wird sich zeigen müssen, ob die neuen Vorkehrungen zum Bodenschutz in diesem Lande ausreichen.

Nicht so radikal und schnell wie die „coltura mista" verschwinden die steinernen Zeugen der großen Landesreform des Mittelalters: die als „case sparse", als Einzelhöfe über das Land verstreuten Häuser der Mezzadri, die „case coloniche". Ihre Zahl dürfte in der Toskana urbana bei 100 000 liegen. Manche von ihnen dienen heute als Wohnungen für Landarbeiter, die aus dem Süden zur Arbeit auf den erneuerten Fattorien nachgerückt sind; andere sind zu Schafställen geworden oder haben andere geringe wirtschaftliche Bedeutung.

Für den, der die alte Toskana noch im intakten Landschaftsbild gesehen hat, ist der Anblick der zu Ruinen zerfallenden Kolonenhäuser, manchmal auch solche aus dem Geiste Buontalentis und dem Reformwillen Peter Leopolds, — sie werden heute auf Holz und Ziegel ausgeschlachtet, — unendlich traurig. Sie bringen in ihrem Untergang melancholische Züge ins Landschaftsbild, welche die einst so freudige Toskana, „la gaia Toscana", früher nie gehabt hat.

56 E. Sabelberg, 1975, S. 71

Die meisten „case coloniche" sucht man mit immer wiederholten Zeitungszeigen als Sommerwohnungen an italienische, deutsche, französische und andere Käufer oder Mieter zu bringen (Bild 15). Auch dieses Mal scheinen hier wieder die Engländer die ersten und eifrigsten Käufer zu sein.

Die Fragen der allerjüngsten Entwicklung sind heute Gegenstand vieler italienischer wissenschaftlicher Arbeiten. Viele konnten in diesem Buch nur anklingen, aber nicht beantwortet werden. Wohl als erste deutsche Untersuchung eines Teilgebietes, der Mezzadria, in dieser Zeit des Überganges die Fragen zusammengefaßt und mit den Augen des Außenstehenden weiter erforscht zu haben, ist das Verdienst einer hier schon oft zitierten Arbeit, auf die hier nur hingewiesen werden kann. [57]

Ein ehrwürdiges vom Villenwesen geschaffenes Landschaftsbild weicht einer neuen sehr stärmischen Entwicklung. Es bleibt uns zu hoffen, daß wenigstens der humane Kern dieser Villenlandschaft, deren Schöpfer auch um das Maß ihrer Natur wußten, sich behaupten kann, und daß die alten und neuen Eigentümer von Villen und „case coloniche" sich der Ausstrahlungen ihres Besitzes bewußt bleiben, die er durch alle Zeiten gehabt hat und daß uns eine der glanzvollsten Landschaften Europas erhalten bleibt, und daß sie auch in ihren Neuerungen noch die Kontinuität bewahrt, die zu erhalten möglich ist.

[57] E. Sabelberg, 1975

III

DIE VERBREITUNG DER VILLA UND DER VILLEGIATURA ÜBER ITALIEN

Die Villa ist nicht nur auf die Toskana urbana beschränkt.

Überall in Italien, wo sich städtisches Bürgertum vom Feudalsystem befreien und ehemaliges Feudalland in Besitz nehmen konnte, da finden wir auch die Villa. Wo man in der Stadt einen echten Palazzo del Popolo, womöglich verschwistert mit dem Palazzo del Podestà [1], Wehrtürme, romanische und gotische Palazzi in größerer Zahl sieht, da wird man mit hoher Wahrscheinlichkeit annehmen können: im Umland dieser Stadt gibt es Villen, zum mindesten Mezzadria und Poderi in städtischem Besitz. Zum klassischen Villenraum Mittelitaliens, zu den Regionen bürgerlichen Landbesitzes, gehören noch die Marken und Umbrien. Hier überwiegt die Zahl der „poderi fuori le fattorie" bei weitem die Zahl der an Villen-Fattorien gebundenen, wie auch diese nicht den dichten Bestand erreichen, wie er in der Toskana vorhanden ist. Nun haben ja auch diese beiden Regionen nie die wirtschaftliche Bedeutung gehabt wie die Toskana. Außerdem wirkte sich die Mißwirtschaft des Kirchenstaates auch im Landschaftsbild, im wirtschaftlichen, sozialen und kulturellen Bereich, sehr ungünstig aus. [2] Es fehlte eben hier der Wohlstand, der als Voraussetzung für einen größeren Villenbestand mit Fattorien notwendig ist. Die besten Voraussetzungen für das Villenwesen im übrigen Italien sind natürlich dort vorhanden, wo diese frühe bürgerliche Emanzipationsbewegung zur vollständigen Befreiung, zum Stadtstaat führte. Aber oft genug blieb die comunale Bewegung auf halbem Wege stecken, wenn die feudale Obrigkeit, welche die Stadt beherrschte, schwach oder auch vielleicht nicht willens war, alle Äußerungen bürgerlich mediterraner Lebensvorstellungen zu unterdrücken. Da konte es dann zu einem mehr oder minder breiten Kranz von solchen rustikalen Villen kommen, ohne daß das ganze Territorium der Comune von städtischem Landbesitz erfaßt wurde, wie es für die klassischen Villengebiete die Regel ist. Das ist zum Beispiel der Fall in Trient, das immer Sitz eines geistlichen Fürstentums innerhalb der Feudalordnung des Reiches geblieben war. Hier entspricht einem schon völlig italienischen Stadtbild mit Palazzi, Wehrtürmen und turmbewehrtem Palazzo del Popolo ein heute im Schwinden begriffener Stadt-Land Organismus, der zwar nie das gesamte Umland ausfüllte, doch dem der Toskana entspricht. Als Zeuge sei hier mit einer

1 Palazzo del Popolo und Palazzo del Podestà sind hier als Gattungsnamen verwandt für den Sitz der Regierung des Stadtstaates und für den Sitz des mit der ausübenden oder auch militärischen Gewalt Beauftragten. Es sind immer feste Bauten des 13. und 14. Jahrhunderts (1250–1350). Oft tragen sie auch andere Namen, ohne im Wesen etwas anderes zu bedeuten: Palazzo Pubblico, P. Vecchio, P. dei Priori, P. della Signoria u.a. Der Palazzo del Podestà heißt oft nach Unterwerfung der Stadt durch eine größere mächtigere Palazzo Pretorio und ist der Sitz des obersten von der herrschenden Stadt eingesetzten Beamten: sie sind leicht zu erkennen an den außen angebrachten zahlreichen Wappenschildern derer, die das Amt des eingesetzten Machthabers ausgeübt haben.
2 Emilio Sereni, „Storia del paesaggio agrario italiano", Bari 1961, S. 339

Beschreibung Trients und seiner Umgebung Beda Weber zitiert, einst Abgeordne-
ter Südtirols in der Frankfurter Nationalversammlung: „Rings umher auf allen
Hügeln entfaltet sich die üppigste Fruchtbarkeit und edle Trauben hangen ums
Felsgestein. Zerstreute Landhäuser in schöner Bauart und geschmackvoller Ausstattung von innen dienen der Herbstfreude zur Unterkunft, die in Italien eine
der reitzendsten Seiten des Lebens bildet. Die Stadt selbst mit ihren Marmorpa-
lästen kündet mit lauter Stimme Italien an." [3] Der Wunsch des Bürgers, vor den
Toren der Stadt ein Stück Land zu besitzen, entspricht alten mediterranen Leitbildern. Aus eigenem Grund und Boden die Nahrung zu besorgen, dort einen Teil
des Sommers zu verbringen, das gehörte schon immer zu den hochgeschätzten
Werten italienischen Lebens.

**Auch die Latifundiengebiete des Südens weisen Äußerungen dieser Lebensvor-
stellungen auf.** Ihre Ackerbauerstädte haben, wenn Klima und Boden es eben erlauben, den einstmals sogenannten „fondo censito" um sich: einen breiten Ring
mit Intensivkulturen, Fruchtbäumen, Oliven, Mandeln, mit Gemüsefeldern, an den
Küsten auch mit Agrumengärten („giardini mediterranei"), Spezialrebkulturen, der
sich vollständig in bürgerlichem Privatbesitz befindet. In den „fondo censito"
hineingestreut sind Sommerhäuschen von einfachster bis zu komfortabler Ausstattung. Hier erscheinen neben den notdürftigen Sommerunterkünften der Landarbeiter Sommerhäuser der städtischen Landeigentümer mittel- bis kleinbürgerlicher
Prägung. Dieser „fondo censito" macht immer nur einen Bruchteil dessen aus,
was der Latifundienbesitz ringsum in der gleichen Gemeinde inne hat. Ihre Eigentümer stellen eine städtische Oberschicht von bescheidenem Wohlstand dar. Dieses urbane Grundbesitzertum der Städte des Südens bestehend aus Getreide-,
Vieh-, Holzhändlern, Kleingewerbetreibenden im Dienste landwirtschaftlicher Bedürfnisse, denen sich noch die „galantuomini" zugesellen, die lediglich von ihrem
bescheidenen Kapital leben, von Gelegenheitsgeschäften und dem kleinen, aber
nicht von ihnen selbst bearbeiteten Grundbesitz. Sie haben alle, wenn auch in
verkümmerter Form, Lebensvorstellungen, die wir schon im Norden unter den Besit-
zern einzelner Poderi oder Parzellen bei der Villegiatura ohne Villa angetroffen
haben, die altmediterrane Selbstverständlichkeit der besonders engen Zusammengehörigkeit von Stadt und Land.

Wenn auch das Latifundium die Regionen des Südens beherrscht, entweder heute
noch unberührt oder in deutlich sichtbaren Folgeerscheinungen der Bodenreform,
so ist es hier und da doch möglich, Villen anzutreffen. Es gibt sie in der Umgebung
der größeren Städte, um Neapel, um Salerno, Messina, Catania. Aber diesen gelegentlich vorkommenden rustikalen Villen fehlt eins: sie sind nie landschaftsbestim-
mend. Von ihnen ging nie die prägende Kraft aus, die ganze Landschaften im Norden von Grund auf umgestalten konnte. Selbstverständlich gibt es im Süden Italiens
Ville suburbane, die in Sizilien reizvoll neben sarazenischen Landhäusern ganz anderer geistiger Herkunft stehen. Es sei nur hingewiesen auf die berühmten Barock-
villen in Bagheria 15 km östlich von Palermo.

Die „ville reale" in Piemont, die königlichen Villen, gehören nicht in unseren
Zusammenhang. Piemont mit seinem aus Ottonischem Feudaladel stammenden ältesten Fürstengeschlecht Europas gehört zu den lange feudal gebliebenen Gebieten, in

3   Beda Weber, „Das Land Tirol". Mit einem Anhange „Vorarlberg, ein Handbuch für Reisende".
     Bd. 2, Südtirol, Innsbruck 1838, S. 484f

denen die Städte nicht zur Macht kamen, sich deshalb nicht mit einem Contado ausstatten konnten. Die berühmten Villen sind aus soziologischer Sicht Lustschlösser wie Herrenhausen, Falkenlust bei Brühl, Bruchsal und viele andere im lange feudal verbliebenen übrigen Europa.

Das übrige Oberitalien war dagegen ein Raum des vollendeten Villenwesens mit einem heute noch großen Bestand an Villen: also die Regionen Venezien, Lombardei, Emilia, Ligurien. Die Region Piemont zählt nur mit Teilen ihrer östlichen Provinzen Asti, Alessandria, Novara, Vercelli dazu, späten Neuerwerbungen des alten Feudalstaates im Raum ehemals freier Comunen seit dem 15. Jahrhundert. In diesen Regionen blühten im Mittelalter mächtige und zahlreiche freie Stadtstaaten auf. An der Spitze Mailand, dann am Alpenrand Bergamo, Brescia, Verona, Vicenza, Treviso; die Comunen der Via Emilia von Rimini über Bologna bis Piacenza in der Pianura Bassa Ravenna, Ferrara, Mantua, Cremona, Pavia, Alessandria. Hinzu kommen noch viele kleine ehemals freie Comunen, die nicht alle aufgezählt werden können, wie Como, Asti, Crema, Belluno. Es sind unter ihnen die Städte, welche einst die Hauptlast der Kämpfe mit dem Reich um die Städtefreiheit getragen haben.
Alle diese Städte, die großen wie die kleinen, nahmen Besitz vom Umland, zogen den Adel in die Stadt, haben ihre Palazzi und ihre Palazzi del Popolo und del Podestá hinter ihren Mauern und haben das Umland organisiert mit Villen, Fattorien, Poderi, "coltura mista" und Mezzadria.
Doch seit dem 18. Jahrhundert setzt im zentralen Tiefland mit den sie begleitenden niederen Pianure (weiträumigen Flußterrassen) eine Entwicklung ein, welche in großen Teilen dieser Räume weit über das alte Villenwesen hinausgeht. Hier waren noch Entwicklungsmöglichkeiten großen Maßstabes ungenutzt, welche selbst das Villensystem nicht hätte bewältigen können. Der Ausbau der Be- und Entwässerungsanlagen – erste Anfänge gehen in das römische Altertum zurück – wäre weit über die Dimensionen der meisten vorhandenen Fattorien hinausgegangen. Es kam zu einer Besitzentwicklung, deren Ergebnis in vielen Merkmalen dem allgemein bekannten Zustand des Mezzogiorno ähnlich ist. Aus dem mittleren und größeren Bürgertum, aus Kaufleuten, Steuerpächtern entwickelte sich im Zeitraum von 1750–1850 ("a cavallo dei due secoli") eine neue Schicht von Mittel- und Großpächtern, die nach Art der Gabelotti des Südens oft mehrere Fattorien gleichzeitig pachten. Es ging dabei nicht um eine weitere Ausdehnung der Baum-Weinkulturen, sondern um eine sehr kapitalintensive Nutzung des Bodens durch weiträumigen Wasserbau. Es entstanden dabei kapitalistische Großbetriebe modern industriellen Charakters. Im Gegensatz zu den Latifundien des Mezzogiono handelte es sich hier nicht um Rentenkapitalismus. Denn hier wertete eine kapitalkräftige neue Schicht, – wie schon früher städtischer Herkunft, – bisher nur wenig oder gar nicht genutzte Gründe auf. Schon ertragreiche Gründe wurden in die neue vereinheitlichte Bodennutzung einbezogen. "Der Boden, erst im Laufe der Jahrhunderte entstanden, anwachsend fast vor unseren Augen, ist von Menschenhand in allen Richtungen durchschnitten und umgestaltet, seine Wasser geteilt, zur Seite gebeugt, in neue Bahnen gedrängt, seine auftauchenden Höhenpunkte alsbald von der Kultur besetzt und durch aufgeworfene Wälle verwahrt. Dies sind die Niederlande Italiens, hier ist die Heimat der Wasserbaukunst, klassischer Boden für Arbeit mit Grabscheit und Richtwage seit uralter Zeit, ja vor aller deutlichen Geschichte". "Diese Dämme, eines der ungeheuersten Menschenwerke" "bestanden, so weit unser Blick ins Altertum zurückreicht, wenn auch nicht in der jetzigen Höhe der Vollkommenheit." So schrieb Viktor Hehn

im Jahre 1864. [4] Der Auenwald wurde gerodet. Es entstanden Reisfelder, der
Mais gewann in den feuchten Äckern sehr viel neuen Raum und wurde noch mehr
Volksnahrungsmittel, mit allerdings bedenklichen Folgen: die Pellagra, eine Vitamin-
mangelkrankheit. Das weiträumige Netz von Kanälen ist ebenso weitständig von
Pappeln begleitet, so daß eine allzu starke Beschattung der Wiesen und Felder ver-
mieden wird. Vorhandene „coltura mista" ging zurück, die Reihen der Tragbäume,
sehr viele Maulbeeren darunter, wurden weitständiger, die Rebe zog sich auf trocke-
nere Gründe zurück. Grünland hatte den Vorzug. Das an sich schon nicht gerade
kleine signorile Eigentum der Verpächter mußte den Anforderungen der Wasserwirt-
schaft folgen, da diese nur weiträumig planen kann. Jeweils mehrere Fattorien wurden in der Regel zusammengefaßt. Der aus frühkapitalistischer Zeit stammende signorile städtische Grundbesitz mußte sich in ein modern kapitalistisches System einfügen. Die großräumige Struktur der neuen Agrarlandschaft nunmehr vorzugsweise
auf bewässertes Grünland und Stallviehhaltung gerichtet, erforderte eine neue Verteilung der ehemaligen Fattorien auf landwirtschaftliche Betriebszentren anderen
Ausmaßes [5]. Das Eigentum der Verpächter wurde neu zusammengefaßt, ebenso
wurden die Wohnplätze verlegt und verändert. Agrartechnische und Agrarwissenschaft-
liche Literatur spielte in dieser Zeit eine große Rolle. „Dem signorilen Stumpf wurden neue kapitale Beziehungen aufgepfropft." [6]

Die Villa trat hier aus ihrer sozial ordnenden Bedeutung früherer Zeiten aus und
wurde isoliert. Es entstand eine neue landbezogene Gesellschaft mit neuen Klassen,
welche nun andere sind als die ländlichen Stände der vergangenen Zeiten. Während
in der Toskana, in Umbrien und den Marken sich die aus dem Frühkapitalismus des
Mittelalters entwickelten wirtschaftlichen und sozialen Formen hielten, wurde in
Oberitalien der moderne Hochkapitalismus auf die Landwirtschaft übertragen. Mit
dem Mezzadro verschwand in den betroffenen Räumen die handwerkliche Produktion der Landwirtschaft. Sie mußte der industriellen buchstäblich „das Feld" überlassen. Dieses wurde nun vom festangestellten Landarbeiter oder dem Taglöhner
übernommen. Die gesellschaftliche Beziehung von Padrone und Bauer wurde zur Abhängigkeit von Arbeitgeber und Arbeitnehmer. Es entstand in Oberitalien zum ersten
Mal ein echtes Landproletariat, das es zu der Zeit, als die Villa-Fattoria Leitform
war, nie gegeben hat. Die ersten Landarbeiterstreiks gab es in Oberitalien 1880.

Die „cascina" ist jetzt das Zentrum der großen Pachtungen. Mit der „cascina
grossolana", dem „klotzigen" Betriebszentrum, wurde die historische Aufteilung in
Podere „mezzadrile", also kleine Betriebe, welche die bisherige Landschaftsstruktur
der feuchten Padana, soweit sie in Kultur genommen war, bestimmt hatte, aufgehoben. Es verschwanden die Grenzen der Podere, der Fattorien und die Einzelhöfe
[7]. An die Stelle der vielen kleinen sozusagen handwerklichen Einheiten um die
„case coloniche" trat die massige wirtschaftliche Einheit der „Cascina", welche die
Aufgabe der Fabrikation landwirtschaftlicher Produkte übernommen hat. „Cascina"
bedeutet eigentlich und ursprünglich Meierei. Das bezeugt auch den Wandel vom
bisher geringen Viehbestand der Fattoria zur Grünlandwirtschaft und Viehhaltung
im Großen. Mit ihr wurden erst alle Möglichkeiten der Padana erschlossen.

4   Viktor Hehn, „Italien, Ansichten und Streiflichter" Berlin 1900, Abschnitt II „Niederlande"
     (1864), S. 6
5   Sereni, 1961, S. 279
6   Sereni, 1961, S. 277
7   Sereni, 1961, S. 276

In den alt besiedelten Gebieten der mehr oder minder feuchten Pianuren wohnt die Masse der Handarbeiter nunmehr in ländlichen Ortschaften, in „borghi rurale" konzentriert, von denen aus der Taglöhner auf dieser oder jener Cascina Arbeit suchen kann [8]. Die Sozialstruktur ist völlig gewandelt. Der Mezzadro, wie auch der Einzelhof, ist nur noch eine Randerscheinung in den trockeneren unbewässerbaren Teilen der Besitzungen. An seine Stelle treten fest angestellte Arbeitskräfte und die Taglöhner. Der Landarbeiter wird in der Padana zur dominierenden Schicht. Es gab ihn in allen vom Villenwesen erfaßten Landschaften bisher nur in begrenztem Umfang. Die „giornalieri", die Taglöhner, waren zahlenmäßig den in der Mezzadria Beschäftigten bei weitem unterlegen. In der Toskana urbana macht ihre Zahl oft weniger als ein Drittel der Mezzadri aus. [9] Der proletarische Taglöhner ohne Land und ohne Produktionsmittel wird in der Poebene zum fundamentalen Typ. Die Masse dieser Landarbeiter kam aus den großen Arbeitsfamilien der Podere, sie wohnen nur noch selten in ihren alten Kolonenhäusern. Dazu kommen heute noch solche, die zum Zuerwerb zu ihrem durch Realteilung sehr klein gewordenen Hof, z.B. vom Gebirge her auf Arbeitsuche gehen müssen. Dieser neuartige Agrarkapitalismus breitete sich schnell in den bewässerbaren Gebieten, langsamer oder gar nicht in den Trockenlandschaften der „Padana asciutta", aus, also im Moränenland, der „pianura alta" und dem Tertiärhügelland im Süden. Hier erwies das Villenwesen stärkere Widerstandskraft.

Die Aufösung der Fideikommisse im 18. Jahrhundert, die Loslösung des Bodens von überkommenen Bindungen stellten auch, wie in der Toskana Peter Leopolds (1765—1794) viel Land zu intensiverer Nutzung frei. Die Aufhebung des Besitzes der Toten Hand wie auch viele anderen früheren Bodenreformen führten wie überall in Italien, wann und wo es auch geschah, im Endeffekt zur Vergrößerung des Eigentums der ohnehin schon großen Bodenbesitzungen, weil die kleineren Zuteilungen sich immer bald in der Hand der Großgrundbesitzer befanden, was ganz und gar nicht den Absichten entsprach. Diese Reformen arbeiteten auf diese Weise, dem Vordringen modern kapitalistischer Investitionen auf dem Lande durch die Großpächter in die Hände.

Ihre Leistung war, rein ökonomisch gesehen, ein ungeheurer Fortschritt, so fragwürdig auch die sozialen Konsequenzen waren. So nahm im Raum von Vercelli die Fläche der Reiskultur von 7 365 ha im Jahre 1747 auf 30 000 ha im Jahre 1809 zu. In derselben Zeit gingen hier die Weiden und unkultivierten Gründe von 32,5 % der Fläche auf 20 % zurück. [10] In der ganzen lombardischen Ebene sind 1847 400 000 ha, die Hälfte der Kulturfläche, bewässert. Carlo Cattaneo, von dem diese Zahlen stammen, Philosoph, Agrarwissenschaftler, Patriot von 1848, spricht hier in der Lombardei von „la patria artificiale".

Die Ausdehnung der bewässerbaren Gründe hatte hier eine erste Krise des Villenwesens und der Mezzadria ausgelöst. Die Krise der Villa-Fattoria und der Mezza-

---

8   Sereni 1961, S. 281
9   F. Dörrenhaus, Urbanität und gentile Lebensform, Wiesbaden 1971, S. 52, Karte 5. Das Verhältnis der durch den Mezzadriavertrag gebundenen Mezzadri zur Zahl der Lohnarbeiter in Prozenten der Gesamtzahl der agrarisch Tätigen ist in der Provinz Florenz 67,3 % : 19,6 %, in der Provinz Pisa 60 % gegenüber 24,6 %, Arezzo 61,5 % gegen 23,6 %, in der Provinz Siena endlich sind 69,0 % der landwirtschaftlich Tätigen in Mezzadria-Verhältnis und 19,6 % der agrarisch Tätigen sind Landarbeiter. (1910). In der Lombardei waren 1936 ein Drittel der agrarisch Beschäftigten Lohnarbeiter mit Jahresverträgen, mehr als die Hälfte Taglöhner. (Ferdinando Milone, „L'Italia nell Economia delle sue Regione", Turin 1955, S. 136)
10   Sereni, 1961, S. 325

dria – die Bedrängnis des einen Partners ist übrigens auch immer eine des andern –
mußte kommen, weil die Erfordernisse der neuen Agrar- und Wasserbautechniken
Großstrukturen verlangten, welche die Villa mit ihren Poderi nicht herstellen konnte. So gerieten beide hier schon zwei Jahrhunderte früher in die Krise, nämlich
überall da, wo die großen Pächter, die etwas ganz anderes darstellen als die Fattori,
sich zwischen Padrone und seine bäuerlichen Gesellschafter drängten. In der „padana asciutta" (der trockenen) dagegen nahmen Villa, Fattoria und Mezzadria eine
Entwicklung ähnlich der in der Toskana, nur etwas schneller war das Tempo der
Auflösung.

Noch für längere Zeit besaßen die Großpächter Poderi im Verband der gepachte-
ten Fattorien auf altem Kulturboden, der, weil unbewässerbar, in die Makrostruktur
der hydraulischen Landschaft nicht einbezogen werden konnte. Hier hatten sie es
dann mit Mezzadri zu tun. Der schlechte, im Ganzen jedoch unberechtigte Ruf,
welcher der Mezzadria bei manchen Autoren anhängt, geht auf diese Entwicklungen,
welche der der Agrarindustrie parallel laufen, zurück. In diesen Landschaften wurde der Mezzadro vielfach aus seinen sozialen und humanen Ansprüchen auf das
Niveau des Landarbeiters gedrückt.

Wenn jetzt die Erklärung des Villenwesens zur Toskana zurückkehrt, aus der gewählten Gliederung der Darstellung ausbricht und zu Sachgebieten kommt, welche in I und II unserer Darstellung schon abgehandelt wurden, so wegen des besseren Verständnisses der Vorgänge seit Peter Leopold. Ohne den Einfluß der agraren
Veränderungen im Norden sind sie nicht zu begreifen und zu werten.

Ging bis zur Mitte des achtzehnten Jahrhunderts die Entwicklung in der Toskana
gleichlaufend mit der der anderen großen vom Villenwesen erfaßten Regionen, so
schloß die Toskana sich der Entwicklung in Oberitalien nicht an, so sehr sie auch
vielleicht Anstöße von dort her bekommen hatte. Wohl aber müssen wir einen starken Widerhall dieser norditalienischen Bewegungen erkennen bei den in II, S. 85ff
beschriebenen verstärkten Aktivitäten in der Landwirtschaft, in der nunmehr energisch vorangetriebenen Bodengewinnung mit den beiden Methoden der „colmate",
in der allgemeinen Ausdehnung des Kulturlandes mit Baumkulturen und „coltura
mista", in den vermehrten agrarwissenschaftlichen Erörterungen, geführt von der
Accademia dei Georgofili in Florenz, in den sicher auch hier nicht unbedeutenden neuen
Kapitalinvestitionen, wie sie bei der Reorganisation der Fattoria notwendig wurden.

Eben daß die Fattoria nicht verschwand zugunsten einer viel umfassenderen Cascina, wohl aber dem Zuge der Zeit nachgebend reorganisiert wurde, macht den fundamentalen Unterschied aus.

Man machte sich damals in den zwanziger, dreißiger Jahren des 19. Jahrhunderts
Gedanken über die Zweckmäßigkeit der Mezzadria, deren Ansehen zu heben gerade
Peter Leopold sich bemüht hatte (Anteil des Capoccia am Gemeindeleben, neue
„case coloniche"). Zu Beginn der Restaurationszeit machten sinkende Preise für
pflanzliche Agrarprodukte gerade der vorwiegend auf Pflanzenbau gerichteten Mezzadriawirtschaft Schwierigkeiten. In der Padana wurde deshalb die Entwicklung voran-
getrieben durch Ausdehnung bewässerbarer Mähwiesen und somit der Milch-, Käse
und Fleischproduktion; das wurde dort möglich durch die Konzentration von Leitung und Wirtschaft in den Cascine. Das führte hier aus ähnlichen agrarwissenschaftlichen Überlegungen zu einer Reorganisation von Technik und Produktion in der
gesamten Mezzadriawirtschaft. Die Fattorien sollten aus reinen Verwaltungszentren
in solche von Produktion und Agrartechnik umgewandelt werden.

Die Betriebseinheit wäre dann nicht mehr das einzelne Podere gewesen, sondern die Fattoria (ähnlich den Cascine in Oberitalien). Diese hätte (und hat in vielen Fällen) mit einer viel härteren Organisation von Arbeit und Erzeugung die Teilhaberschaft des Mezzadro eingeschränkt mit dem Ziel von Mehrproduktion und stärkerer Einstellung auf einen Markt, der über lokale Bedürfnisse hinausgegangen wäre. [11] Viele italienische Autoren sehen darin den Beginn der Proletarisierung des Mezzadrostandes. [12] Andere vertreten die Meinung, daß nur in einigen Fattorien, wie in der des uns schon bekannten des Marchese Ridolfi auf Meleto, von einigen Villeneigentümern diese Fattorien in sehr kompetenter Weise als Experimentierfelder geführt wurden; im Ganzen habe der Stand der Mezzadri seine Position gehalten. [13]

Wir haben schon früher bemerkt, wie wenig das Podere auf Viehzucht eingestellt war. Zu Beginn des vorigen Jahrhunderts gab es bei mittleren Betrieben in den Ebenen der Toscana in der Regel: Zwei Ochsen, zwei Kühe, manchmal auch nur eine, ein Tragtier, ein Zuchtschwein, 15 Ziegen oder Schafe. Im Hügelland war der Bestand eher noch geringer. Die Reformen hätten entsprechend den Vorgängen im Norden auf Vermehrung des Grünlandes hinauslaufen müssen. Aber wie schon früher geschildert (Bild 11), wurden selbst da, wo die Bodenverhältnisse denen der Padana ähnlich sind, im weiten Raum der Chianasenke, in den anderen feuchten Beckenlandschaften, die am Lauf des Arno aufgereiht sind, die traditionellen Formen des vorwiegenden Pflanzenbaues weiter gepflegt, blieb es bei Villa, Fattoria und Podere mit Wein und Baum und den gewohnten „mescoli", den einjährigen Bodenkulturen. Zur selben Zeit, in der die Entwicklung in der Padana „in den Niederlanden Italiens", schnell auf Grünland und Stallviehhaltung hinging, gab es in der Toskana keine nennenswerte Vermehrung von reinem, bewässerten Grünland auch keine wesentliche Vergrößerung des Rindviehbestandes.

Wohl aber kann parallel zur Entwicklung in Norditalien die energisch vorangetriebene Ausbreitung des Kulturlandes mit dem Ausbau von Terrassen als der Wille zur vermehrten Investition im Agrarbereich angesehen werden, ähnlich dem der Großpächter im Norden.

Auf jeden Fall kommt der Fattoria seit Anfang des verflossenen Jahrhunderts mehr Bedeutung zu, ohne daß sie deshalb hier zu einer Cascina auswucherte. Wie so oft ist auch hier die Toskana ein Land des Maßes. Die Verarbeitung der Agrarprodukte, der Trauben und der Oliven, mit geeigneteren neueren Techniken wurde jetzt mehr in die Fattoria verlegt. Das war die erste Voraussetzung für bessere und einheitlichere Qualität der Produkte und für ihre Marktfähigkeit. Manche Autoren sehen in dieser Trennung von den Produktionsmitteln (u.a. Kelter und Oelpresse) den Beginn einer Proletarisierung des Mezzadro. Solche Vorgänge lassen sich aber nicht mit denen Oberitaliens vergleichen.

Ein gewisses Nachgeben in Richtung auf die Entwicklung in Oberitalien kann man vielleicht in einigen Fattorien am Rande der Chianasenke verzeichnen, die sich zu echten Gutshöfen entwickelten, indem sie einen Teil des neu gewonnenen Bodens in direkte Bewirtschaftung nahmen, so la Fratta bei Sinalunga, Frassineto bei Arezzo und l'Amorosa bei Sarteano. Hier haben wir den ungewohnten Anblick einer Villa, die mit bäuerlichen Wohnungen, großen Wirtschaftsgebäuden, Stallungen, Silo's umgeben ist. (Zeichn. 13) Doch blieben das Ausnahmeerscheinungen.

11   Carlo Pazzagli, „L'agricultura toscana nella prima meta dell'800", Florenz 1973, S. 338
12   C. Pazzagli, 1973, S. 340
13   C. Pazzagli, 1973, S. 3

Zeichn. 13. Villa e borgo dell' Amorosa

Der Mezzadro hörte nicht auf, eine wichtige nicht zu vernachlässigende Rolle inne zu haben. [14] Wohl stieg der Einfluß des Padrone und seines Fattore. Das bedeutete Verschlechterung der Lage des Gesellschafters auf dem Podere. Aber seine Unterordnung fand da ihre Grenzen, wo die sehr große Arbeitsfamilie des „capoccia" mit ihrem Anspruch auf Ernährung aus dem Podere in Rechnung gestellt werden mußte. Mit Rücksicht auf diese Familie und ihren Lebensanspruch blieb das Podere die Betriebseinheit und die Fattoria wurde nicht zu einer solchen. Wenn auch der Mezzadro vertraglich keinen Anspruch auf die Wahl der Kulturen hatte, so hat er doch immer klare Vorstellungen von seinen Notwendigkeiten und Rechten gehabt, denen der Padrone auch im eigenen Interesse Rechnung tragen mußte. Der Mezzadro besitzt eine wohl begründete Abneigung gegen jede Form der Vereinheitlichung der Kulturen. Diese wäre auf Beseitigung der Mischkulturen hinausgelaufen. Man hatte sie damals wohl auch in der Toskana in Erwägung gezogen, um bessere Kapitalerträge für den Bodeneigentümer zu erwirtschaften. Für den Mezzadro bedeuten die „mescoli", die einjährigen Unterkulturen in der Mischkultur, Sicherheit und vielfältige Ernährung seiner Familie auch im unberechenbaren Wechsel der Wetterabläufe, welche für die eine Kultur gut für die andere schlecht sein können. Er bestand auf der vollen Selbstversorgung und sträubte sich gegen weiträumige Spezialkulturen, welche im Interesse des neuen Agrarkapitalismus, der landwirtschaftlichen Industrie nach Art der Padana gelegen hätten. Der Mezzadro bewahrte sich so bis in die Gegenwart vor dem Schicksal der Proletarisierung und lieferte damit einen weiteren Beweis für seine Stellung in der toskanischen Gesellschaft, die doch anders war, als die der Contadini im Süden und später dann auch der Landarbeitermassen im Norden. Möglicherweise hat auch hier der letzte Großherzog der Toskana, der Enkel Peter Leopolds, des sehr bauernfreundlichen Regenten, Leopold II. (1824—59), den

14   C. Pazzagli, 1973, S. 342

der Contadino meinte, wenn er noch lange danach im geeinten Königreich hoch-
achtend vom „Padrone" sprach, hier ein Wort mitgesprochen, wenn es gegen die
„Mezzadria" und ihre Umwandlung in andere, sozial schlechtere Wirtschaftsformen
ging.

Nach einer gewissen Zeit des Experimentierens und mancher Reformversuche
schrieb schon 1836 Gino Capponi: „Die Mezzeria ist vielleicht die einzige Art der
Kultur, auf die wir uns recht verstehen." [15]

Diese Einsicht eines vielfachen Villenherrn war der letzte Sieg der „quasi societas iure" von Padrone und Mezzadro, ein Sieg, der noch ein gutes Jahrhundert vorhalten sollte. In unserer Gegenwart zieht ein ähnlicher Agrarkapitalismus, wie er
schon seit zweihundert Jahren im Norden die Agrarwirtschaft beherrscht, zwar
nicht in „cascine", wohl aber − und das ist ein Glück − in die Villen der Toskana
ein.

Die Lombardei ist hier von besonderem Interesse, weil die vorstehend geschilderte Umwandlung der aus dem Mittelalter überlieferten Po-Landschaft durch Reform und Wasserbau hier am konsequentesten durchgesetzt wurde und auch räumlich imponierenden Umfang angenommen hat. Dieser lombardische Raum südlich
der Moränenwälle ist über die Pianura media hinweg bis in die Pianura bassa hinein mit Villen besetzt. Da von landschaftlicher Bevorzugung in diesem Raum nicht
die Rede sein kann, auch das im Herbst und Winter so nebelreiche Klima nicht
zu den Vorzügen des Landes zwischen Mailand und Po gehört, zeigt der nicht geringe Bestand an Villen die zuerst wirtschaftliche Begründung solcher Landhäuser
in der agrarischen Nutzung des Landes durch städtische Bürger. Diese später von
der Reform erfaßten Villen liegen zum großen Teil in der „zona fontanile", im
Nutzungsbereich der breiten Quellenzone, welche vor den Endmoränen einen breiten Gürtel bildet. Im Gefällsknick zwischen Gletscherablagerungen und den vorgelagerten des fließenden Wassers liegt diese „zona fontanile". Hier wird der Grund-
wasserstrom angeschnitten, der von den Seen gespeist wird, deren Spiegel etwa
120 m höher liegt. In der Provinz Mailand − außerdem gehören noch die Provinzen Padua, Cremona und Pavia mit Teilen ihres Territoriums in die lombardische
Quellenzone − liefern je nach Lage vier bis zwölf Quellen je qkm ungefähr 30
Millionen cbm Bewässerungswasser für mehr als 4 000 ha täglich. Das mit 9°
auch im Winter gleichmäßig warm fließende Quellwasser hält die Wiesen jahraus,
jahrein in Wachstum; sie können bis zu 12 mal im Jahr gemäht werden. [16]

Hier hat zuerst der Cistercienser Orden (Certosa di Pavia) kultiviert, den wilden
fruchtbaren Boden vorbildlich geordnet, das Wasser bewältigt und nutzbar gemacht.
Der Käse dieses Landes wurde und wird in ganz Italien und heute auch im gesamten Raum der EG hoch geschätzt: Gorgonzola, Bel Paese, Taleggio, Parmesan
liegen heute auch in Deutschland auf jedem Ladentisch eines besseren Lebensmit-
telgeschäftes. Wir hörten von diesem Käse, als Lorenzo il Magnifico auf der Cascine seiner Villa Poggio a Caiano versuchte, mit eigener Viehhaltung und künst-
licher Bewässerung im Becken von Florenz Pistoia es den Mailändern und Pavesen
nachzutun, die damals schon mehr Rindvieh hielten, als es sonst üblich war.

Es ist verständlich, daß dieser Raum die stärkste Umwandlung durch die Reform
von 1750 und später erfahren mußte. Hier in den „Niederlanden" von Mailand,

---

15   A. v. Reumont, 1877, Bd. 2, S. 155
16   Ferdinando Milone, „L'Italia nell'economia delle sue regione", Turin 1955, S. 116ff

Pavia, Cremona fand mit Nutzung der „zona fontanile" die Reform ihre stärksten Möglichkeiten und war die oben geschilderte Landschafts- und Gesellschaftsumwandlung am heftigsten. In der Pianura media und Pianura bassa bestimmen der Reis und die Mähwiese die Landschaft. Fattoria, Mischkultur, Poderi und Einzelhöfe sind nicht mehr zu erkennen. Die von Pappeln begleiteten Kanäle durchziehen das Land und umranden die großen Schläge, auch im Winter grün von Gräsern oder Ladiner Klee. Das Vieh steht fast das ganze Jahr in großen Stallungen. Es ist das Land der größten Viehdichte Italiens, auf zwei Menschen kamen in Zeiten, die von der EWG noch nicht gestört waren, drei Stück Rindvieh. Die Stallungen scharen sich mit andern großen Wirtschafts- und Wohngebäuden im Rechteck um einen riesigen Wirtschaftshof, wie ihn keine Fattoria in der Toskana aufzuweisen hatte. Das ist die „cascina". Hier haben auch die festangestellten Arbeitskräfte und ihre Familien ihre Wohnungen. Sie sind das ganze Jahr über mit der Viehhaltung und den vielen Heuernten beschäftigt. Es gibt keinen vielen Kleinbetrieben vorgesetzten Fattore, sondern nur den Verwalter des Großbetriebes, den „agente".

Die Versorgung der städtischen Familie mit dem gesamten Lebensmittelbedarf ist entfallen und die Isolierung der Villa von ihrem verpachteten Eigentum sozial und wirtschaftlich vollzogen. Oft füllt die Villa noch eine Schmalseite der Gebäuderechtecke aus, von der man nicht weiß, ob der Eigentümer der Pachtung noch dort wohnt oder seine Villegiatura verbringt. Ob im Komplex der Cascina oder nicht, die Villen fehlen nicht im heutigen Bild als Rudimente einer signorilen Vergangenheit. Meist haben sie ein bescheidenes Äußeres, aber der Villengarten oder ein repräsentativer Park weist sie als solche aus. Im Innern kann sich die Schlichtheit des Äußeren zu ausgesprochem Prunk steigern. [17]

Das ist der Prototyp einer Landschaft, welche dem Villenwesen entglitt und in neue abermals von der Stadt organisierte Formen einging.

Zu den Villen der trockenen Padana, der „padana asciutta", gehören viele der prächtigsten und berühmtesten Italiens, in einer Anzahl, mit der die Toskana nicht in Wettbewerb treten kann. Sie gehören der Klasse der suburbanen Villen ohne Fattoria und ohne nennenswerte Landwirtschaft an: An den Ufern der Insubrischen Seen, auf ihren Inseln, die Villen auf den Borromäischen Inseln, die Villa Borghese auf der Isola di Garda. Es seien genannt Villa Melzi in Bellagio, Villa Carlotta in Tremezzo-Cadenabbia und die mächtige Villa Bettoni in Bogliaco am Gardasee. Aber auch in der Ebene unterscheiden sich einige imponierende schloßartige Villen, (so Villa Belgiojoso bei Merate, der Palazzo del Tè bei Mantua,) von der großen Zahl echter rustikaler Villen, auch wenn im Einzelnen nicht sicher ist, ob sie noch in Funktion sind und wie lange sie es noch waren.

Unter diesen Ville rustiche sind die ältesten solche, welche deutlich den Übergang vom Kastell zur Funktion Villa erkennen lassen, Villa Carate in der Brianza, Malco an der Adda, Branduzzo bei Pavia.

Ein von Mailänder Villen besonders bevorzugtes Gebiet ist die Brianza, eine Endmoränenhügellandschaft vor dem Comer See. Ziemlich fruchtbar, mit vielen kleinen Wasserflächen durchsetzt, ist die Brianza ein ideales Gebiet für Villen und ihre Fattorien. Wie für Mailand war der Alpenrand auch für andere ehemals freie Comunen wie Novara, Como, Bergamo, Brescia günstiger Villenraum. Er war schon

---

17   Touring Club Italiana (Hrsg), „Ville d'Italia" (Pier Fausto Bagatti Valsecchi), „Tipologia ed evoluzione storica della villa italiana", Mailand 1972, S. 188

vor ihrer späteren Eingliederung in die Territorialstaaten Mailand und Venedig vom Villenwesen geformt. Andere bevorzugte Villenstandorte sind in der Nähe der Navigli, welche zwischen Ticino und Adda, schon im Mittelalter angelegt, der Schiffahrt und der Bewässerung dienten.

Wie schon erwähnt ist es schwer zu sagen, ob und wieviele dieser Villen noch ihre alte soziale und wirtschaftliche Funktion erfüllen. Wenn auch in der Lombardei, außerhalb ihrer „Niederlande", diese Ordnung im Abbau begriffen und die Auflösung dieser Sozial- und Wirtschaftsordnung weiter fortgeschritten ist und 200 Jahre früher eingesetzt hat, als in der Toskana, so waren aber immerhin doch 1910 in der ganzen Lombardei noch ein Fünftel der landwirtschaftlich Tätigen Mezzadri und lebte fast ein Viertel der Agrarbevölkerung auf Einzelhöfen. [18]

Die signorilen Familien der an der Via Emilia aufgereihten Städte erwarben eine große Zahl von Villen mit Gärten und vielen Poderi. Von der Grenze der Pianura bassa bis hinauf in den Appennin erstreckt sich der Lebensraum dieser Villen, die hier besonders stark landwirtschaftlich ausgerichtet sind oder es einst waren. Viele Villen zeigen eine besondere Vorliebe für die Loggia, so als hätten Bolognesen und Modenesen die Laubenidee ihrer Straßen aufs Land tragen wollen. [19] Auch ist eine große Zahl von Kastellen an dieser wichtigen Heerstraße, auch des Mittelalters und der beginnenden Neuzeit, in die Institution Villa eingegangen, selbstverständlich auch hier mit allen Erscheinungen des Villensystems: Einzelhof, „coltura mista", Mezzadria. Doch ist auch hier die Mezzadria in der Krise. In der Emilia Ducati begann sie früher als in der Emilia Romagna. Aber noch 1910 standen in der Emilia Ducati über 20 % und in der Emilia Romagna 40 % der landwirtschaftlich Tätigen in Halbpachtverhältnissen. Mehr als die Hälfte der Gesamtbevölkerung wohnte in Einzelhöfen. [18] In der Emilia Romagna hielt sich die Mezzadria am längsten und nimmt dort 50 bis 60 % zum Teil 70 % der gesamten Betriebsfläche ein. Fast 73 % aller Betriebe in der Größenklasse 10–25 %, also der für Mezzadria idealtypischen Größenordnung werden in der Romagna im Mezzadriasystem bewirtschaftet. [20]

Auch Venezien gehört zu den Regionen mit reichem Villenbestand, der bis in den Alpenraum hineinreicht. In der Val Belluna liegt die Zahl der Villen nicht unter einhundert. Belluno war eine echte, vollgültige freie Comune.

Noch bis in die Gegenwart hinein zeugt die hohe Zahl von Mezzadria Verhältnissen von dem Umfang des Villensystems in der Provinz Belluno im Jahre 1961:758 (334 i. J. 1969). [21] Aber auch in Trient, das zwar nur Ansätze einer comunalen Bewegung zeigte, erfüllten noch bis in die letzten Jahrzehnte viele Villen ihre Funktion. So hatten die Mersi in Villazano noch in den fünfziger Jahren sieben Halbpächter, 1966 waren es noch zwei, aber 1969 waren alle Halbpachtverträge gelöst: ein Beispiel dafür, wie in allen Villengebieten die Entwicklung parallel zu der in Toskana beschriebenen verläuft. [22]

Berühmt in Venezien sind die Villen der Monte Berici und der Euganei, die Villen von Vicenza und am Rand der Alpen, am Brenta-Kanal und zwischen

18   F. Dörrenhaus, „Wo der Norden dem Süden begegnet: Südtirol", Bozen 1959, S. 248 (Diagramm)
19   Touring Club Italiano, Pier Fausto Bagatti Valsecchi, 1972, S. 188
20   Hansjörg Dongus, „Die Agrarlandschaft der östlichen Po-Ebene", Tübingen 1966, S. 74
21   Hans Becker, „Das Land zwischen Etsch und Piave . . .", Köln 1974, S. 133
22   Mitteilung meines Freundes Priv. Doz. Dr. Hans Becker, Erlangen. Ihm verdanke ich auch das schöne Zitat von Beda Weber zu Anfang dieses Abschnittes.

Venedig und Treviso. Je näher an Venedig, umso stärker ist der Anteil der
suburbanen, wirtschaftlich funktions- oder bedeutungslosen Villen. Sie wurden
entweder als solche gebaut oder sanken zu solchen unter Ausbrechen aus der
Institution Villa ab, was allerdings nicht hindert, daß mit solcher sozialen und
wirtschaftlichen Entleerung eine oft unerhörte architektonische Aufwertung verbunden ist. Auf die Villen des Veneto wird in einem anderen Zusammenhang
noch zurückzukommen sein, ebenso auf die Latiums, dessen bekannte Villen
alle dem Typus „villa suburbana" angehören.

Ligurien ist eine weitere Villenregion. Schon Ende des 14. Jahrhunderts sind
zahlreiche Villen in der Umgebung Genuas bezeugt, ländliche Wohnungen von
bemerkenswerter Beständigkeit. Sogar von einem Pendlerverkehr zwischen Villa
und Stadt wird berichtet. Petrarca (1304—1374) äußerte sich begeistert über
ihre Schönheit.

Doch hier drängen, verursacht durch den exorbitanten Reichtum, den sich
Genua, die „Superba", im Überseehandel erworben hatte, großartige Villenschlös-
ser suburbanen Types vor, die sich weit vom agrarischen Ursprung entfernt haben.
Die Hanglage der ligurischen Villen an den Seealpen zum Meere hin bot den Baumeistern und Gartenarchitekten ganz ungewöhnliche Möglichkeiten, die mit Leidenschaft genutzt wurden. Seit dem Seicento steigert sich der Prunk der Villen. Das
Spiel der Treppen, der Stützmauern, der Terassen mit Felswänden und Einrissen,
mit sonst unerreichbaren „giardini pensili", hängenden Gärten mit Bäumen aus
fast allen Vegetationszonen der Erde, mit architektonisch verschnittenen Steineichen, Lorbeerbäumen wurde hier völlig zu Ende gespielt. Die Umgebung von
Genua zählt heute 200 solcher Villen. Wieviele dieser Villen echt der Villeninstitution angehören, ist mir unbekannt.

Selbstverständlich schweift der so angeregte Sinn über die Grenzen Italiens
hinaus auf der Suche nach weiteren Villenlandschaften. Man wird sie dort suchen
können, wo am Mittelmeer urbane Landschaften ihre Kontinuität aus dem römischen Reich haben wahren können und damit die urbanen Leitbilder und Verhaltensweisen ihrer Bewohner. In Griechenland, in Kleinasien ist diese Kontinuität von Slaven, Albanern, Türken — durchaus inurbanen, gentil gesonnenen Bevölkerungen — zerschlagen worden. Eine Ausnahme bilden einige Inseln. So hat
Syros echte Villen, ebenso Rhodos und Malta. Vor allem aber Ragusa, ein echter
und langlebiger Stadtstaat, hat einen dichten Kranz von Villen in seinem Territorium. [23] Ähnlich steht es hier mit den Dalmatinischen Städten auf den Inseln und an den Küsten, von denen viele ein paar Jahrhunderte als freie Comunen
gelebt haben.

Sicher sind auch im übrigen Mittelmeergebiet, das ich nicht kenne, solche
Villenlandschaften möglich, nämlich dort, wo mächtige durch Handel zu Kapital
gekommene Städte vielleicht einmal freie Comunen waren oder sich von ihren
Souveränen Privilegien ertrotzt haben mögen, die ihnen erlaubten dem alten
Leitbild des Stadtstaates nahe zu kommen. Weitere Voraussetzung wäre, daß diese
Städte ebenfalls in der ungebrochenen Tradition, der Kontinuität zur römischen
Antike stehen, und ihre Überlieferungen nicht durch Einfälle von Fremdvölkern,
deren der Mittelmeerraum seit dem Ende des Altertums so viele erlebte, zer-
stört wurden.

23   F. Dörrenhaus, „Ragusa, eine freie Comune an der Ostküste der Adria", Festschrift Kurt
      Kayser, Köln 1970, S. 238—255

IV
DIE VILLA ALS HERRSCHAFTSARCHITEKTUR?

Im Jahre 1970 ist eine Studie erschienen, die über die Villa ein allgemein gültiges Urteil, ja sogar ihre Verurteilung auszusprechen versucht: Reinhard Bentmann, Michael Müller „Die Villa als Herrschaftsarchitektur, Versuch einer kunst- und sozialgeschichtlichen Analyse" [1].

Die Villa wird hier als Ort eines stadtfliehenden, regressiven Wunschtraumes gesehen. Sie sei das Refugium rückwärts gewandter Aesthetisierung und diene der Stabilisierung eines morbiden gesellschaftlichen Zustandes. Die Ideologie ihrer Erbauer sei die negative Utopie, d. h. der rückwärts gerichtete Wunschtraum eines Paradieses auf Erden, „der Traum vom Lande" einer stadtfliehenden privilegierten Schicht. Sie stehe so, weil sie rückwärts gewandt sei, und die Idealbilder in der Antike suche, dem Fortschritt in eine bessere Zukunft entgegen und hindere jegliche soziale Befreiung. Die Villa bedeute, die utopische Rettung derer, welche ihren Herrschaftsanspruch durch die städtische Existenzform bedroht gesehen hätten. [2]

Das große Mißverständnis. Radikaler konnte diese sehr interessante sozialgeographische Erscheinung nicht mißverstanden werden, als es hier in diesem Taschenbuch geschieht. Diese Sicht, die ein allgemeines Bild von *der* Villa geben will, ist verfehlt. Sie setzt zu spät an und hat ein geographisch viel zu eng gefaßtes Verbreitungsgebiet der Villa im Auge. Beides läßt allgemeine Urteile wie „die Villa als Herrschaftsarchitektur" nicht zu. Wer ein so allgemeines Urteil über die Villa abgeben will, verbunden mit Schlußfolgerungen, die bis in die Gegenwart, bis zur modernen Vorstadt, zum Penthouse und zum Kibbuz reichen sollen, der muß sich schon die Mühe machen, das ganze Verbreitungsgebiet der Villa in Italien in seine Untersuchung einzubeziehen und auf die Anfänge der Entstehung des Villenwesens einzugehen. Und das ist, wie wir sahen, weder der Umkreis Venedigs, noch nur die Zeit seit dem 16. Jahrhundert. So wie die beiden Verfasser sich über das viel höhere Alter der Institution Villa nicht im klaren sind, so auch nicht über ihr kräftiges Weiterleben in der Gegenwart. Sie hat durchaus nicht ihre Endphase im 18. Jahrhundert [3] und macht erst in unseren Tagen eine entscheidende Wandlung durch. Die kunstgeschichtliche Analyse der beiden Autoren unter Heranziehung der in gewissen Formen so modischen Gesellschaftswissenschaften, hat ein allzu schmales Fundament. Was bleibt, ist eine mit vielen interessanten Fakten angefüllte Studie, die darum auch ihren Wert für ein episodisches Randproblem der Institution Villa haben wird, aber nirgendwo trifft die Darstellung in die Mitte. Die Konfusion von Realität und Ideologie wurde zu einem großen Teil

---

1 Reinhard Bentmann, Michael Müller „Die Villa als Herrschaftsarchitektur, Versuch einer kunst- und sozialgeschichtlichen Analyse", Ed. Suhrkamp, Frankfurt 1970. (In den folgenden Fußnoten B.M.)
2 B.M. S. 72
3 B.M. S. 84

auch hervorgerufen durch unscharfe Begriffe. Die sozialgeschichtliche Analyse trennt zum Beispiel nicht echte Feudalität und grundbesitzende Aristokratie und ebensolches Bürgertum, Villa rustica und suburbana, Latifundium und Villenbesitz. Villegiatura und Podere werden teils unklar, teils falsch angewandt. Bentmann und Müller haben sich die Aufgabe gestellt, die auch von der Kunstgeschichte innerhalb gewisser Grenzen formuliert werden kann: die Untersuchung der gesellschaftlichen Bedingungen dieser Villenkultur, ihrer agrarischen Voraussetzungen und ihrer Rolle im Wirtschaftssystem der Stadt, zu der sie gehört. Aber dazu brauchte es eine historisch aus- und weitreichende Gesellschaftswissenschaft, dazu gehörte auch ein etwas intimeres länderkundliches Wissen um Italien, als es offenbar den beiden Autoren zur Verfügung steht.

Dennoch sei die Auseinandersetzung mit dieser Studie gern aufgenommen, weil sie viele Fragen aufwirft, die noch eine Reihe zusätzlicher Erläuterungen von Wert über Bedeutung und Wesen der Villa erlauben, die bisher noch nicht zur Sprache gekommen sind. Aus Irrtümern lernen, zusätzliche Einsichten gewinnen, ist ohnehin der Gang aller Wissenschaft.

Die Villenideologien und -theorien des 16. und 17. Jahrhunderts, auf die so viel Wert in jenem Buche gelegt wird, sind keine originalen Schöpfungen der Autoren aus Spätrenaissance und Barock. Sie sind verständlich, wenn man sie ansieht als Anleitungen für Venezianer, die erst spät in das Villenwesen eingestiegen waren, und das auch für sie seit dem 16. Jahrhundert von steigendem materiellen und ideologischen Wert wurde. Im Praktischen fixieren diese Villenbücher nur, was sonst in Italien schon weithin spontan gelebt wurde, damals schon seit fast einem halben Jahrtausend. [4] Schon in den dreißiger Jahren des 15. Jahrhunderts hatte Leon Battista Alberti die toskanischen Erfahrungen dieser frühen Jahrhunderte des Villenlebens zum ersten Mal zusammengefaßt. Was Palladio und Cornaro bringen, ist nichts Neues: die Verbindung von „abitazione" und „fattoria", das auf die Villa hin orientierte Wegenetz, das dann zum nächsten Markt, eben der „città" der Comune, weiterführte. Ihrem Wesen nach war die Villa schon immer auf eine städtische Marktsiedlung orientiert, eben auf die, in welcher der Grundbesitzer den Sitz seiner Firma hatte, die auch einen Teil der Produkte ihres Agrarbesitzes in das Programm des Unternehmens aufnahm. So war der Saffran, in der Gemeinde angebaut, ein wertvolles Handelsprodukt der Firmen von San Gimignano. Ein ähnliches Handelsprodukt waren später die Seidencocons. Ebensowenig bedurfte es für die toskanischen und die meisten anderen Villenbesitzer „seit dem 14. und 15. Jahrhundert einer kulturphilosophischen Vorbereitung der Villegiatura". [5] Spontan wurde sie mindestens seit dem 13. Jahrhundert gelebt. Es wurde schon ausgiebig hier davon berichtet. Die Rahmenerzählung des „Decamerone", die im Contado von Florenz während der Pest von 1348 spielt, zeigt, wie damals in den beanspruchten Villen alles bereit war zur Aufnahme von Menschen mit städtischen Ansprüchen.

Es liegt in der Natur der Sache, daß Bauten voll von künstlerischer Individualität und artifiziellem Reichtum der Dekoration dem Kunstgeschichtler näherliegen als der Idealtyp der Villa, den Rudolf Borchardt ähnlich wie Herbert Lehmann sieht:

4   Alvise Cornaro (1558), Falcone (1559), A. Gallo (1550), A. Palladio (1570), Saminiati (um 1580), Scamozzi (1615). Die Zahlen bedeuten die Erscheinungsjahre der einflußreichen Werke zur Villentheorie, die von B. M. angeführt werden. Sie zeigen, wie sehr es Spätwerke sind, die über ein mittlerweilen recht alt gewordenes Villenwesen reflektieren, also dem Beginn der Villainstitution um Jahrhunderte nachhinken.

5   B.M. S. 95

„. . geräumige, bequeme Wohnhäuser mit Ökonomiegebäuden, nicht immer gut erhalten, schlicht und ohne Prunk, das Äußere oft von Verwitterung und Stockflecken
im Putz gezeichnet. „[6] Oft sind es nur vom wilden Wein umrankte Ziegelbauten
mit Renaissancefenstern in Haustein gefaßt und innen mit groben Steinplattenfuß-
böden und rustikalem Mobiliar. Die von beiden Autoren beschriebenen Villen, vor-
rangig Villa Maser, stehen nicht für *die* Villa und haben zu einem wirklichkeitsfrem-
den Urteil verleitet. Ihre Bevorzugung ist kunstgeschichtlich legitim, sie wird unsach-
gemäß, wenn man auf solcher schmalen Basis eine sozialkritische und sozialgeschichtliche Wertung vornehmen will, welche über diese gerade vorgenommenen Objekte
hinausgehen soll.

Hier geht es um die Definition der Villa. Der Kunsthistoriker hat da seine Schwierigkeiten mit den drei oder vier Dutzend immer wieder beschriebenen Villen, die
oft noch nicht einmal wirklich Villen sind. „in Anbetracht dieser Komplikationen
wird es recht schwierig, eindeutig zu entscheiden, welche Bedingungen der Bau nun
eigentlich erfüllen müsse, um als Villa zu gelten. Vielleicht ist es am sinnvollsten,
eine negative Bestimmung zu versuchen: keine Villa ist, auf der einen Seite, ein
reines in sich abgeschlossenes städtisches Wohnhaus und, auf der andern Seite, ein
bloß landwirtschaftlicher Gutsbetrieb. Was dazwischen liegt, hat gute Chancen, als
Villa in die Geschichte einzugehen." So der Versuch eines Kunsthistorikers. [7] Der
Sozialgeograph jedoch mit vielleicht zehntausend italienischen echten Villen im
Blickfeld hat da, wie wir sahen, für seine soziologische und wirtschaftliche Sicht
keine besonderen Schwierigkeiten. Nicht das Gebäude an sich macht die Villa, sondern die Funktion, die es im Stadt-Landgefüge erfüllt.

Was Bentmann und Müller beschreiben ist nicht die Villa in ihrem Wesen, sondern die kultur-, geistes-, und sozialgeschichtliche, dazu auf einen verhältnismäßig
kleinen geographischen Raum beschränkte Episode, die sich der Baulichkeit „Villa"
genau so illegitim bemächtigte wie im 19. Jahrhundert die Pseudovilla der Formen
der toskanischen Renaissancevilla. Die beiden Autoren sprechen von „noch heute
über 2 000 Baudenkmälern (im Veneto), (die) von der Villa als einer kulturellen
Institution zeugen" [8] und unterstellen so als selbstverständlich, daß sich das Leben in den Villen der Bürger von Verona, Belluno, Bassano, Vicenza, Treviso abge-
spielt habe, wie es sich ihnen in den großen Villen venezianischer Granden darstellt
und von Literaten und Ideologen gefordert wurde. Daß vielleicht Kunstformen dieser großen Villa auch in die echte Villa rustica eingegangen sein mögen, ist noch
lange nicht der Beweis dafür, daß dort derselbe Lebensstil geherrscht habe.

Von ihrem kunstwissenschaftlichen Ausgang wurden die beiden Autoren dazu
verführt, aus der Sicht der großen Villa „von Welt" unter Außerachtlassung der für
die sozialkritische Beurteilung wichtigeren — weil viel zahlreicheren — kleinen Villen nur in den späten Villen nach dem Verständnis des Villenwesens zu suchen.
Aber hier, in der schlichten „casa del padrone", wurden die Verhaltensweisen und
der Brauch der Villegiatura geprägt, die „bis zum heutigen Tage in Italien Palazzo
und Villa in Zwillingsschalen gegeneinander aufhebt und Zeichen sind eines In-

---

6   Rudolf Borchardt, „Villa", Stuttgart 1960 (1908), S. 45
7   v. Moos, „Turm und Bollwerk", Beiträge zu einer politischen Ikonographie der italienischen
    Renaissancearchitektur, Zürich 1974, S. 103. Was zwischen städtischem Wohnhaus und land-
    wirtschaftlichem Gutsbetrieb liegen kann und doch nicht Villa ist, möge man vorn S. 12
    nachlesen.
8   B.M. S. 10

stinktes, der das Weltbild und das Leben des Jahres so energisch zweiteilt." [9] Die
Entwicklung der einfachen Casa del Padrone, des zunächst anspruchslosen Landhau-
ses, zu reicheren, aufwendigeren Bauten haben an diesen Verhaltensweisen nichts
geändert. Die einfachste Casa del Padrone ist Villa, gerade weil die ökonomischen
Interessen des stadtgebundenen Eigentums bei ihr im Vordergrund stehen. Sie steht
an einem Ende des breit aufgefächerten Spektrums von Erscheinungsbildern der Villa, an deren anderem die prächtigsten der florentiner und lucchesischen Villen stehen, mit manchen Wesenszügen schon der Villa suburbana (Bild 6).

Die Grenze zur Villa suburbana ist da, wo „die verfeinerten ästhetischen Ansprüche der Stadt" noch nicht die Vorhand „über den besitzesstolzen Rundblick über
fette Herden, wohlgerichtete Obstgärten, Gemüsebeete und Kornfluren" [10] haben.
Diese Zitate der beiden Autoren seien hier zu unserer Beschreibung der Villa rustica, soweit sie noch nicht Villa suburbana geworden ist, benutzt.

Die Darstellung in der Villenstudie läßt durchblicken, daß sie das Übergewicht
der ästhetischen Ansprüche und eines entsprechend geführten Lebens als wesentlich
für alle Villen ansieht. Für die weitaus größere Zahl der ober- und mittelitalienischen
Villen gilt jedoch die Vorhand des wirtschaftlichen Sinnes. Alles andere ist von Anfang an Beiwerk, das allerdings im Laufe der Zeiten an Bedeutung gewinnt, aber
den Sinn der allermeisten Villen nicht überwuchert.

Schon viele Passagen der Schilderung Rudolf Borchardts, welche die beiden offenbar nur selektiv, „dynamisch", gelesen haben und auch so zitieren, machen un-
zweideutig klar: „sie (die Villa) ist als altlateinische Lebensform, durch und durch
real und praktisch, etwas mit Geld und Macht Zusammenhängendes, aus Geld und
Macht Entstandenes, zäh festgehalten, um Macht und Geld zu steigern, zu bezeugen,
zu verzinsen, zu vererben. Das scheint landschwärmender Empfindsamkeit ohne Zwei-
fel weitab zu stehen von den religiösen, idealen, und künstlerischen Antrieben, die
sie für das höhere Verhältnis zur Natur fordert und in seinem architektonischen
Ausdruck mitausgedrückt zu finden wünscht." [11] Also nicht die negative Utopie,
der Traum vom Lande sind die Grundsteine zum Villenbau. Sie wären nicht nur
der älteren italienischen Denkweise nicht gemäß gewesen. Jene Villenerscheinungen,
auf welche die Beweisführung von Bentmann und Müller aufgebaut sind, sind auch
für Rudolf Borchardt Ausnahmen. "Zwar gibt es seit der Hochrenaissance Fälle –
und Artimino ist ein solcher – in denen eine ‚bel sito', ein ‚bel riguardo' oder
‚bello sguardo', ein ‚bel monte', ein ‚bel vedere' oder eine ‚bella vista', die dann im
Namen fortleben, diesen oder jenen weltmüden Herrn diesen oder jenen Fürstbischof
oder Fürsthändler zum Bau in der Wildnis verlockt haben, ... Aber jene Fälle un-
vermittelter Gründungen haben vom Lustschloß doch immer zur Villa zurückgeführt
und sind zudem Ausnahmen. Die Regel hat vom Typus auszugehen und stellt aus
der Geschichte des Landkomplexes, zu dem die Villa als Zentrum gehört, eine Kontinuität von Jahrtausenden fest ... [12]". Sie ist in das Wesen des italienischen
Volkes eingegangen und ist weder mit unsern eigenen ethnischen Kategorien zu begreifen noch zu uns, in den Kibbuz oder ins Penthouse zu übertragen. Die altlateinische Existenzform der Villa, also eine ethnische, ist mit den seelischen Molesten
einiger venezianischer Granden nicht aus dem Fundament zu heben. Die beiden

  9   Rudolf Borchardt, S. 53
 10   B.M. S. 42
 11   Rudolf Borchardt, S. 46f
 12   Rudolf Borchardt, S. 47f

Autoren haben die seltenere Ausnahmesituation, wie sie auch Borchardt erkennt und nur nebensächlich behandelt, zum Fundament ihrer Deutung der Villa gemacht.

Nur da, wo die energische Zweiteilung des Jahresverlaufes zwischen Stadt und Land nicht tätig gelebt wird, oder der Padrone aus vorzugsweise ideologischen Gründen ganz aufs Land zieht, wo das alte Weltbild nicht so entscheidend erweitert wurde, da ist von einer Villa suburbana zu reden. Diese ist in der Sozialstruktur nur eine Entartung der Villa, ausgeschieden aus dem ökonomischen Gefüge der Stadt-Land-Beziehungen. Sie läßt Pauschalurteile über das Villenverhalten der Italiener oder Europäer nicht zu. Die Villa suburbana ist an Leitbildern orientiert, die nicht unbedingt die Villa voraussetzen.

Die Villa suburbana ist nicht *die* **Villa.** Was die Venezianer aus der Villa machten, war ein soziologisch anderer Typ, eben die Villa suburbana, die funktionslos gewordene Villa ohne wesentlichen Landbesitz, jedenfalls ohne einen solchen, der für die Wirtschaft der Lagunenstadt wesentlich gewesen wäre, so lebensnotwendig wie es etwa die Villa des 13. und 14. Jahrhunderts für Florenz oder Lucca war. Die Villa der Lagunenstadt wurde nach Bentmann und Müller übernommen oder neugebaut aus Motiven, wie sie den negativen Utopien entsprachen, die agrarische Zweckbestimmung war diesen untergeordnet. Für den Venezianer verlegt sich damit die Motivierung ganz in Residentielle. Wer mit den Erfahrungen aus Mittelitalien an der Brenta entlang oder nach Treviso fährt, wo sich Villa an Villa reiht, wird sich, mit dem agrarischen Bild der Villa rustica im Sinn, fragen müssen, wo denn die Ländereien sein mögen, die zu solchen Besitzungen gehören.

Für diese nur mehr Residenzen der Herren aus Venedig ist die Bewertung von Bentmann/Müller allerdings einsichtig. Doch ein jener rückwärts gewandten literarischen Villenideologie entsprechendes Leitbild, welches die Stadtflucht lehrt, finden wir im gleichzeitigen Europa genau so in den Schlössern der großen und kleinen Souveräne und ihres aristokratischen Gefolges. Daß diese Bauten solchen gehörten und nicht wie in Venetien Bürgern der Lagunenstadt, das ist der einzige Unterschied, wobei deren wirtschaftliche Potenz durchaus in der Größenordnung jener Fürsten und Potentaten lag. So nehmen denn auch oft die „ville suburbane" die Dimensionen von solchen Schlössern an: Villa Passariano (Campoformio) in Friaul, Villa Pisani in Strà an (Zeichn. 14) der Brenta. Nur, die Villa ist eben ein Element der Urbanität, während das Schloß der gentilen Lebensform zugehört.

Es gibt zwei Gebiete, in denen die Villa suburbana in besonders großer Zahl vorkommt: Venezien und Latium. Während in Venezien die suburbanen Villen mit den rustikalen aus der vorangegangenen Zeit der freien Comunen vermengt sind, manchmal auch unter Verwischung der Grenzen, ist in Latium die Villa suburbana fast allein vertreten. In Rom und Umgebung fehlten die Impulse zur echten Villa rustica fast vollständig: Frühkapitalismus und Frühindustrie.

Die seit Ende des 15. Jahrhunderts in der Umgebung Roms gebauten Villen von Belvedere in Frascati bis zur Villa Lante und Caprarola waren immer suburbane Villen, die rein dem Wohnluxus dienten und bei manchem mächtigen Aristokratengeschlecht den Charakter eines Schlosses annahmen. Oft ist auch hier wie bei der Villa rustica die Burg, das Kastell der Vorläufer, ist das Kastell lediglich in eine neue Funktion – unter Umbauten selbstverständlich – eingetreten. Claude Lorrain hat sie gemalt, wie seine Budapester „Villa in der Campagna". Diese lazischen Villen verwalteten nicht notwendiger Weise einen landwirtschaftlichen Grundbesitz. Wo er doch vorhanden war oder ist, erscheint er in den überkommenen Betriebsformen des Latifundiums und berührt nicht die absentistische Grundhaltung des Eigentümers. Landesplanerische, wirtschaftsreformerische Ausstrahlungen gingen von diesen suburbanen Villen nicht aus, so wie sie sich einst von der Villa rustica über das Land verbreiteten: Intensivierung durch Mischkultur, Rationalisierung durch Aussiedlung, Sozialreform. Ein kurzer konjunktureller Aufschwung für agrarische Erzeugnisse Ende des 16. Jahrhunderts brachte ein paar Ansätze dazu durch Intensivierungsversuche und Neusiedlungen (u.a. Oriolo Romano). Sie blieben jedoch ohne weiteren Folgen und Einzelerscheinungen. Die Agrarwirtschaft auch der Rom zuzuordnenden Villen war so wenig integraler Bestandteil stadtrömischer Wirtschaft, wie es die suburbanen Villen Veneziens für die „Serenissima" waren.

Zeichn. 14   Villa Pisani

Wo auf diesen von Landwirtschaft die Rede war, da ist es nach den Einsichten von Bentmann und Müller das barocke Spiel vom „paradiso terrestre", vom Traum vom Lande, das „permanente Villegiaturaspiel in einem Gesamtkunstwerk Villa", das auch solches erforderte und im Geiste von Palladio und Scamozzi aufzuführen war, [13] also die pünktliche Wiederkehr der antiken „inscenierten, theatralischen Aufblähung eines überkommenen Schemas"! (s. S. 67). Die Villenideologie überwuchert den Sinn der echten Villa und zerstört die Ausgewogenheit ihrer Bestimmung. Hier fehlt der sachliche Ernst des in der Villa rustica für Familie und „patria" geführten Lebens, dem Landwirtschaft von allem Anfang an Notwendigkeit war und nicht Kulisse eines Spieles. Die Versorgung der sehr großen Bevölkerung Venedigs von der Terra ferma her ging über Lieferverträge mit den nun abhängigen, ehemals freien Comunen [14] und kam über diese zu einem beträchtlichen Teil aus der Wirtschaft der örtlichen rustikalen Villen.

In dieser besonderen venezianischen Villa, welche die beiden Autoren betrachten, fügen sich manchmal alle Elemente der Villa suburbana zu solchen der Villa rustica. Die Villa ist „vom Profit der umliegenden Landwirtschaft getragen" und zugleich die Landwirtschaft „zu einer schönen Kunst nobilitiert". [15] Diese ist das Ergebnis einer agrarfremden Ideologie städtisch literarischer Herkunft unter Lösung der für die Villa rustica so wichtigen Bindung zur Stadt, weil aus der Villegiatura ein weltanschaulich bedingter Daueraufenthalt wurde. Aus der Villa wurde ein mit Ideologie, Utopie und Ästhetik befrachteter Gutshof, der nur noch wenig mit der elementaren Notwendigkeit der Villa zu tun hatte. Was hier den beiden Autoren „als ‚die Villa' in ihrer endgültigen gesellschaftlichen Definition des 15. und 16. Jahrhunderts" [16] erscheint, bedeutet für die „sozialgeschichtliche Analyse" das Ausscheiden eines mit wesensfremder, geistiger Last überladenen Villenlebens aus dem naiven Dasein der echten Villegiatura, aus der Institution Villa überhaupt. Zu der Zeit, da die Aristokratie Italiens im Bann der Fürsten- und kurialen Höfe den Weg in den Absentismus geht, schlägt mancher Grande Venedigs den umgekehrten Weg ein und beweist so die Sonderstellung, die Venedig immer schon im politischen, kulturellen und sozialen Leben Italiens gehabt hat. Da es baulich keinen grundsätzlichen Unterschied gibt zwischen Villen und solchen Bauten, wie sie die Studie beschreibt, ist allein von der Kunstwissenschaft her keine sozialgeschichtliche Analyse und Definition möglich. Nur die genaue Erfassung der Villa von ihrem Ursprung her, vermag der literarisch-sozialgeschichtlichen Analyse der beiden Autoren den rechten Platz zuzuweisen, den sie selbst nicht gefunden haben.

Da Venedig seit dem Frieden von Aachen 812 nicht mehr zum Königreich Italien, zum Reich der Deutschen Kaiser gehörte, (durch Personalunion beide verbunden), hat es auch diesen Kampf um seine comunale Freiheit mit den Mächten des Reiches nie zu führen gehabt. Es hatte deshalb auch im 12.–14. Jahrhundert, als es in den Regionen Mittel- und Oberitaliens spontan zur Ausbildung der Institution Villa kam, auf dem Festland keinen Contado. Dem Sinne nach erfüllten diese Aufgabe die Überseebesitzungen von Istrien bis Kreta. Im Raum, den die Venezianer später ihre „terra ferma" nennen sollten, war diese zukunftsreiche agrarische Entwicklung synchron mit der Toskana und andern Regionen schon vollzogen worden, so von den Comunen Padua, Verona, Vicenza, Brescia, Treviso und anderen. Hier fanden die Venezianer als sie endlich aufs Festland gingen, zügig erst beginnend mit der Unterwerfung Bassanos (1402) [17] die politisch-comunale Ordnung des

14 Alfred Doren, Italienische Wirtschaftsgeschichte, Bd. I, Jena 1934, S. 373
15 B.M. S. 75
16 B.M. S. 75
17 Es ist unrichtig, wenn die beiden Autoren den „Abschluß der politischen Landnahme" ins Jahr 1405 verlegen. (B.M.S. 158, Anm. 19) Erst eigentlich zu dieser Zeit begann die conquista der „terra ferma": 1402 Bassano, 1404 Verona und Vicenza, 1406 Padua, 1420 Belluno und Friaul, 1428 Brescia und Bergamo, 1441 Ravenna, 1454 Cremona. Nur Trevisos Einverleibung lag um etwa 20 Jahre früher. Zur Beurteilung unserer Fragen dürfte das nicht unerheblich sein.

Landes, unter anderem auch mit Villen und Fattorien vollendet. Jedoch hatte sie sich hier nicht so vollkommen durchgesetzt wie in Mittelitalien, da der Raum der freien Comunen und ihrer städtischen Villenbesitzer hier noch mit erheblichen Restgebieten der einst allein herrschenden Feudalität durchsetzt war [18]. So sah sich Venedig in der „terra ferma" drei wirtschaftlich und politisch bedeutsamen Schichten von Grundbesitzern gegenüber: der echten Feudalität auf dem Lande, dem signoril-bürgerlichen Grundbesitzer mit und ohne Adelsprädikat und dem kleinbürgerlichen der Städte.

Da so Venedig nie einen von ihm selbst entwickelten Contado besessen hatte, konnten die Bürger der Serenissima auch nicht jenes ursprüngliche naive Verhältnis zum Lande haben wie die Florentiner, Senesen, Pisaner oder Lucchesen, welche seit dem 11. Jahrhundert mit dem Lande von kleinen Anfängen zu großen Comunen sich entwickelt hatten. Sie waren so mit ihrem Lande nicht nur wirtschaftlich sondern auch psychisch verwachsen. Sie hatten sich gleichzeitig mit ihm entwickelt, hatten mit ihm ein neues Selbst- und Weltverständnis gewonnen, jenes zweifache Weltbild des Kaufmanns und Agrariers. Sie waren mit dem Lande in einer an die altrömische erinnernden Rationalität verbunden, welche für die „famiglia" alles vom Lande erwartete, bis auf eine „Viertelmetze Salz". Ohne Contado groß geworden, war Venedig völkerpsychologisch in ähnlicher Lage, wie es die unserer Städte war: Kölns Territorium endete 500 m vor der Stadtmauer. Die Lidi (die Nehrungen) und die anderen Inseln, etwa Murano, Burano, Torcello — in Nordfriesland würde man sie Halligen nennen — waren in der Fläche zu geringfügig, als daß sie neue Erfahrungen für alle hätten vermitteln oder gar das Weltbild verändern können. Es ist somit für die Villa untypisch, wenn das sentimentalische, gebrochene Verhältnis zum Lande, das die beiden Autoren in vortrefflicher Weise zu beschreiben vermögen und aus der Literatur zu belegen wissen, auch in der Auffassung des venezianischen Granden von seinem Landbesitz zum Ausdruck kommt. Es kennzeichnet ihn, aber nicht die Villa, ihr naives Verhältnis zum bürgerlichen, festländischen Besitzer.

Die Villa der Venezianer war eine solche aus zweiter Hand, nachempfunden und ideologisch mißverstanden. Mag die Villa Venedigs, die in ihr verbrachte Villegiatura, als eine im Grunde von der Serenissima unverstandene Lebensform, auch Ausdruck „reaktionärer gesellschaftlicher Normen" sein, die Villa Italiens ist sie nicht, jedenfalls nicht für „eine sozialgeschichtliche Analyse". Ebenso wie Venedig kannte die Umgebung Roms nicht die Auseinandersetzung mit der fränkischen Feudalität, weil das Patrimonium Petri ebenfalls nicht zum Königreich Italien gehört hatte und somit der fränkischen Lehnsordnung entzogen war [19], mit deren anarchischer Zersplitterung („la féodalité anarchique") die Städte der Toskana leichtes Spiel hatten. Hier in Latium, in der Maremma, in der Campagna di Roma, im zweiten großen Verbreitungsraum der Villa suburbana, gab es nicht solche kraftlose, anarchische Feudalordnung, mit der die Bürger der Städte es hätten aufnehmen können. Die Barone saßen nach mediterraner Art in den Städten auf ihrem die Stadt beherrschenden Kastell. So saß Atreus auf seiner Burg über Mykene, Theseus auf der festen Akroplis Athens, Dyonys auf Ortygia vor Syrakus, und genau so saß die nicht feudale Aristokratie an den militärisch günstigsten Stellen in der Stadt, über ihr, sie beherr-

18   Fritz Dörrenhaus, „Urbanität und gentile Lebensform", Wiesbaden 1971, S. 40
19   F. Dörrenhaus, „La maremma, der Mißbrauch eines Landschaftsnamens und die Folgen"
      Festschrift Karl Finsterwalder, Bd. 15, Innsbrucker Beiträge zur Kulturwissenschaft, Innsbruck 1971, S. 363—375, S. 370f

schend, wie das Kastell der Caetani in Sermoneta oder oft auch am einzigen Zugang zur Stadt wie in Pitigliano oder Sovana die Aldobrandeschi und Orsini, Städte mit etruskischer Vergangenheit, deren sich die neugebildete mediterrane Aristokratie bemächtigt hatte. Noch im 16. Jahrhundert wurden so Oriolo Romano mit Siedlern aus Perugia gegründet und Ariccia in diesem Sinne umgestaltet.

Von den Kastellen aus lebte eine archaische Form der Machtausübung wieder auf in einem Italien, das in archaische Zustände zurückgefallen war: eine Herrschaft über Stadt und Land, kompakt und nicht zersplittert, ohne Hierarchie, weder nach oben noch nach unten.

Die fränkischen inurbanen Feudalherren aus dem sozusagen städtelosen Norden saßen in der Toskana wie im übrigen fränkisch organisierten „regno d'Italia" auf ihren Burgen vor der Stadt; auf dem zersplitterten Raum ihrer Lehen begegneten sich die verschiedensten feudalen Rechts- und Gebietsansprüche weltlicher und kirchlicher Herkunft. Die alten aus der Etrusker- und Römerzeit überkommenen Städte – zunächst meist über den Bischof als Feudalherrn in die fränkische Lehnsverfassung einbezogen – hatten zuerst mit diesem leichtes Spiel und dann mehr noch mit dem in Fehden zerstrittenen Feudaladel. Hier konnten in dieser anarchischen Feudalordnung leicht auch seine übrigen Glieder überwältigt werden und konnte das Umland erworben werden, das zu Organisation der Villa rustica gehörte. Das war außerhalb des Bereiches der fränkischen feudalen Anarchie unmöglich, die Barone hielten von ihrem Sitz in den Städten auch das Land fest in der Hand. So entfiel hier die wichtigste Chance zur Ausbildung von Stadtstaaten und der ihnen eigenen Agrarordnung. Weil sie die wirtschaftlichen Antriebe der freien Comunen nicht besaßen, nutzte diese Aristokratie das Land nur extensiv. Zur Errichtung von Fattorien mit Villen waren keine stimulierenden Antriebe vorhanden, etwa von Industrien ausgehend, welche in den Städten Latiums und der Maremma größere und neue Bedürfnisse hätten wecken können. Der Adel Roms, noch immer parasitär von einem Weltreich lebend – nunmehr einem geistlichen – besaß dafür keinen Sinn. Rentenkapitalismus war für ihn die bequeme Lösung.

Weil Bentmann und Müller von den kunstgeschichtlichen Spitzen der Villenarchitektur ausgehen und sie ihre Analysen an Bauten und soziologischen Verhältnissen vollziehen, die keineswegs charakteristisch sind für alle Villen in Italien – ästhetischer Wert und soziale, wirtschaftliche Bedeutung können hier erheblich divergieren – kommen sie zu Mißverständnissen, welche die wahre Bedeutung der Villa für das kulturgeographische Bild Italiens und seiner „sozialgeschichtlichen Analyse" verkennen. Sie gerieten an Außenseiter der Institution Villa, welche als „ville suburbane" ihr kaum noch wirklich angehörten. Wer als Kunsthistoriker die soziologische Eigenart der Villa unter Ableitung weiterer auch noch in andere Zeiten und Länder reichende Schlüsse beschreiben will, der darf sich nicht auf eine so kleine Auswahl beschränken, die überdies nur nach kunstwissenschaftlichen Bewertungen vorgenommen wurde. Die soziologischen Maßstäbe und geographischen Kriterien sind andere. Für diese sagt die schlichte Villa Francesca (Zeichn. 5) mit schmuckloser Fassade und echt rustikalem bescheidenen Innern dasselbe aus wie die Villa Medici in Poggio a Caiano (Bild 1) oder die Villa Antinori (Zeichn. 3), weil eben alle drei rustikale Villen sind, in denen verstiegene Villenideologie auf die Dauer keinen Platz hatten und das „ozio intellectuale" immer im rechten Maß zum Wesen und Sinn der Villa stand. Die venezianische Villa, welche die Studie untersucht, war ein sozial und wirtschaftlich unfruchtbarer Seitensproß der Institution Villa. Jedenfalls stehen die herangezogenen Beispiele am Ende einer Entwicklung, die für Venedig rezessiv

war. Die Villenruinen in Venezien [20], welche erst im 19. Jahrhundert anfielen
und die es in alten Villenlandschaften kaum gibt, beweisen ihre einstmalige ökono-
mische Beziehungslosigkeit zum Lande, in dem sie sich befinden, sowie zur Stadt,
von der aus sie eingerichtet wurden. Sie hatten keine über den Charakter einer
Villa suburbana hinausreichende Bedeutung und gehören nicht zur Gruppe, die der
echten Villeninstitution zuzurechnen ist. Diese behielt auch in Venezien noch lange
um ihrer wirtschaftlichen Bedeutung willen ihren Wert.

Das Villenwesen der Toskana stand schon am Anfang der freien Comunen in
der Einheit von Stadt und Land, und gab dem Volk hinter den Mauern Sicherheit
der Ernährung und den Firmen die Möglichkeit, händlerisch mit eigenen agrarischen
Produkten weit über die Grenzen der jeweiligen Comune hinauszugreifen. Für den
Florentiner auch des 16. und 17. Jahrhunderts war die Villa keineswegs die Szenerie für ein Gesamtkunstwerk „Traum vom Lande", sondern konkrete wirtschaftliche Forderung. Die Erwartung, die Leon Battista Alberti mit seinem Gut verband,
es müsse so beschaffen sein, „daß man nichts mehr als eine Viertel Metze Salz kaufen müsse, um die Familie das ganze Jahr ernähren zu können" [21], würde aus dem
Munde eines venezianischen Villeneigentümers recht seltsam geklungen haben.

Villa und Pseudovilla. Die beiden Autoren wollen nun Beziehungen sehen zwischen der italienischen Villa und der Villa des 19. Jahrhunderts außerhalb Italiens.
Aber was sie uns da vorstellen, ist nur Pseudovilla. Auch zum Penthouse und zur
Kibbuzbewegung sehen sie Sinnbeziehungen, wobei dann bald mehr der Herrschafts-
gedanke, bald mehr der Traum vom Lande herhalten muß. Zur Villa der Gegenwart,
jenen mehr oder minder großen Einfamilienhäusern mit Vorgarten und Garten, führt
in unserem Lande keine Kontinuität zur Wirklichkeit Villa, die eine rein italienische,
mediterrane Institution ist. Die letzten eigentlichen Villen gab es in Deutschland
zur Römerzeit westlich und südlich des Limes. Stellt man heute solche Verbindungen zur italienischen Villa trotzdem her, so ist der Begriff völlig entleert und versim-
pelt. Es dürfte schwer fallen, in den Einfamilienhäusern unserer Vororte, umgeben
von 500 qm Garten, die sich Rentner, Handwerker, Ärzte, Kaufleute, Rechtsanwälte
seit dem Ende des verflossenen Jahrhunderts gebaut haben, „Herrschaftsarchitektur"
zu sehen [22]. Wie konnte die Villenstudie, die sonst so oft aus Borchardt's Essay
schöpft, übersehen, daß „Villa, in Deutschland nur der Bauausdruck des Rentiers
ist" [23]. „Im eigentlichen Wortsinn ist die italienische Villa kein Zufallshaus auf
einer Handbreit Land, die ein Lattenstakett oder ein Gitterchen gegen die nächste
Parzelle mit dem Zufallshaus des Nachbarn abschließt, sondern allerdings ein Gutshof, ein geschichtlich gewordener" [24]. Weiter fehlt diesen Pseudovillen die Zwei-

20   B.M. S. 85 „Mit dem Ende der staatlichen wie wirtschaftlichen Unabhängigkeit der Kapitale
       Venedig war es auch mit der Villegiatura zu Ende und die Bauern zogen ein in die Häuser
       der Herren." Die rustikalen Villen der Toskana überlebten das Ende des Republikanismus
       der Comunen, Großherzogtum, Napoleons Republik Italien, das Risorgimento und die indu-
       strielle Revolution der Gegenwart. Sie beantworten so die Frage, was denn nun die eigent-
       liche Villa sei? Villa rustica oder suburbana?
21   Leon Battista Alberti, Della Famiglia, deutsch „vom Hauswesen", Zürich 1962, S. 252
22   Im Anfang unseres Jahrhunderts sang man in Köln das Liedchen „Jetz hätt dat Schmitze
       Billa in Poppelsdorf en Filla, et hätt sing eije Huus, dat Bill es fein erus!" Das traf den sozio-
       logischen Befund in der Mitte; wer solches hörte, will von unseren Vorstadthäus'chen als
       Herrschaftsarchitektur nichts wissen.
23   R. Borchardt, S. 40
24   R. Borchardt, S. 46

teilung des Jahresverlaufes im Leben ihrer Eigentümer, die Villegiatura, die unmittelbare, tätige Verbindung zur agrarischen Umwelt, zur agrarischen Funktion als Fattoria. Die Villa Hügel in diesem Zusammenhang zu sehen, zeugt von einer Beliebigkeit der Begriffsverwendung, die alles verschwimmen läßt. Die Herrschaft der Familie Krupp ist eine industrielle.

Die echte Villa dagegen setzt einen genügend großen, agrarisch genutzten comunalen Herrschaftsbereich voraus, den unsere Städte in der Regel nicht hatten, in dem der Eigentümer einen privaten Besitz von mindestens einigen Dutzend Hektaren bewirtschaftete. „Der Traum vom Lande" ist keinesfalls Voraussetzung der Villa.

Der Traum vom Lande ist nördlich der Alpen nicht notwendigerweise mit einem agraren Herrschaftsanspruch oder auch nur Besitz verbunden. Hier wird der Unterschied von mediterranen Grundvoraussetzungen und den unsrigen nicht berücksichtigt. Die Verbindung von negativer Utopie mit Herrschaft auf dem Lande ist in Italien lediglich eine literatenhafte Wendung gegen das Stadtleben. Der Bürger selbst ist sich zu sehr bewußt, daß er die Stadt braucht, um dort seine Geschäfte abzuwickeln. Die Freizeit gewinnt in der Villa zwar höheren Wert und auch höheren Inhalt (edle Passionen im neuen städtischen Sinn, Kunstgegenstände, Bauten, Bücher, gepflegte Gesellingkeit) und verführt immer leicht dazu, die Wirklichkeit zu übersehen. Doch die Villa selbst sorgt immer wieder für die Korrektur: der Vorrang des Wirtschaftlichen in den stets finanziell anspruchsvollen Villen-Fattorien führte bald auf den realen Boden, den der Villenbesitzer noch lange in der Stadt hatte. Insofern spricht jede intakte Villa gegen eine lediglich „nostalgische" Bedeutung der Villa. Die toskanischen Signorilen waren in der Regel so reich nun wieder nicht — anders als die venezianischen Granden — als daß sie sich eine Mißachtung der Realitäten hätten leisten können. Es gibt genügend Beispiele in der toskanischen Villengeschichte des 16. bis 18. Jahrhunderts, die das beweisen (vorn. S. 84).

Mit der Naturfreude der Romantik kamen in Deutschland die ersten Pseudovillenbauten auf, die sich vorzugsweise an den kleinen toskanischen Villen orientierten. Aber erst mit Gottfried Semper bekam diese Architektur in unserem Lande den großen Auftrieb. Seit 1830 hatte er Italien bereist, und gerade die kleinen Villen der Frührenaissance in der Toskana waren seine Vorbilder. Sempers Villa Rosa in Dresden (1866) war ein Anfang, dem dann auch andere Architekten viele weitere Villen folgen ließen, zunächst immer im Stil der Renaissance oder dessen, was man darunter verstand. Der Pseudovillenvorort ist in Italien eine sehr begrenzte Erscheinung und nur in Ansätzen vorhanden, weil eben die urbane Grundstimmung allen italienischen, das ist mediterranen Lebens, das Bedürfnis nach einem ganzjährigen Wohnen in einer solchen Pseudovilla, noch dazu in der Vereinzelung des Einfamilienhauses am Stadtrand, gar nicht aufkommen läßt, während bei uns die Städte im 19. Jahrhundert ganze Villenvororte planten.

Traum vom Lande? Einem bestimmten Reifezustand städtischer Kulturen zugehörend treten solche ins zeitliche gewandten Heimwehzustände zu ihrer Zeit und am gemäßen Ort in Europa immer wieder auf. Des Bürgers „ganz neu entdeckte Vorliebe für das ländliche Leben auf der Villa ist nichts als ein Reaktionskomplex und eine Hinneigung zum Kontrast". „Die ideologische Wendung gegen das Stadtleben entspringt dem Distanzierungsbedürfnis des Literaten gegenüber dem den kaufmännischen Geschäften nachgehenden Bürger" [25]. Mit dem Bewußtwerden der Nachteile der Stadt (die Enge, der Lärm) mußte sich „die neu entdeckte Vorliebe" im

25   A. von Martin, „Soziologie der Renaissance" München 1974, S. 87

neuen Weltbild, das der Bürger mit dem Contado erworben hatte, ihren Platz schaffen. Das bedeutete keineswegs die Negation der Stadt. Erst „die ideologische Wendung" zur Verabsolutierung der Werte des Landlebens ist Sache pflastermüder venezianischer Intellektueller und Ideologen, die sich für das Ausleben ihrer „empfindsamen" zukunftslosen Vorstellungen in der Villa die Unterkunft suchten, wie der Einsiedlerkrebs für seinen ungeschützten Hinterleib die für ihn gar nicht bestimmte Schneckenschale. In anderen Zeiten, an anderen Orten — es gab ein ganzes „empfindsames Jahrhundert" — können ähnliche Lebenshaltungen zu ähnlichen Reaktionen führen. Das kann das Gartenhaus sein, die Pseudovilla, das Penthouse (?), der Kibbuz (?), das Burghotel, die Jagdhütte, das verlassene Bauernhaus, der Wohnwagen oder sonst etwas.

Die in der Villenstudie beschriebenen Inhalte und Beweggründe sind solche lediglich der Villa suburbana und somit nicht villen- sondern zeitspezifisch und überall möglich. Die Villa Italiens ist dagegen räumlich regional gebunden und zeitlos. Sie setzt ein von einem bestimmten System mediterran-urbaner Verhaltensweisen und Prägungen stark beeinflußtes historisches Geschehen voraus, das sich nur in den freien Comunen neu und fast ungehindert entfalten konnte. Das führte schicksalhaft zu gegebener Zeit im mediterranen Raum zu übereinstimmenden Lebensformen, denen die Villa unentbehrlich war.

Der Gedanke, der universalhistorische Kampf der Kaiser und Ritter gegen die Comunen um den Contado, um die Regalien sei um des Traumes vom Lande willen geführt worden, ist absurd, ebenso die Vorstellung, die Zerstörung Mailands hätte man um des „arkadischen Traumes" von Stadtferne, Weltflucht und Zivilisationsüberdruß in Kauf genommen. Die Inbesitznahme des Umlandes, des Contado, bedeutet die Regeneration der frühmittelalterlichen Stadt zur Polis, zur Civitas und die Verwirklichung uralter Leitvorstellungen. Sie war notwendig zur Ernährung auch der zugewanderten „gente nuova", der zahlreichen in Industrie, Handel und Bankwesen Beschäftigten. Diese Ernährung wurde von der Villa organisiert. Die von ihr vollzogene politische und wirtschaftliche Durchdringung der weiteren Umgebung war die spezifisch mediterrane urbane Lösung der aufkommenden Fragen, sicher auch die optimale, die später anderswo unter anderen Prägungen und Leitbildern anders gelöst werden mußten. Dieser neu erworbene Contado der Städte, die zumeist schon im Altertum vorhanden waren, war damals wie heute der Lebensgrund der Villa. Man konnte das Land nicht länger den wirtschaftlichen Vorstellungen des Feudaladels überlassen.

Wenn Bentmann und Müller die Anforderungen, die Leon Battista Alberti an die Beschaffenheit der Villa stellt: —„sie sei in kristallklarer Luft gelegen, in fruchtbarem Lande, überall schöne Aussicht, sehr selten Nebel, keine schädlichen Winde, gutes Wasser, alles rein und gesund," — [26] als Auswirkungen eines Traumes vom Lande sehen, so zeigt das nur, zu welcher Verständnislosigkeit voreingenommene Ideologie fähig ist. Alberti, ganz der Welt des rustikalen Villa-Stadtverhältnisses zugehörend, läßt uns hier nur einen Blick in das umfassende Weltbild des in der Stadt und auf dem Lande lebenden und wirkenden comunalen Bürgers tun. Was da gefordert wird, „kristallklare Luft" und das andere, ist so wenig Traum vom Lande, wie es die Forderungen unserer Umweltschützer von heute sind. Er riet lediglich dazu, aus dem wirtschaftlichen Vorhaben das Bestmögliche zu machen; denn schließlich verbrachte man ein halbes Leben in der Villa. „Was mich anlangt," so äußert ein

26   Leon B. Alberti, S. 251

Onkel des Alberti im selben Buch „della famiglia", wenn ich einen Landsitz hätte, wie ich ihn Dir geschildert habe, so würde ich mich einen guten Teil des Jahres dort aufhalten. „[27] Das ist die volle Villenpraxis! Die Wertschätzung des Landlebens schließt die Einsicht in die Notwendigkeit des Lebens in der Stadt nicht aus. Es klingt nicht nach Stadtflucht, wenn in demselben Buche Leon Battista Alberti für den Fall, daß er sich einen Wohnsitz suchen müßte, sagt, „ich würde mir eine Stadt suchen, die mir zusagte und wo ich ohne Beschwerden und in Ehren leben könnte." Wo ist da die „Verweigerung der gesellschaftlichen Realität der Stadt [28], wenn er weiter meint: „Ich würde mir ein Haus in guter Nachbarschaft aussuchen, in einer bekannten Straße, wo ehrenwerte Bürger wohnen, mit denen ich mich, ohne mir zu schaden, befreunden könnte; es könnte auch meine Frau an ihren Frauen Gesellschaft finden"? [29] Das ist die ganze italienische Urbanität, ohne deren Kenntnis und Einschätzung wir auch heute noch zum Verständnis italienischer Gesellschaft und italienischer Landschaft nicht kommen werden. So sehr also Alberti auch die Schattenseiten des Stadtlebens erfahren hat und auch anführt – von Bentmann und Müller begierig als Stütze ihrer These von der Stadtmüdigkeit aufgegriffen, – „der Tumult und der Lärm", „die finstere Stadt", genau so sehr ist er sich doch seiner Verbundenheit mit der Stadt immer bewußt; vor allem eine gute Kindererziehung ist für ihn nur in der Stadt möglich. Als Kronzeuge für die Stadtflucht in die Villa, als den ihn die beiden Autoren beanspruchen, ist Alberti nicht geeignet. Auch spricht Alberti ausschließlich über die Villa rustica. Die Villa suburbana gab es zur Zeit der Niederschrift seines Buches noch nicht. Die Gleichgewichtigkeit des zweieinigen Weltbildes des „cittadino" der damaligen Zeit kommt ja wohl auch in folgendem Satz der oft etwas hausbackenen Betrachtungen des Buches zum Ausdruck: „Wenn ich über ein Gut verfügte, würde ich trachten, mein Haus beständig mit Getreide, Wein, Holz, Streu und dergleichen zu versorgen und würde Vieh, Tauben und Hühner, ja selbst Fische aufziehen lassen." [30]

Diese sehr unromantische, auf die Küche der Stadtwohnung zielende Zweckbestimmung der Villa zeugt nicht gerade von bukolischen Träumen, die zur Stadtflucht verleiten. Stadtflucht als bestimmendes Element italienischen Lebens anzusehen, ist bei diesem von urbanem Lebensgefühl durchdrungenen Volke absurd. Stadtmüdigkeit, wie sie Bentmann und Müller als Beweggrund zum Landerwerb und zum Bau der Villa sehen, muß erst recht zur Zeit der ersten Landkäufe (beginnend seit dem 10. Jahrhundert) und des Baues der Villen seit dem 12. Jahrhundert, des Aufbaues der auf die Stadt zugeschnitten Landorganisation und der damit verbundenen Anstrengungen, ausgeschlossen werden. Damals als die altrömische Institution der Villa rustica wieder aufgenommen wurde, lebten die mittel- und oberitalienischen Städte im Hochgefühl ihrer hart und verlustreich errungenen comunalen Unabhängigkeit und packten in diesem stolzen Selbstbewußtsein die Wirklichkeit an. Träume oder Müdigkeiten konnten hier nicht schöpferisch werden. Die Städte waren erfüllt vom Bewußtsein eines eigenen produktiven Lebens, sie flossen über von energischen politischen und wirtschaftlichen Aktivitäten. Die ungeheure Anstrengung der mittel- und norditalienischen Städte, die wirtschaftliche und finanzielle Vormacht bis an die Grenzen des damaligen Wirtschaftsraumes hin vorzutreiben und sich dabei gleichzeitig den Luxus der immer wiederholten Machtkämpfe im Innern zwischen Guelfen und_

27   Leon B. Alberti, S. 260
28   B.M. S. 114
29   Leon B. Alberti, S. 245
30   Leon B. Alberti, S. 250

Ghibellinen, Popolo grasso und Popolo minuto zu leisten und gleichzeitig das Land neu aufzubauen, ließ keine Träume vom Lande zu. Wer sich ihnen hingegeben hätte, als er die Villa baute, wäre bald verloren gewesen.

In solche Städte paßt einfach nicht die Behauptung, die Villa sei das Ergebnis des Gefühls, „durch die städtische Existenzform bedroht zu sein" [31]. Es ging hier vielmehr um die Existenz in der Stadt. Die Dauerkrise, auf die die Villa eine Antwort sein soll, ist nicht die politische und wirtschaftliche des 13. und 14. Jahrhunderts, sondern hier meint die Studie die späten Krisen des Gefühls einer Nobilität, welche im Handel groß geworden, nur noch verzehren und genießen konnte, was die Väter erwarben. Diese leidenschaftliche Anteilnahme am Leben der Stadt, welche die Häupter der Familien und zugleich Villenerbauer erfüllte und um die Macht in der Stadt kämpfen ließ, war das Gegenteil der „Verweigerung der Realität der Stadt" [32]. Sie würde auch nicht passen zu der großartigen Ausgestaltung der toskanischen Städte mit Kirchen, Loggien, Brunnen, Standbildern, Brücken, Stadtmauern, die unter lebhafter und kritischer Teilnahme des gesamten Volkes erfolgte. Die Verdammung der Stadt durch die Villegiatura [33], welche die Antwort sein soll „auf den Ort des Unglücks der Privilegierten und nicht des Unglücks der Massen" [34] ist für die Zeit, als die Villa neu geboren und Wirklichkeit wurde, ein Unsinn. Wer sich gleichzeitig die repräsentativen Palazzi im Innern der Städte baute, wird kaum die „Realität der Stadt verweigert haben". Und derselbe soziale Stand schuf gleichzeitig die Institution Villa. Die Verdammung der Stadt entsprach nach allen Zeugnissen nicht den Vorstellungen der Menschen der ausgehenden Gotik und der frühen Renaissance. Solche Umwertungen der Villa, wie sie die beiden Autoren vornehmen, war den Menschen dieser Zeit und dieses Landes nicht gemäß.

Außerdem war der Landaufenthalt auch nicht das „Privileg der Reichen" [35]; die „Villegiatura ohne Villa" ist, wie im ersten und zweiten Teil beschrieben, so alt wie die Villa, wie der Contado, so alt wie der Landbesitz der Bürger der freien Comunen. „Das klassenspezifische Glück der Villegiatura" [36] ist wirklichkeitsfremde Konstruktion. Zuletzt 50 000 freie Poderi, unmittelbar in Händen toskanischer Bürger, und erheblicher weiterer Grundbesitz an einzelnen Parzellen in Pacht an Bauern ist von Anfang an selbstverständlicher sozialer Besitzstand für den größeren Teil der Stadtbevölkerung. Wollen die beiden Autoren auch diesen Bürgern, Handwerkern, Krämern die „negative Utopie", die „Verweigerung der Realität der Stadt" zuschreiben? Die oben beschriebene Entdeckung der Landschaft durch den Städter, der mit der aktiven Betätigung auf dem Lande sein Weltbild, seinen Erfahrungsschatz ganz erheblich erweiterte und zu einem neuen Bewußtsein in Villa und Villegiatura kam, als Verweigerung der Realität der Stadt zu sehen, als Stadtflucht zu deuten, das ist ein grobes Mißverständnis.

Die Bedeutung dieses durch Natur und Agrarwirtschaft so bedeutend erweiterten Weltbildes der Städter, wie es außer den Bürgern der Städte Mittel- und Norditaliens damals vielleicht nur noch die Flanderns besaßen, ist in der Studie nicht er-

---

31   B.M. S. 72
32   B.M. S. 114
33   B.M. S. 116, Einen „Affront gegenüber der urbanen Emanzipation" hat die Villa nie bedeutet. Im Gegenteil, die Villa war das wichtigste Werkzeug dieser Emanzipation.
34   B.M. S 72
35   B.M. S. 72
36   B.M. S. 71

kannt worden. Die Autoren hätten das schon bei einer etwas weniger voreingenommenen Lektüre des von ihnen so oft zitierten Rudolf Borchardt erkennen können.

Die Entdeckung der Landschaft wurde von ihnen mißverstanden als Traum vom Lande und vermengt mit der Gesinnung intellektueller Spätlinge der Villenkultur. Diese Entdeckung der Landschaft war jedoch nur ein unerwartetes Ergebnis der Erwerbung des Landes durch die Stadt. Sie war nicht das erste treibende Motiv, so wie die Studie unter Mißverstehen dieses geistigen Ereignisses bei Unterbewertung des wirtschaftlichen Sinnes der Villa annimmt. Es wurde genügend gezeigt und belegt, wie die Wirtschaft die treibende Kraft war.

Dieses neue Leben und Erleben das sich dem Städter erschloß, war zunächst nur eines der unerwarteten „accessoires" der Geschichte, aber nicht das auslösende Motiv. Diese Beiläufigkeiten entwickelten sich dann im Laufe der Jahrhunderte zu jener Krone von tätigem Grundbesitz und hoher Lebenskultur. Nicht ein Traum vom Lande sondern Erweiterung des Erfahrungsbereiches, des Horizontes vollzog sich in der Psyche der Bewohner der freien Comunen mit dem nun aufgenommenen Leben nicht nur in den Villen, sondern auch auf den übrigen der Villegiatura dienenden Landgütern des mittleren und kleinen Bürgertums, des „popolo minuto".

Weniger Herrschaft als Emanzipation, Humanität und Fortschritt. Mißt man die Villa mit den Maßstäben ihrer Entstehungszeit, so ist die Villa das genaue Gegenteil dessen, was die beiden Autoren der Villa als Herrschaftsarchitektur zuweisen: ein wichtiger Faktor in der Sozialordnung einer beginnenden Befreiung von der Herrschaft einer Minderheit über eine große Mehrheit, eben der Lösung und Emanzipierung des Bürgertums aus der feudalen mittelalterlichen Ordnung.

Unter der Führung der Villa steht der Anfang einer modernen Landwirtschaft mit Orientierung auf den Markt und ihre Einfügung in eine wiederauflebende Geldwirtschaft, welche die Städte nunmehr wieder in eine Weltwirtschaft einfügte. Die Villa schuf einen neuen agrarischen Stand, den Mezzadro, der frei und Bürger war. Die Villa leitete eine erste Erziehung des Bauern zu intensiver Agrarwirtschaft ein. Zu Beginn ihrer Zeit schon war die Villa ihrem Wesen nach nicht stadtflüchtig, sondern auf die Stadt hin orientiert. Sie war Fortschritt im Dienste der Stadt und blieb so bis zum heutigen Tag.

Diese Praxis in der Einstellung zum Lande führte dazu, daß sich die von der Villa inspirierte Landwirtschaft Mittel- und Norditaliens kraft der Überlegenheit des städtischen Intellekts an die Spitze des europäischen Agrarwesens setzte und diese Stellung bis weit ins 19. Jahrhundert hinein hielt. Wie sehr dieses von der Villa repräsentierte Agrarsystem, entstanden mit den ersten Landerwerbungen städtischer Bürger, schon im 10. und 11. Jahrhundert [38], ganz im Gegensatz zur Ansicht von Bentmann und Müller eine Befreiung zu besserem Leben für die Gesamtheit war, sollte die Feuerprobe zeigen, der diese Wirtschaftsordnung in der ersten Hälfte des 14. Jahrhunderts unterworfen war. Von 1313 bis 1317 folgte eine Mißernte der andern, „überzog eine allgemeine Hungersnot ganz Europa" [39]. Sie setzte sich

37   B.M. S. 114

38   „Im Jahre 1019 kauft ein Einwohner Mailands ein Land für 400 Pfund, das er mit Silber bezahlt und dann einen Weinberg". (J. Lestocquoy „Les Villes de Flandre et d'Italie sous le gouvernement des Patriciens", Paris 1952, S. 14). Dies sei ein Beispiel über die frühe und die weite Verbreitung des städtischen Landerwerbs auf dem Lande.

39   Ruggiero Romano, Alberto Tenenti „Die Grundlegung der modernen Welt", Frankfurt 1967, S. 10

„in zyklischen Wechselbeziehungen mit Epidemien" fast durch das ganze Jahrhundert fort. Verfall der Landwirtschaft, Bevölkerungsrückgang und Wüstfallen vieler
Siedlungen waren die heute noch, auch in Deutschland, feststellbaren Folgen. Italien ist der Krise des 14. Jahrhunderts, wie ein Forscherteam feststellte, „wie durch
ein Wunder entgangen" [40]. Es wurde dann allerdings diese Aussage auf Mittel
und Oberitalien eingeschränkt — also auf den Raum des Villa-Fattoria Systems —
und diesem Raum „eine außergewöhnliche Widerstandskraft" zugebilligt [41]. So
steht dieser Raum an der Spitze der Länder Europas, was die Überwindung der
Krisenzeit angeht. Trotz der Pest, die selbstverständlich auch hier ihre Opfer forderte, blieb die toskanische Siedlungs- und Agrarlandschaft wie auch die der anderen
Villenregionen mit ihren Städten intakt, anders als die Länder des übrigen Europa.
Zweifellos hat die fortschrittliche Herrschaftsform der Villa viel Unglück von den
Menschen ihres Bereiches abgewehrt. Die Villa war eben „sozialökonomisch" weit
mehr als bloß „scheinlegitimiert" [42]. Ihr Wirken war produktive Herrschaft im
besten Sinne und darum legitim.

Aus dieser Verkennung des humanen Wesenszuges dieser Macht der echten Villa
ist der Begriff Herrschaft in einseitiger Weise ausgelegt nach bestimmten Prämissen
von Herrschaft und Beherrschten und dazu überaus willkürlich bei unerträglichem
Wirklichkeitsverlust durch die beiden Autoren definiert. Gewiß, „die Villa setzt geschichtlich wie absolut genommen in ihrer Sache und ihrer Empfindung den Herrn
und immer wieder den Herrn voraus" [43]. Doch die „quasi societas iure" bedeutet
die Humanisierung dieser Herrschaft und hebt sie über die der gleichzeitigen Feudalen in diesem Lande und in Europa hinaus. Dieser Herr ist außerdem ein ganz
anderer als die morbide Gestalt, welche uns die Studie glaubhaft machen will: der
rückwärts gewandte genießende Aesthet, der stadtnegierende, arkadische Wunsch-
träume für eine kleine Schicht von intellektuellen, intelligenten Privilegierten hegt,
Gedanken, die in die Vergangenheit gerichtet sind, statt am Fortschreiten aller in
eine bessere Zukunft orientiert zu sein. Gewiß ist, wenn man will, Villa Herrschaftsarchitektur, aber Herrschaft ist sicher nicht ihr wichtigstes Kriterium. Das dürfte
die vorangegangenen Feststellungen über ihre Rolle im Fortschritt der Landwirtschaft, ihre Bewahrung von Stadt und Land vor dem Schlimmsten, der Hungersnot,
ihre Rolle in der Emanzipierung des Bürgertums und der Befreiung der Bauern gezeigt haben. Sicher befanden sich auch die Padrone, die Villenherren, die Träger
dieser von den beiden Autoren diskriminierten Herrschaft, die in Wahrheit eine sozusagen konstitutionelle war, in der Regel nicht in dieser durch Definition ihnen zugeschriebenen dekadenten Seelenlage.

Da beschreiben die beiden Autoren die gespaltene Haltung des venezianischen
Landherren mit „Ausbeutung", „listige Tarnung der Expropriation" und mit der dazu
angenommenen Haltung der Rolle des „Menschenfreundes im Humanistengewande"
oder des „menschenfreundlichen Anwaltes des Bauern- und Knechtstandes". Eine
aus der Literatur belegte Beschreibung, die sicher gelegentlich richtig ist, aber zur
Verfälschung des Bildes der Villenherren führt, wenn man sie auf alle Padrone ver-
allgemeinert und etwa auch aus Albertis Buch die „aufgesetzte Attitude des Philan-

40   M. Mollat, P. Johansen, M. Postan, A. Sapori, Ch. Verlinden, „L'economie europeenne aux
      deux dernieres siècles du moyen âge", Vol. VI, Firenze 1955. Zitiert nach 39
41   Ruggiero Romano, Alberto Tenenti, 1967, S. 23
42   B.M. S. 95
43   R. Borchardt, S. 58

tropen" [44] herausliest. Doch die Schriften Albertis geben keinen Anlaß, ihm jenes schizoide Denken der venezianischen Grundherren zuzuschreiben, die ja doch von allem Anfang mit sentimentalischen Gefühlen und Antrieben, als im Grunde landfremd – sie waren sich dessen wohl bewußt – in ihre Villen zogen. Alberti tarnt sich keineswegs „mit klassenkämpferischer List", sondern er fragt sich und seine Leser, „wie soll man mit solchem rohen und albernen Volk umgehen und sich bei ihm Geltung verschaffen". Er war florentinisch naiv nüchtern, direkt und unkompliziert. Auch hier haben die beiden Autoren den Unterschied in der ethischen und geistigen Atmosphäre von Villa rustica und Villa suburbana übersehen. Die erste bedurfte nicht der Legitimation durch einen ideologischen Überbau im Gegensatz . zur anderen, deren Erbauer die beiden Autoren mit Recht einer „Oberschicht" zurechnen, „die offenbar bereits zu reflektiert ist" und „einen kulturideologischen Überbau" brauchte [45].

War auch die Emanzipationsbewegung zunächst eine des Bürgertums allein, so war doch der Bauer mit ihr menschlich eine Stufe höher gerückt. Sie brachte ihm, wie wir gesehen haben, die volle bürgerliche Rechtsfähigkeit, die auch den Zuzug in die Stadt hinter ihre Mauern einschloß. Deren Ring als besonders starke Abgrenzung gegen das Umland anzusehen, wäre ein Irrtum, er bedeutet keine gesellschaftliche Abgrenzung gegen das Umland wie in feudal verbliebenen Regionen. Nur hier auf der verbürgerlichten Erde vor den Mauern hatte „der Bauer (sowohl der Kolone als auch der Eigentümer) Menschenwürde und persönliche Freiheit und Freizügigkeit, so hart auch bisweilen sein Los sein mochte" [46]. Ja, eine gewisse wirtschaftliche Befreiung hatte er schon früh durch jenes beschriebene Gesellschaftsverhältnis zum Padrone erworben (Teil I S. 55f). Für die Achtung und Schätzung der Menschenwürde des Bauern, den der Städter mit seiner Villegiatura jetzt erst kennen gelernt hatte, für die gerechtere Einschätzung seines Wesens, dem der Städter, der sich selbst erst befreit hatte, näher war als der Feudale, zeugen nach Jakob Burckhardt die Dichtungen des Lorenzo Magnifico, der selbst als planender Villenherr auf Poggio a Caiano Umgang mit den Bauern seiner Poderi hatte. Sie sind schwärmerischer Bukolik ebenso fern wie die Dichtungen des Poliziano, Mitglied der platonischen Akademie der Medici, die neulateinisch und italienisch zeigen, daß man das Bauernleben positiv erlebte und schilderte [47]. Auch hierin war die Villa Fortschritt. Die Herrschaft des Bürgers war sicher eine mildere als die des Ritters. Nicht nur Herrschaft zeichnete das Bild des Verhältnisses der beiden Stände zueinander; es sei nur auf die vielen bedeutenden Persönlichkeiten aus Kunst und Literatur hingewiesen, die aus den Contadi der Städte kamen und die nur durch dieses neue Verhältnis der beiden Stände zueinander zu dem werden konnten, ·was sie wurden. In diesem Raum hat es Bauernkriege, Bauernrevolten nie gegeben.

In dieser Systemüberwindung – und das verkennt die Studie über „Villa als Herrschaftsarchitektur" – hat die Villa eine wichtige Position. Sie verdrängte auf dem Lande die der Welt der Personalverbände, des Rittertums zugehörende Burg, steht dafür aber im engen territorialen Zusammenhang und vielfältiger Wechselbeziehung mit dem unfeudalen Palazzo in der Stadt. Mit der Überwindung der ursprünglich

44   B.M. S. 28
45   B.M. S. 22
46   Jakob Burckhardt, „Kultur der Renaissance", Stuttgart 1958, (Kröner) (1860 1. Aufl.)
     S. 326f
47   Jakob Burckhardt, S. 328

pastoralen Feudalverbände durch die territorial organisierte Agrarordnung der Stadt wurde mit Hilfe der Villa der alte Kampf zwischen Hirten und Ackerbauern und deren fortlebenden Prägungen auf hochkultureller Ebene ausgetragen.

Die Villa war gerade in den bedeutendsten Regionen, die das originäre Wesen Italiens und seiner Kultur, seine Geltung in der Welt, prägten, unentbehrliches Element einer erneuerten Lebensform, mediterran auf territorialer Grundlage, statt der des bisherigen Personalverbandes.

Die freie Stadt, die wieder aufgelebte weiträumige Civitas, die sich selbst „lo stato" nannte, war in der Tat der Anfang des modernen Staates, auch des Flächenstaates. Er ließ den zukunftslosen Personalverband des mittelalterlichen Reiches, das nicht durch sein Territorium fixiert war, sondern durch die Reichweite der personalen Hierarchie seines Lehnswesens, weit hinter sich. Ohne Villa ist diese erste nichtfeudale Gesellschaftsordnung, die nunmehr auch politisch ganze Regionen flächenhaft überzieht, nicht denkbar. Die Villa bedeutete die Fundierung der bürgerlichen Gesellschaft auf dem Lande. Zu ihr gehört nach alturbanen Leitbildern auch die freie Bewohnerschaft des Umlandes. Und frei, das heißt, ledig aller personalen nicht frei vereinbarter Bindungen, aller öffentlich rechtlichen Sonderbelastungen und Pflichten war der Contadino seit der Systemüberwindung des hohen Mittelalters. Fortgeschrittenere Gesellschaftsordnungen gab es in Europa bis ins 19. Jahrhundert nicht. In der ihrigen war die Villa ein tragender Pfeiler. Das verkennt die so sehr nur beschränkt orientierende Studie, deren Aussage sich monoton in Herrschaftsarchitektur erschöpft. Sie stellt nicht die von der unseren so sehr verschiedene Grundsituation des aus ganz anderer Vergangenheit kommenden italienischen Menschen in Rechnung.

Die unbeachteten ethnischen Voraussetzungen der Institution Villa des Stadt-Land Gegensatzes, besser des Stadt-Land Verhältnisses sind hüben und drüben nicht dieselben, lassen sich nicht mit denselben Maßen messen. Bentmann und Müller meinen, „Rudolf Borchardt hat in seinem bedeutenden Versuch ‚Villa' am Beispiel der Toskana den Gegensatz von Stadt und Land dargestellt, der sich in der lateinischen Existenzform der Villa gesellschaftlich verwirklicht" [48]. So heißt es schon auf der ersten Seite in der Exposition ihrer Darlegungen. Sie übersehen dabei aber den Ausdruck „lateinische Existenzform" und seinen ethnischen Inhalt. Wir, nordwärts der Alpen, haben diese Existenzform, dieses unbewußte Modell nicht. Sie übersehen, daß sich der Gegensatz von Stadt und Land im Bewußtsein des italienischen Städters anders darstellen muß, als in dem des Bürgers nördlich der Alpen. Sie übersehen, daß der „Instinkt, der das Weltbild und das Leben des Jahres so energisch zweiteilt, zwar einer Übersetzung ins Gefühlsmäßige fähig ist, aber aus dem empfindsamen und falsch empfindsamen Gründen, die wir mit romantischen Namen verkleiden, entstand er allerdings nie, ..." [49]. Und gerade diese uns so nahe liegenden Gründe gehören in die Argumentation von Bentmann und Müller und sollen zum Villenleben geführt haben. „Villa ist Rückzugsgebiet einer privilegierten Klasse", „Villa, die Voraussetzung für das Glück weniger". „Villa als Stimulans seelischer Sensationen" [50]. Das hat sich Rudolf Borchardt bestimmt nicht gedacht, als er die altlateinische Existenzform in seine Betrachtung der Villa einbezog. Und gerade solche empfindsamen Gründe gehören in die Beweisführung der Studie und sollen zum Villensystem wesentlich gehören. Dieses Land Italien, durchaus unromantischen Geistes, sollte die faszinierende Blüte seiner Landschaft „die Villa" romantischen Gefühlen verdanken?

48   B.M. S. 9. Übrigens spricht Rudolf Borchardt von „altlateinischer" Lebensform.
49   R. Borchardt, S. 53
50   B.M. S. 82

Die Urbanität allen italienischen Lebens macht jene Stadtfluchtgedanken, die Bentmann und Müller beim Verhalten der Villenbesitzer postulieren, als Regel völlig unwahrscheinlich. Die „Verweigerung der Realität der Stadt" ist keinesfalls bei den Italienern aller Zeiten allgemein vorauszusetzen. Sie mag bei einer kleinen aber potenten Schicht Venedigs eine Rolle gespielt haben. Wie sehr auch dieser kleine privilegierte Kreis von intellektuellen Einzelgängern noch der Urbanität ihrer Einstellung zum Leben unterliegt, dafür bringen die beiden Autoren eine große Zahl überzeugender Beispiele. Sie schleppen ihre städtischen, ihre mittelmeerisch-urbanen Prägungen noch in ihrem Traum vom Lande mit sich. Die ansonsten „verweigerte Realität der Stadt" erlebt in der Villa suburbana ihre Auferstehung. Da wird beschrieben und belegt, wie die Vorstellung, die Villa sei ein Abbild der Stadt, die Villentheorie erfüllt, wie der Saal die Rolle der Piazza imitiert; man weiß doch wie sehr das geräuschvolle Leben der Stadt am Mittelmeer sich auf der Piazza, der Agora der Alten, dem Forum der Römer zum Höhepunkt des abendlichen Korso steigert. In der Studie können wir lesen „alle Impulse in den Villen gingen von städtischen Künstlern aus" [50a]. Selbst die „casa colonica", das Bauernhaus des Mezzadro (Zeichn. 15), auch das mit dem quadratischen Taubenturm, wurde von städtischen Baumeistern entwickelt.

_ Il POGGIARSO _

Zeichn. 15   Poggiarso, Casa colonica

Der Stadt-Land Gegensatz, den uns die beiden Autoren in der Exposition ihrer Arbeit als ein Leitmotiv des Villenwesens anbieten, ist ja auch nach ihrer eigenen Darstellung nicht der wirkliche Gegensatz von Stadt und Land. Es ist der Gegensatz zwischen Stadt und dem illusionären Gebilde einer ideologisch geformten Stadt, als welche die Villa zu fungieren hat. „Die ländliche Feudalfamilie, die die umliegenden ländlichen Gemeinden und Pachthöfe beherrscht, ist ein Spiegelbild des städtischen Regimentes über Länder und Provinzen. Die „Casa di Villa" reproduziert die architektonischen Herrschaftsstrukturen der Stadt" [51]. Das Haus, die Villa ist die utopische Idealstadt, befreit von den Nachteilen der realen und ihrer „vita

50a   B.M. S. 114
51   B.M. S. 35

senza ordine e senza ragione" [52]. So wie die „sala" in ihr die Piazza ist, ist auch
nach vielen italienischen Autoren der Garten die Fortsetzung des als Stadt verstan-
denen Hauses (s. auch v. S. 21). Der angeblich Stadtflüchtige erkennt aber nur die
vom Gärtner und Landmann „künstlich berichtigte" Natur an. Die beiden Autoren
sagen sehr richtig: „Dem romanischen Menschen ist Natur nur erfahrbar in bezug
auf den Menschen, als von Menschen und für den Menschen geformter, von Menschen bevölkerter und sozial gestalteter Lebensbereich. Für die „kunstlose" Natur
hat er kein Organ" [53]. Das ist in Klarheit das Naturverständnis des urbanen Menschen. Für uns im Norden ist gerade die „kunstlose Natur", die wilde, in die wir
dann auch Äcker und Wiesen, Weiden und Forsten und die immer stadtunabhän-
gigen Dörfer und Höfe einbeziehen, das Ziel der Stadtflucht unserer Stadtbewohner.

Stadtflucht muß also hüben und drüben etwas völlig anderes bedeuten. Wir suchen
draußen sicher nicht eine bessere Stadt. Der von Bentmann und Müller beschriebene
Stadt-Land-Gegensatz ist in der Welt ihrer von ihnen beschriebenen Villen ein Verhältnis durchaus innerhalb der städtischen Lebenssphäre und bestätigt die Macht der
mediterranen Urbanität und das Besondere der „altlateinischen" Existenzform der
Villa. „Es ist und bleibt südliche Religion, sich die bezwungene und nützende Natur
zu heiligen, wie es nordische ist, sich an die selbstherrlich wilde, spurenlose, selbst-
genügende aufzugeben" [54]. Das sind die Grundhaltungen, die lateinische und die
unsrige, aus denen sich die verschiedenen Sinngebungen für Stadtflucht und Villa
ergeben. Unsere Vorstadtvilla meint wirklich die Natur und so enthält ihr Garten
auch immer Elemente des englischen Gartens oder Parks. Diese Villa, besser Pseudo
villa, zirkelte keine kunstvollen Stadtpläne in die Natur des Gartens, sondern suchte die Illusion der wirklichen in den Garten hineingenommenen unbezwungenen

Zeichn. 16   Villa Terraio

und unkorrigierten Natur. Welchen Stilbruch diese nordische Gartenidee folgerichtig in der italienischen Villa bedeutete und wie er heute vielfach rückgängig gemacht
wird, ist schon berichtet worden (v. S. 90). Es ist unverständlich wie die Villenstudie, die in so treffender Weise das italienische Lebensgefühl als ein städtisches auch
auf dem Lande erkannt hat, bereit ist, die inneren und äußeren Erscheinungen
dieser beiden Lebensformen zur Deckung zu bringen und für übertragbar zu halten.
Villa und Stadtflucht haben hier jeweils sehr voneinander abweichende Bedeutun-

52   B.M. S. 24
53   B.M. S. 78
54   R. Borchardt, S. 55

gen. Die Sehnsucht des italienischen Städters zielt auf das Leben in einer besseren Stadt, die Romantik des mitteleuropäischen auf das bessere Leben in der Natur, möglichst in wirklicher jenseits allen Menschenwerkes. Daß das letzte auch eine Illusion ist, ist das einzige was beide Träger verschiedener archaischer Urprinzipien verbindet.

Die Gesinnung und der Instinkt der altlateinischen Existenzform sind zudem, weil ethnisch bestimmt, nicht auf die Signorilen beschränkt. Sie waren von allem Anfang auch dem mittleren und kleinen Bürger eigen, der Landbesitz, einen Podere oder eine Parzelle hatte oder zu erwerben strebte, weil Landbesitz bis heute zu den vorrangigen Dingen gehört, die den Wert des italienischen Daseins erhöhen.

Ein solches Verhältnis zum Lande kann es in Deutschland nicht geben. Die beiden Autoren haben es versäumt, „rittlings über der Grenze stehend ein Diesseits und ein Jenseits, ein Nordisches und ein Südliches gegeneinander zu vergleichen, die nur darum, weil sie geschieden sind und Grenze haben, nicht trotz dieser Verschiedenheit, jedes von eigenen Rechts wegen souverän bestehen" [55]. Der dem „Lateiner eingeborene Gegensatz von Stadt und Land" ist der von der Stadt und der von ihr bezwungenen und ihr nützenden Natur, die Leistung von einhundert Generationen, welche die Pflugschar durch dieses Land führten.

Der Gegensatz von Stadt und Land ist im Norden und im Süden nicht von gleicher Art. Unsere Denkformen können nicht ohne weiteres auf den mediterranen Städter übertragen werden. Die mediterrane Stadt schließt von allem Anfang an den Ackerbau ein, die Beschränkung auf die sogenannten städtischen Gewerbe, auf städtische Funktionen gibt es in Italien nicht. Von allem Anfang an war die mediterrane Stadt, in deren Tradition Italien steht, eine Ackerbaustadt. „Die städtischen Funktionen" kamen erst später hinzu, und auch das nicht immer. Intensiver Ackerbau ist eine städtische Erfindung. Schon Catal Hüyük zeigt, wie sehr intensiver Ackerbau mit bescheidener Stallviehhaltung den Zusammenschluß, die Einhegung, später die Mauer zum Schutz der Vorräte, des Saatgutes gegen räuberische Sammler, gegen Nomaden verlangte. Damals bildeten sich Prägungen, die ihren Ursprung um Jahrtausende überlebten. Es entstand das „unbewußte Modell" des mediterranen urbanen Lebens, das sich in Kulturdriften des 6.–2. Jahrtausends über den Mittelmeerraum verbreitete. [55a] So waren die griechischen Poleis von Beginn an Städte, die mit einem großen zur Stadt gehörenden Umland ausgestattet waren. Die kolonisatorischen Stadtgründungen des archaischen Griechenland rund um das Mittelmeer wurden unter der einzigen Voraussetzung angelegt, daß eine ausreichende Ackernahrung u. a. mit den unentbehrlichen Ölbäumen für die neue Pflanzstadt gegeben war.

Die erste große Stadtkultur in Italien, die der Etrusker seit Beginn des ersten Jahrtausends, nahm in Etrurien, der heutigen Toskana und Latium nördlich des Tiber ihren Anfang. Sie brachte mit ihren zahlreichen Städten eine Blüte der Landwirtschaft, wie sie später erst in unseren beiden letzten Jahrhunderten wieder erreicht wurde. Die großartigen wasserbautechnischen Anlagen der etruskischen Städte zur Be- und Entwässerung des Landes durch Drainagen, Kanäle und zahlreiche kleine Stauseen, die in der Gegenwart erst wieder als „laghetti rurale" aufleben, blieben lange unerreicht. Es waren Meisterwerke der Agrartechnik, die von städtischen Gemeinschaften geschaffen wurden. So überzogen schon in etruskischer Zeit seit 800 v. C. die Städte mit weiten Arealen (Tarquinia's Gemeindefläche bedeckte 400 qkm) das Land. Mit ihren Fluren grenzte Stadt an Stadt.

55   R. Borchardt, S. 55
55a   F. Dörrenhaus, 1971, S. 19 mit der Literatur (Schachermeyr, Mellaart)

Diese urbane Verfassung des Landes übernahmen die Römer und hinterließen am
Ende ihrer Herrschaft ein Italien, das völlig von den Civitates eingenommen war,
430 an der Zahl [56]. Landgemeindeähnliche Einheiten gab es — abgesehen von
kaiserlichen Domänen — nicht. Wir sahen, wie seit Beginn unseres Jahrtausends
diese alte Ackerbau treibende Stadt mediterraner Herkunft mit den Stadtstaaten
wieder auflebte, gefordert von wirtschaftlichen Tätigkeiten der Bürger. Es müßte
somit einzusehen sein, daß das Bild von Stadt und Land im Geist des mediterranen
Stadtbewohners ein anderes sein mußte, als das des Bürgers unserer Städte. Unsere
Städte mußten sich ein solches erst formen. Sie mußten sich mühsam aus dem Feudalland herauswinden und sich gegen dieses abgrenzen, wo die freien Comunen
gegenüber einer viel schwächeren — weil fern von ihren Machtquellen — „féodalité
anarchique" nur zuzugreifen brauchten. Das Agrarland blieb bei uns zum allergröß-
ten Teil in Händen der feudalen Hierarchie; die Gemeinwesen selbst mußten die
Stufenleiter von Dorf, zu Markt, zur Stadt ersteigen, nur 80 von ihnen im ganzen
Reich erklommen sie bis zur freien Reichsstadt, während in Mittel- und Oberitalien
zeitweise mehr als schätzungsweise 200 Stadtstaaten den größten Teil des Areals
ihrer Regionen einnahmen. Ohne ein verliehenes Stadtrecht durfte die mitteleuro-
päische Stadt nicht die Mauer bauen, die ihr in der Feudalorganisation eine besondere Stellung gab. Ein besonderes Stadtrecht, von oben her verliehen, hat es in Italien nicht gegeben, es gehörte von Anfang an, wie die Mauer, zum Wesen der Stadt,
zu ihrer Identität, wie auch ihr Umland von 50 bis 300 qkm. Das alte Köln, lange
Zeit die größte Stadt nördlich der Alpen, besaß lediglich sein Territorium innerhalb
der Mauern von 4 qkm. Einem Stadtvolk, dem das weite Umland mediterraner Poleis, Civitates, freier Stadtstaaten zur Verfügung stand, ja das fast das ganze Umland
auch noch — o grande, o popolano — in seinem Privatbesitz hatte und mit ihm um-
zugehen gelernt hatte, stellt sich der Gegensatz von Stadt und Land ganz anders,
unromantisch, dar als uns Nordländern, die wir in unseren Städten nie eine engere
praktische direkte Beziehung zum „platten" Land und seinem Volke hatten. Man
sollte deshalb vorsichtiger sein beim Unterlegen von Motivationen wie Stadtflucht
zur Erklärung der echten Villa und auch nicht unsere Vorstadtvilla mit demselben
Maß von Stadt-Land-Gegensatz messen, wie die nüchtern kalkulierte toskanische Villa.

Die Art des Stadt-Land Gegensatzes stellt sich somit als Teil des Volkscharak-
ters da. Er ist in Italien ein anderer als diesseits der Alpen. Hier ist der Stadt-Land-
gegensatz gewachsen aus dem Gegenüber von rein gewerblichem, händlerischem
Bürgertum und dem Feudalsystem mit seinen vom geburtständischen Adel abhängigen Bauern; drüben, im comunalen Italien, ist der Städter seit 1000 Jahren mit
dem Lande vertraut, gehört es ihm, stehen Stadt und Land unter demselben bürgerlichen Recht, steht der Landmann in Abhängigkeit nicht von Rittern und Grafen
sondern in Gesellschaft mit Bürgern, seien es nun Angehörige des Popolo grasso
oder minuto. „Das Land ist verdünnte Stadt (città rarefatta)". Das Halbpächterver-
hältnis hat sich als Gesellschafterbeziehung herausgestellt. Ob Padrone und Kolone
immer ein Gegensatz waren oder sind, ist zweifelhaft, jedenfalls ist dieser nie so bedeutsam gewesen wie der Unterschied von Bürgern und untertänigen Bauern in der
mitteleuropäischen Welt. Der Bürger, der im Contado wirtschaftete und vom Bauern
und der Erde Kenntnis nehmen mußte, hatte schon deshalb ein nüchternes, vertrau-
tes Verhältnis zu beiden, kaum ein gegensätzliches. Dagegen wird sich der cisalpine
Bürger, in der Enge seiner Stadt wirtschaftend, des Ungenügens eines reinen Stadt-

56   Fedor Schneider „Die Reichsverwaltung in Toskana", Rom 1914, S. 53f

lebens bewußt und hängt hinter grauer Städte Mauern romantischen Sehnsüchten nach. Das sind Gefühle, die man nicht ohne weiteres vom Norden auf den Süden übertragen darf, so wie es die beiden Autoren mit geistigen Außenseitern der für Italien dazu noch untypischen Stadt Venedig taten, als sie deren Äußerungen mit dem Ohr des Nordländers vernahmen, zugleich aber deren sehr aufschlußreiche urbane Grundtöne – z. B. die „sala" ist die „piazza" der Villa, überhörten. Der Grundfehler der Abhandlung ist die Außerachtlassung des ethnischen Unterschiedes, der im Sinngehalt gleicher oder ähnlicher Verhaltensweisen liegen kann, im Inhalt der Begriffe und Worte. Man muß ihn beachten, sobald man eine Erscheinung über die Grenzen solcher ethnischen Einheiten verfolgt.

Nach marxistischen Vorstellungen ist das einzige historisch und gegenwärtig Wirksame der Klassenkampf zwischen Herrschenden und Beherrschten. Was kann dann schon Villa anderes sein als Herrschaftsarchitektur?! Hier gäbe es zwischen den Herrschenden aller Völker keine grundsätzlichen Verhaltensunterschiede; für die Beherrschten aller Länder gelte das gleiche. Zwischen dem Padrone und dem Mezzadro oder dem Handwerker dürfte es keine Gemeinsamkeit des Verhaltens geben. Aber wir fanden alle in gleicher Stärke verbunden und abgegrenzt gegen andere Völker durch die gemeinsame urbane Grundstimmung und den Signore mit seiner Villa wie den kleinen Handwerker mit Parzellenbesitz nach denselben verborgenen, „unbewußten Modellen" leben. Den „contadino" erfüllt noch immer das Wunschbild des von der Stadt aus gelebten Lebens. Er möchte „cittadino" sein. Lebensvorstellungen dieser Art haben wir nicht. „Im Unterschied von Italien stehen sich Stadt und Land als im Lebensprinzip getrennte Gebiete gegenüber" [57].

Wer den Volkscharakter zu erkennen sich bemüht oder den einer anderen ethnischen Gruppe, seien es nun größere, mehrere Völker umfassende Einheiten wie Indoeuropäer oder Mediterrane, seien es kleinere Ethnoi wie Stämme oder Bewohner bestimmter Städte, der meint in jedem Fall kulturelle, seelische Einheiten, also keine Rassentheorie. Volkscharakter bedeutet Geist und Psyche. Für das Klischee von Herrschenden und Beherrschten ist selbstverständlich der Unterschied der Verhaltensmuster in der gleichen Klasse äußerst störend und wird übersehen. So ist die Villa etwas, was es entsprechend in Deutschland nicht gibt, nicht geben kann, weil es hier den urbanen Großagrarier kraft unserer Geschichte nicht gegeben hat und nicht geben konnte.

Der Volkscharakter oder der irgendeiner anderen ethnischen Gruppe ist ein Idealtyp im Sinne Max Webers, der bei keinem einzelnen stimmt und doch auf alle zusammen in der großen Zahl paßt. Warum fahren wir denn so gern ins Ausland? Wohl doch weil die Begegnung mit andern Völkern und ihrer anderen Art, die Wirklichkeit zu nehmen, uns fesselt und in unserer Menschlichkeit bereichert.

Die Beeinflussung des Denkens durch die Sprache ist ein modernes Thema. Es ist ein Thema der Soziologen, welche es an den verschiedenen gesellschaftlichen Schichten erproben. Um wieviel mehr müssen allein schon verschiedene Sprachen die Völker zu Variationen des Denkens, Fühlens, Handelns und anderer Charakterisierung führen, zumal die Völker mit ihrer Sprache und deren Geschichte durch die Historie geführt wurden und sich mit ihr gewandelt haben. In der Geschichte vollzogen sich Prägungen, die bis in die Vorgeschichte zurückreichen können, Prägungen aus allen Zeiten können hier vergehen, dort sich erhalten. Gemeinsame Siege, gemeinsame Niederlagen, gemeinsames Leid, letztes vielleicht mehr als alles andere,

57 Alfred Weber, „Kulturgeschichte als Kultursoziologie", Leiden 1935, S. 281

differenzieren Gruppen zu ethnischen Einheiten, zu denen auch die Völker gehören, Bevölkerungen mit dem jeweils für sie spezifischem Charakter.

Dieser ethnische Charakter ist nichts Starres, nichts Unveränderliches, er steht unter dem Gesetz des Lebens, entwickelt und verändert sich, er ist „geprägte Form, die lebend sich entwickelt". Eine solche ist die Urbanität des italienischen Lebens und ihre faszinierende Vollendung ist die Villa. Nicht erkannt zu haben, daß sie nur ein Gebilde des Mittelmeeres sein kann und auch dort nur unter seltenen Voraussetzungen möglich, da sie eine Eigentümlichkeit des italienischen Volkes ist, unübertragbar auf andere, nordisch geprägte Lebensprinzipien, ist der grundlegende Fehler, von dem sich im Grunde alle Mißverständnisse der Arbeit über „die Villa als Herrschaftsarchitektur" ableiten lassen.

Dieses undifferenziert aus dem Klischee „Herrschende und Beherrschte" ideologisch bestimmte Denken prägte auch den Titel des Taschenbuches „Herrschaftsarchitektur". Herrschaft, jegliche Form von Machtausübung wird gebraucht zusammen mit dem Wort feudal, das ebenso undefiniert und undifferenziert in den Zeilen steht. Da ist der Großindustrielle ebenso feudal wie der Bourgeois (einmal wird sogar der Ausdruck „feudal-bürgerlich" verwandt), der Lehnsherr ebenso wie der latifundienbesitzende Rentenkapitalist und Baron, der Kirchenfürst wie der Villenbesitzer. Wir sind aber nicht berechtigt, unsere Vorstellung von Herrschaft, die von echter Feudalität ausgeübt wird und die wir nördlich der Alpen besitzen, auf das Verhältnis von Padrone und Mezzadro zu übertragen. Unsere mitteleuropäischen Vorstellungen von Agrarherrschaft sind im Raum der ehemaligen comunalen Bewegung, welche das Villenwesen schuf, ganz und gar nicht passend, weil die Systemüberwindung des hohen Mittelalters hier eine neue und andersartige Gesellschaftsordnung geschaffen hat. Hier in der „associazione" von Padrone und Mezzadro hat das Wort feudal keinen Sinn mehr und das Wort Herrschaft einen andern Inhalt. Ist es schon fraglich, wieweit der Begriff Herrschaft für diese Beziehung gelten kann, so ist in jedem Fall diese Herrschaft eine andere, als die des vorangegangenen Lehnswesens, die eine Herrschaft über die Person einschloß. Auch ist die Villa nicht dazu da, positiv eine politische Herrschaft auszuüben, wie es einst Burg und Kastell taten. Wenn von Herrschaft die Rede sein kann, dann ist es nur eine wirtschaftliche über den Boden. Die feudale über den Menschen ist durch die „quasi societas iure" abgelöst.

Daß wenigstens ein Hauch der „vim fraternitas" des Bartolo da Sassoferrato dieses Verhältnis zu einem andern machte als das des Feudalherrn zu seinen Hörigen, dafür sprechen die vielen, nur teilweise zitierten Aussagen über die geringe Bedeutung der Standesunterschiede in Italien noch bis ins 20. Jahrhundert hinein.

Es soll nicht ausgeschlossen werden, daß die Erfahrungen von Bentmann und Müller in den von Venedig selbst gehaltenen Villenbesitzungen, also denen, welche nicht zum Villensystem der festländisch ehemaligen Stadtstaaten gehörten, andere sind. Aber Venedig ist in vielem ein Fremdkörper in Italien. Der Grande Venedigs, in seinem bis Kreta und Zypern reichenden Seereich an anderen Dimensionen der Herrschaftsausübung geschult, als auch der mächtigste der landbesitzenden Signori der Toskana sie kennen konnte, mag bei seinem sehr späten Eintritt in das italienische Villenwesen eine andere Art von Herrschaft angewandt haben. Aber das kann das Bild der zehntausend sonstigen italienischen Villen nicht verändern.

Aus den feudalen Wehrbauten überkommene Bauformen wie Turm, Bollwerk und Zinne sollen Ausdruck der Herrschaft des Grundbesitzers sein (Zeichn. 11), sie sollen in Richtung auf den Pächter oder Mezzadro einen „repressiven" Sinn haben und deshalb gewissermaßen als Imponierhaltung der Villa gegenüber dem unterdrückten

Bauern gedeutet werden. Nun wurde der Turm, der formal gewiß aus der feudalen Wehrsphäre stammt und bei vielen, aber längst nicht allen Villen zu finden ist, den schon erwähnten rein praktischen landwirtschaftlichen wie gewerblichen Zwecken zugewandt. Auch die eleganteste Renaissance-Architektur scheute sich nicht, sich dieser Zweckform auch wirklich zu bedienen. Sie war dekorativ und praktisch zugleich. Daß diese Produktionsstätten von Taubenmist für die Gerberei als Mittel „ideologischer Repression" eine sonderlich herrschaftliche Wirkung auf den Gesellschafter des Padrone gehabt hätten, „weil sie eine Nobilitierung zu Herrschaftszeichen" [58] erfahren hätten, ist kaum glaubhaft. Wenn außerdem noch der Turm aus demselben Grunde auch der „casa colonica" zugeteilt wird, also auch der angeblich so hart Beherrschte ihn in Besitz hat, so ist der Turm wohl endgültig aus einer Betrachtung von Herrschaftsarchitektur der Villa auszuscheiden.

Nachdem auch der markante Bauteil, der Herrschaft hätte verkünden können, sich als seiner Bedeutung entleert erwiesen hat, ist von der Bauart her die Villa nicht zu definieren. Nur aus ihrer Funktion in Wirtschaft, Gesellschaft und Kultur des Stadtstaates ist eine sozialgeschichtliche Analyse möglich, zu der die Kenntnisse der Kunst, welche den Auftrag von der Institution Villa bekam, wenig beitragen kann. So wie der Palazzo im Absentismus von dem in der Stadt des Villensystems nicht architektonisch zu unterscheiden ist, so nicht die echte Villa von der suburbanen und dem Lustschloß. Bauliche Übereinstimmung, dazu noch bewußt imitierte, einige funktionell ähnliche Details erlauben nicht eine gemeinsame Deutung oder die Zusammenschau von Villa mit Kibbuz, Penthouse und moderner Vorstadtvilla. Auf dem Weg von Italien nach Deutschland hat das Wort Villa eine Sinnentleerung erfahren, die eine zusammenfassende „sozialgeschichtliche Analyse" verbietet. Unsere Villa hat mit dem Bau der italienischen Institution so viel zu tun, wie die Badeanstalt, die sich Lido nennt, mit den Nehrungen italienischer Küsten, wie der Tivoli genannte Rummelplatz mit der Stadt in Latium. Wenn auch Definitionen im Humanbereich ihre Grenzräume, ihren Hof mitschwingender Bedeutungen haben, so weit wie hier dürfen Fakten sich nun doch nicht von der Mitte des Bedeutungsraumes eines Begriffes entfernen. Sonst entstehen Sinnbastardierungen, deren sozialanalytische Untersuchung kein Ergebnis von realem Wert mehr besitzen kann.

Die „Villa als Herrschaftsarchitektur"! Ist das alles, was einer von der Kunstgeschichte inspirierte sozialgeschichtliche Analyse erbringt? Entspricht Villa nicht einem mediterranen Archetyp? Ist sie nicht ein Leitbild zu spezifisch italienischen Lebenswerten, die für den großen wie den kleinen Mann, − o grande o popolano −, erreichbar sind? Herrschaftsarchitektur ist ein Klischee, das auf viele andere Objekte der Architekturforschung genau so angewandt werden kann, dem weitläufigen Komplex ‚Villa', selbst Zeichen des Syndroms ‚Mittelmeer', wird das Buch nicht gerecht.

„Nur wer dies immer gegenwärtig hat, daß die italienische Villa kein Zufallshaus ist auf einer Handbreit Land, sondern ein an Ort und Stelle vollendeter Übergang von Villa und Praedium eines römischen Landbesitzes über tausende von Stufen fort zum Dorf und den Poderi um die Villa eines italienischen Landbesitzers, nur wer dies immer gegenwärtig hat, kann sie als eine Institution des italienischen Gesamtdaseins begreifen; was sie allerdings nicht weniger ist als Dom und Casino, Palast und Kaffeehaus, Friedhof und Theater" [59].

58   B.M. S. 109
59   R. Borchardt, S. 46

ERLÄUTERUNGEN ZU DEN ZEICHNUNGEN VON GINO CANESSA UND DEN ZWEI STICHEN

Zeichn. 1 **Villa Chiocciola** (Gem. Monteriggioni) – „die Schnecke" – Sie hat den Namen von der Wendeltreppe des Burgturms aus dem 14. Jahrhundert. Zur großen Villa wurde sie im 17. Jahrhundert ausgebaut. Die weiträumigen Burgkeller waren immer im Dienste des intensiv betriebenen Weinbaues. Von hier ging der Name über den Stadtpalast der Besitzer auf die Contrada (Stadtviertel) gleichen Namens über. Sie tritt mit den andern Contraden zweimal jährlich zum berühmten Pferderennen über den Campo an. Die Villa rechts, **Castagnoli** ist mit ihren Bögen und Blendarkaden eine Villa aus dem Anfang des 16. Jahrhunderts im Stile Baldassare Peruzzi's, eines bedeutenden Villenarchitekten seiner Zeit in Siena. S. 15

Zeichn. 2 **Villa di Fonti** in San Martino di Foiano (Gem. Certaldo). Bau des 16. Jahrhunderts mit hübscher Kapelle. Ein Beispiel „für jenen feinen Sinn für heitere Strenge", welche den florentiner Geschmack auszeichnet., („quel senso sottile di serena severita, che è l'espressione più singolare dell'architettura fiorentina"). „Alles ist einfach und gelassen, angepaßt an den Gebrauch und an die Natur des Ortes". Der Barock konnte nur selten und dann nur in sehr gemäßigter Form Eingang in die Toskana finden. S. 18

Zeichn. 3 **Villa Antinori** bei Galluzzo (Gem. Florenz). Große Villa in hochkultivierter agrarischer Umwelt, Renaissancebau des 16. Jahrhunderts. 1487 kaufte ein Niccolo degli Antinori hier eine befestigte Casa colonica. Die Familie baute den Besitz zu einer Villa um. 450 Jahre blieb die Villa im Besitz der Antinori, ein sehr seltener Fall bei der sonstigen Mobilität der Villen der Toskana. Im Kriege wurde sie zerbombt. 1958 kaufte sie ein Ehepaar Boissevain, welches Villa und Garten im alten Glanz wieder auferstehen ließ. Bei allem Glanz ihrer äußeren Erscheinung war sie doch bis in die jüngste Vergangenheit eine echte Villa rustica geblieben.

Stich Das Flaschenetikett mit Stich des 18. Jahrhunderts zeigt das vollkommene Bild einer großen toskanischen Villa rustika. Vom Tor führt ein italienischer Garten zur großen Freitreppe und zum unerläßlichen Vorplatz der Villa auf einer mit Balustraden abgeschlossenen Terrasse. Arkaden, Loggien der Fassade, Baumgruppen zu beiden Seiten zeigen, wie hier alle Elemente einer echten Villa vereint sind, zu denen auch der bäuerliche Verkehr vor dem Tor der Villa gehört. (s. S. 15) S. 20

Zeichn. 4 **Die Poderi von Marangole, Poggiarino und Mondeggi** in den Chiantibergen nordöstlich von Radda. Alle drei Case coloniche der Villa und Fattoria „Pian d'Albola" haben einen Turm. Besonders der Hof links repräsentiert den sehr häufigen, hier nur wenig modifizierten Typ, der später unter Peter Leopold weite Verbreitung finden sollte. (s. S. 27)

Zeichn. 5 **Villa Francesca** in Torri bei Rignano im oberen Valdarno. Eine der vielen nicht sehr aufwendigen, aber charakteristischen Villen, mit Taubenturm und kleiner Loggia im Obergeschoß und kleiner Arkade vor dem Eingang. S. 29

Zeichn. 6 **Casa colonica** bei Villa Capezzana S. 31

Zeichn. 7 **Villa La Cerna** bei Castellina in Chianti. An der einstigen Grenze der Contadi von Florenz und Siena (Vertrag von 1203) repräsentiert sie den Typ der wehrhaften Villa, mit abweisenden fensterlosen Mauern im Erdgeschoß und mächtigem Turm. Die wohl später eingepaßten Loggien geben dem Bau den Charakter einer echten „villa fortilizia". S. 36

Zeichn. 8 **I Canonaci** (Gem. Tavarnelle). Wie einerseits die großen Villen im architektonisch schwer unterscheidbaren Übergang zum Schloß stehen, so ist andererseits die bescheidene Villa baulich oft schwer gegenüber dem Bauernhaus abzugrenzen. So hier die Villa Canonaci, die, wie so viele Villen von der Casa colonica herkommt, aber bis heute auf dem frühen Entwicklungsstand stehengeblieben ist. Die ästhetisch etwas anspruchsvollere Gestaltung der Pforte, die Pfeiler des Portals, die Säule der Loggia reichen wohl aus, das Gebäude als Villa zu deuten. S. 51

Zeichn. 9 **Villa Capezzana** (Gem. Carmignano am Mte. Albano). Mittelpunkt eines der großen Agrarbetriebe der Toskana urbana. Fassade im vollkommenen toskanischen Geschmack des 16. Jahrhunderts mit hohen tiefgezogenen Fenstern. Über der kleinen Pforte Balkon mit barockisierendem Schmiedeeisengitter, offensichtlich in späterer Zeit hinzugefügt. Heiter strenge Linienführung, „unaufdringliche Raffinesse" (Harold Acton) zeichnen auch diesen Mittelpunkt einer vollkommenen Fattoria aus. S. 53

Zeichn. 10 **Villa Cavaglioni** (Gem. Sovicille). Die Villa wird schon in einer Urkunde vom 28. Juli 1241 erwähnt. Sie bekam ihr heutiges Aussehen 1824. Sie besitzt eine moderne Fattoria, die zu den best rationalisierten der Provinz Siena gehört. Am Nordrand der Crete Senese gelegen, produziert sie außer Wein und Oliven auch Getreide, Mais und Tabak. Im Vordergrund Reben in moderner Spezialkultur. S. 72

Zeichn. 11 **Villa Palazzo di Piero** (Gem. Sarteano). Vom Ende des 15. Jahrhunderts mit hübscher Capelle von 1583 im gotisierenden Stil mit Turm (Pechnasengalerie) und Zinnen. Loggia mit 5 Bögen. Neben der von allen Villen gepflegten Wein und Olivenkultur produziert die Villa auch Wolle und Käse (Pecorino). Im Vordergrund „coltura mista." S. 76

Zeichn. 12 **Podere Santa Giulia** (Gem. Monteriggioni). Angelehnt an einen Turm der Zeit der Markgrafschaft ΄Tuscien ist ein großer Bauernhof, – podere der Fattoria und Villa „il Termine" – der den Abstieg eines Gebäudes aus der feudalen Sphäre in spätere soziale urban-bäuerliche Sphäre darstellt. S. 82

Zeichn. 13 **Villa e borgo dell' Amorosa** (Gem. Sinalunga). Wirtschaftsgebäude und ein Teil der Podere sammeln sich zu einer Ortschaft, einem „borgo" rund um die Villa. Eine Erscheinung, die häufiger am Rande der Chianasenke zu finden ist: La Fratta, Villa Frassineto. Nach der Regulierung der Chiana übernahmen einige Villen-Fattorien die direkte Bewirtschaftung eines Teiles der neugewonnenen Gründe und erbauten sonst nicht übliche große Wirtschaftsgebäude in ihre unmittelbare Nachbarschaft. S. 110

Zeichn. 14 **Villa Pisani** in Strà am Brenta Kanal. Ein Landhaus, das die Grenzen der Villa zum Schloß überschritten hat. Man kann es kaum noch als Villa suburbana bezeichnen. Lediglich die Tatsache, daß der Bau einer städtischen venezianischen Familie gehört, rechtfertigt noch die Bezeichnung Villa. Auch wenn die Pisani eine Reihe von Dogen gestellt hat, sind sie nicht unter die Souveräne Europas zu rechnen. S. 120

Zeichn. 15 **Poggiarso** Casa colonica bei Radda in Chianti am Osthang der Chiantiberge (Gem. Bucine). Gehört zur Fattoria „la Cerreta". Freitreppe zum geräumigen Wohnteil im ersten Stock, Stallungen und die meisten der Wirtschaftsräume zu ebener Erde darunter. S. 133

Zeichn. 16 **Villa Terraio**. Erbaut im Quattrocento. Im Saal wurde zum ersten Mal Machiavellis Mandragola aufgeführt. S. 134

ERLÄUTERUNGEN ZU DEN PHOTOS DES VERFASSERS

Bild 1   **Poggio a Caiano.** Erste von Wehrattributen befreite Villa. Reminiscenzen an solche (s. von Moos S. 122) vermögen die völlige Hingabe an den Sinn der Villa, an die Landwirtschaft, an die Villegiatura, nicht zu überspielen.

Bild 2   **Villa La Tana** bei Florenz (Bagno a Ripoli) Lage am sanften Hang inmitten eines italienischen Gartens. Dekoratives manieristisches Portal mit Löwen, „Marzocchi", auf den Säulen.

Bild 3   **Garten der Villa Garzoni** (Collodi) bei Lucca. Italienischer Garten (Giardino pensile) aus dem 17. Jahrhundert, Plastiken des 18.

Bild 4   **Villa Spitti** bei Pistoia. Zwei Taubentürme, schlichter toskanischer Stil.

Bild 5   **Villa „I Lami".** Hinter einem Wiesenplan die Villa mit 2 Taubentürmen. Bau des 17. Jahrhunderts eines unbekannten Architekten in der Klarheit und Einfachheit des florentinischen Geschmacks.

Bild 6   **Villa Torrigiani** in Camigliano bei Lucca. Eine der prunkvollsten Villen aus der Umgebung von Lucca mit vielen manieristischen Zügen. Sie ist dennoch Mittelpunkt eines Fattoriabetriebes. Der ehemals italienische „giardino grande" wurde im 19. Jahrhundert in einen englischen Garten umgewandelt. Die Plastik links ist Relikt aus dem italienischen Garten.

Bild 7   **Villa Pagnana** über Rignano sul Arno. Der dunkle Park mit Zypressen, Zedern weist den Bau als Villa aus. Er ummantelt einen Bergfried aus dem 13. Jahrhundert. So nimmt er eine äußere Erscheinung vorweg, die bei späteren „case coloniche" wiederkehrt.

Bild 8   **Coltura mista bei Grassina** (Comune Florenz). „Sistemazione a ciglione": Auf schmalen niedrigen Erdwällen, welche den Hang abstufen, stehen die Oelbäume, Apfel-, Feigen- und andere Obstbäume, dazwischen horizontale Ackerstreifen frisch gepflügt für die einjährigen „mescoli". Die „ciglione" sind allein den Holzgewächsen vorbehalten. Auf ihnen wächst auch der Wein.

Bild 9   **Weitständige Coltura mista in der Chianasenke** bei Frassineto. Die Tragebäume für den Wein – hier Feldahorn – umranden weit die Äcker und Wiesen. Der Oelbaum fehlt wegen regelmäßiger Fröste (Temperaturumkehr).

Bild 10   **Blick von der Stadtmauer Cortona's gegen Mte. Eremo di San Egidio.** Gut terrassierte Coltura mista, zum Teil schon umgewandelt in reine Baumkultur. In der Bildmitte eine kleine Villa, erkennbar an der schwarzen Baumgruppe. Die übrigen zugehörigen Villen liegen weiter oben am Rande der Kulturen oder unten an der Talöffnung gegen die Chianasenke. Auch viel bürgerlicher, cortonesischer Kleinbesitz. Die Kirche S. Maria Nuova, Hochrenaissance von 1550.

Bild 11   **Die Chianasenke von Cortona aus gesehen** (Standpunkt wie B. 10). Entwässert und in Kultur genommen zumeist zwischen 1750–1850 in der traditionellen Form Fattoria, coltura mista und Poderi. Im Mittelgrund Villa Macini, eine der Villen, die sich am unteren Hang des Gebirges über der Chianasenke aufreihen.

Bild 12   **Villa Mazzei** mit Park. Ihre Fattoria hat die Coltura mista weitgehend in Spezialkulturen umgewandelt.

Bild 13   **Casa colonica in Anchiano bei Vinci.** Hier wurde nach gesicherter Tradition Leonardo da Vinci am 15.4.1452 geboren als natürlicher Sohn des Notars: Ser Piero da Vinci, Notar und Bürger von Florenz, wohin die Familie übersiedelt war unter Beibehaltung ihrer Besitzungen in der Gemeinde Vinci. Während der Restaurierungsarbeiten 1952 wurde das Haus auf den ursprünglichen Kern zurückgeführt.

Bild 14 **Casa colonica in S. Prugnano (Com. Rignano sul Arno).** An einemn Stumpf eines ehemaligen Bergfrieds lehnt sich das Bauernhaus an.

Bild 15 **„Il Toro".** Ehemalige Casa colonica, heute Sommerhaus einer hessischen Familie. Alter Haustyp, Stall unten, Wohnräume oben. Zu ihnen führt die seitliche Freitreppe in die ehemalige sehr große Küche mit dem offenen Herdfeuer. Die Rampe vorn führte in den Stall. Der Name „il Toro" leitet sich wohl vom Stier ab, der hier für die Poderi der Fattoria gehalten wurde. Ein fester, solid geräumiger Bau für die große Mezzadro Familie.

Bild 16 **Casa colonica.** Wieder ein Haus, das unten den Stall und andere Wirtschaftsräume hat, oben im ersten Stock eine Loggia. Wahrscheinlich aus der Zeit Peter Leopolds.

Bild 17 **Casa colonica bei Castellina in Chianti.**

Bild 18 **Zwei Einzelhöfe eng benachbart bei Frassineto.** Das schöne echt römisch-etruskische Motiv des Rundbogens wiederholte sich einst in der Loggia über der breiten Einfahrt in die Tenne. Sie sind später verbaut worden.

Bild 19 **Chiantiberge nördlich von Greve.** Villen und Case coloniche in Einzelhoflage.

Bild 20 **Arezzo, Blick vom Kastell gegen Norden.** Fast der Idealtyp toskanischer Landschaft. Sechs Villen sind erkennbar, ebenso auf sie zuführende Zypressenalleen. Einzelhöfe und Coltura mista in ihrer strengen Regelung.

Bild 21 **Arezzo, Blick vom Kastell gegen Nordosten.** Mindestens 5 Villen sind erkennbar. Im feuchteren Talgrund, weitständige Mischkultur. Aufnahme vom 1963, heute ist dieser Raum verbaut, zum Teil mit Hochhäusern.

Bild 22 **Der Palazzo del Popolo** ist die erste notwendige Ergänzung zur Vollendung und Abrundung des Stadt-Land „Ensembles", es gehört noch der Palazzo del Podestà dazu, aus dem wichtige neue Anregungen kamen. Der Palazzo del Popolo, hier der von Florenz (1289 Baubeginn), führte die Politik des Staates, auch die Agrarpolitik des Contado's. Er ist immer ein Wehrbau, oft mit Zinnen und Pechnasengalerien.

Bild 23 **Der Palazzo, hier Palazzo Antinori in Florenz,** ist der zweite städtische Partner im System Villa, Poderi und Stadt. Im Palazzo hatten Firma und Padrone ihren Sitz, hier wurde das Kapital erworben, das so reich von Anfang an in den Fattorien investiert wurde. Hier im Palazzo Antinori ist mit der Exportabteilung der Fa. „Fattorie dei Marchesi Ludovico e Piero Antinori" zugleich auch heute noch der Sitz der Firma, zugleich aber auch – das sollte kulturgeschichtlich interessierte Reisende nicht vergessen – befindet sich hier in alter Tradition die „cantinetta".

Bild 24 **Via Sallusto Bandini in Siena.** Diese fünfstöckigen Häuser aus dem 13. und 14. Jahrhundert repräsentieren ein drittes Glied aus dem großen Komplex Stadt und Land, Villa und Palazzo, Mezzadro und Industriearbeiter. In diesen Häusern wohnte nicht nur die Industriearbeiterschaft – zumeist der „gente nuova", der vom Lande zugewanderten ehemals bäuerlichen Bevölkerung, angehörend – sondern auch wurde hier gearbeitet und produziert. Die mittelalterliche Industrie beruhte zum großen Teil auf Heimarbeit. Hier standen die Webstühle, die Färberbottiche. Hier wurde gegerbt und geschmiedet. Die Ernährung dieser Arbeiterschaft war schwierig. Ihr diente der städtische Landerwerb, die Villa mit ihrer Fattoria, das Einzelpodere, die Parzelle in bürgerlichem und kleinbürgerlichen Besitz. In fast jeder alten Stadt der Toskana kann man solche mittelalterlichen Arbeiterstraßen beobachten. In Florenz liegen sie zwischen Piazza Sta. Croce und der Piazza della Signoria, so zum Beispiel um den Palazzo Peruzzi (u. a. im ausgebauten römischen Amphitheater).

Umschlagbild: Villa Giullari, Terrassen eines italienischen Gartens mit Terrakottakübeln für die Schmuckpflanzen. Taubenturm, auf dem Pian de' Giullari neben vielen anderen stadtnahen Villen von Florenz.

Karten und Abbildungen

REGISTER

Bild 1. Poggio a Caiano

Bild 2. Villa La Tana

Bild 3.
Garten der
Villa Garzoni

Bild 4. Villa Spitti

Bild 5. Villa „I Lami"

Bild 6. Villa Torrigiani

Bild 7. Villa Pagnana

Bild 8. Coltura mista bei Grassina

Bild 9. Weitständige Coltura mista in der Chianasenke

Bild 10. Blick von der Stadtmauer Cortona's gegen Mte. Eremo di San Egidio

Bild 11. Die Chianasenke von Cortona aus gesehen

Bild 12. Villa Mazzei (S. Andrea in Percussina)

Bild 13. Casa colonica in Anchiano bei Vinci.

Bild 14. Casa colonica in S. Prugnano (Com. Rignano sul Arno)

Bild 15. „Il Toro" (bei Cortona)

Bild 16. Casa colonica.

Bild 17. Casa colonica bei Castellina in Chianti

Bild 18. Zwei Einzelhöfe engbenachbart bei Frassineto

Bild 19. Chiantiberge nördlich von Greve

Bild 20. Arezzo, Blick vom Kastell gegen Norden

Bild 21. Arezzo, Blick vom Kastell gegen Nordosten

Bild 22. Der Palazzo del Popolo (Galazzo Vecchio in Florenz)

Bild 23. Der Palazzo (hier Palazzo Antinori in Florenz)

Bild 24. Via Sallusto Bandini in Siena

ERDKUNDLICHES WISSEN

Schriftenfolge für Forschung und Praxis

Herausgegeben von E. MEYNEN und E. PLEWE

Die Reihe erscheint ab Heft 14 zugleich als „Beihefte zur Geographischen Zeitschrift"